均线
技术分析与实战

金 戈 ◎ 编著

中国宇航出版社

·北京·

版权所有　侵权必究

图书在版编目（CIP）数据

均线技术分析与实战 / 金戈编著. -- 北京 : 中国宇航出版社, 2024. 8. -- ISBN 978-7-5159-2410-6

Ⅰ. F830.91

中国国家版本馆CIP数据核字第2024BP8739号

| 策划编辑 | 卢　册 | 封面设计 | 王晓武 |
| 责任编辑 | 卢　册 | 责任校对 | 洪　宇 |

出版发行	**中国宇航出版社**
社　址	北京市阜成路 8 号 邮　编　100830
	（010）68768548
网　址	www.caphbook.com
经　销	新华书店
发行部	（010）68767386　　（010）68371900
	（010）68767382　　（010）88100613（传真）
零售店	读者服务部
	（010）68371105
承　印	三河市君旺印务有限公司
版　次	2024 年 8 月第 1 版　　2024 年 8 月第 1 次印刷
规　格	710×1000　　开　本　1/16
印　张	17　　字　数　251 千字
书　号	ISBN 978-7-5159-2410-6
定　价	69.00 元

本书如有印装质量问题，可与发行部联系调换

前 言

股票分析技术的种类较多，但是很少能绕开K线、均线、成交量这三类，大部分技术分析形式都是由此引申或变化而来。比如趋势分析，分析标的必然包括K线、均线等技术要素；再如移动筹码分析，必然和成交量分析脱不开关系。

均线分析可以说是最简单、最易懂的一种技术分析理论，但同时也是最难和实盘操作密切结合的技术分析形式。极简处，只是一条线，如何审视这条线与股价的关系：股价跌破这条线，就卖？涨穿，就买？要是如此简单易判的话，股市里也就没了亏损的人，在一个零和游戏中，大家都成了盈利的人，那赢谁的钱呢？

逻辑混淆形成悖论，似可佐证均线应用不会如此简单。我们需要知道的并不仅仅是哪一条线和股价的位置，而是要剖析均线与股价流转离合的根本原因，搞清楚这些，才能说学会了如何将均线理论应用于实盘操作，对于交易才会产生真正的帮助。

本书从均线基本构成与形态开始讲解，由浅入深，逐步扩展到实盘应用中的各个层面以及大资金的影响。以大量案例详细解析技术性概念和具体技术分析、研判思路及方法，力求让每一位读者都能看得懂、学得会、用得上。

目 录

第一章 认识移动平均线

第一节 均线简述 / 2
一、什么是移动平均线 / 2
二、移动平均线的作用 / 3
三、均线八法原理与实战解读 / 8
四、道氏理论简述 / 17

第二节 均线周期与交易系统的构筑 / 20
一、均线的不同周期 / 20
二、短期均线交易系统 / 21
三、中期均线交易系统 / 25
四、长期均线交易系统 / 26
五、构筑均线交易系统的注意事项 / 29

第二章 均线系统主要实战形态

第一节 均线交叉 / 33
一、普通交叉 / 33
二、攻击性交叉 / 35

第二节　封闭空间 / 41

一、支撑性封闭 / 41

二、压制性封闭 / 42

三、封闭空间评估 / 45

第三节　多均线黏合 / 49

一、黏合的两种形式 / 49

二、黏合形态的系统共振 / 53

第四节　多均线发散 / 57

一、均线发散的两种形式 / 57

二、均线发散与实战应用 / 60

第五节　均线核心形态分析 / 64

一、突变形态 / 64

二、非交叉相逆形态 / 67

三、短盘形态 / 69

四、关口与牵引形态 / 73

五、厚度空间引力 / 74

六、涟漪效应 / 77

第三章　均线与K线实战攻守技术

第一节　看顺逆关系，定交易方向 / 82

一、顺水行舟与逆水行舟 / 82

二、顺逆形态的转换与循环 / 85

第二节　基本形态就是关键形态 / 88

一、压线 / 88

二、托线 / 90

三、盘线 / 92

四、跳线 / 93

五、脱线 / 94

　　六、回抽 / 95

　　七、反抽 / 98

　　八、基本形态的往复循环 / 99

第三节　支撑与压制的真实含义 / 104

　　一、什么是支撑 / 104

　　二、什么是压制 / 108

　　三、如何判断突破和转化 / 110

第四节　背离关系与均线修复 / 114

　　一、背离及其分类 / 114

　　二、均线修复类型和修复空间评估 / 116

第五节　攻守技术的核心 / 121

　　一、厚度不封强势在 / 121

　　二、最忌逆势孤军深入 / 123

　　三、起飞跑道 / 124

　　四、升势休整 / 126

　　五、兜底坑 / 127

　　六、长逆短顺 / 129

　　七、回线不回价 / 131

　　八、蛟龙出海 / 131

　　九、断头铡刀 / 135

　　十、回家与吻别 / 137

第四章　上涨行情中的均线应用

第一节　均线启动上涨的角度和强度 / 142

　　一、均线向上攻击的强度与角度 / 142

　　二、30 度角缓攻 / 143

三、45度角匀速上攻 / 144

　　四、超60度角强攻 / 147

第二节　反弹 / 150

　　一、反弹的启动 / 150

　　二、反弹的持续与终结 / 152

第三节　趋势突破 / 157

　　一、趋势向上扭转中的均线环境 / 157

　　二、上涨趋势的启动加速 / 160

第四节　上涨时间与空间评估 / 164

　　一、反弹行情时间与空间评估 / 164

　　二、上涨趋势时间与空间评估 / 167

第五章　下跌行情中的均线应用

第一节　均线启动下跌的角度和强度 / 171

　　一、均线向下攻击的强度与角度 / 171

　　二、30度角缓速下跌 / 171

　　三、45度角匀速下跌 / 173

　　四、60度角急速下跌 / 174

第二节　次级回落调整 / 177

　　一、次级回调的启动 / 177

　　二、次级回调的终结 / 178

第三节　趋势突破 / 183

　　一、趋势扭转中的均线环境 / 183

　　二、启动加速 / 185

第四节　下跌时间与空间评估 / 187

　　一、次级回调行情的评估 / 187

　　二、主要下跌趋势的评估 / 189

第六章　均线实盘特殊案例解析

第一节　潜行的均线——主力资金的影响 / 193
　　一、短期与中长期、灵敏性与稳定性 / 193
　　二、看清大局，才能不迷失于细节 / 195

第二节　乱如茅草的均线——暂停信号 / 199
　　一、乱了就休息，不顺就暂停 / 199
　　二、厚度空间的保护 / 200

第三节　天外飞仙的均线——山不动水动 / 204
　　一、变量突袭，减仓为主 / 204
　　二、阴聚量与止跌点 / 207
　　三、短线暴跌，不宜跟风杀跌 / 210

第四节　卧底的均线——可远观而不可亵玩焉 / 213
　　一、脱离苦海 / 213
　　二、个股构筑底部的技术细节 / 215

第五节　股价涨跌强度分析——交易还是放弃 / 222
　　一、当跌而不跌，反转为涨，谓之强 / 222
　　二、看折返辨强度 / 224
　　三、看支撑与压制辨强度 / 229

第六节　交易的护城河——警戒线设定 / 239
　　一、股价警戒线 / 239
　　二、仓位与资金的警戒线 / 247
　　三、心理警戒线 / 254

第一章
认识移动平均线

第一节 均线简述

一、什么是移动平均线

均线，又称移动平均线（Moving Average，MA），是指对某个时间段内的收盘价进行平均，并将得到的值以线段的形式相连接，即形成均线。

移动平均线的计算方法就是将最近 N 个交易日的收盘价进行相加并取平均值，然后将计算所得的一系列平均值以线段的形式相连接，形成均线。

计算公式为：$MA=(C_1+C_2+C_3+\cdots+C_N)/N$

其中，C 代表某时间段的收盘价，N 表示移动平均的周期，如5日、10日、20日、60日等。

以5日均线的形成为例。某股连续10日的收盘价为10元、10.5元、10.3元、10.1元、10.7元、10.2元、9.8元、9.6元、9.7元、10.5元。

MA=（10+10.5+10.3+10.1+10.7）/5=10.32（5日平均值）

MA=（10.5+10.3+10.1+10.7+10.2）/5=10.36（5日平均值）

MA=（10.3+10.1+10.7+10.2+9.8）/5=10.22（5日平均值）

MA=（10.1+10.7+10.2+9.8+9.6）/5=10.08（5日平均值）

MA=（10.7+10.2+9.8+9.6+9.7）/5=10（5日平均值）

MA=（10.2+9.8+9.6+9.7+10.5）/5=9.96（5日平均值）

将上述5日平均值以线段相连，即形成5日均线；10日、20日、60日等均线的计算类同于此。

上面讲的是算术移动平均线的计算，也是最常用的一种计算方法。移动平均线的计算方法还包括加权移动平均线等计算方法。

加权移动平均线，是指基于计算周期内越是近期的收盘价对未来价格波动的影响越是明显，因此赋予其较大的权值。

常见的有以下几种。

（1）末日加权移动平均线。

计算公式：MA=$(C_1+C_2+\cdots+C_N\times 2)/(N+1)$

（2）线性加权移动平均线。

计算公式：MA=$(C_1\times 1+C_2\times 2+C_3\times 3\cdots+C_n\times N)/(1+2+3+\cdots+N)$

（3）平方系数加权移动平均线。

计算公式：MA=$C_1\times 1+C_2\times 4+C_3\times 9\cdots+C_n\times N^2/1^2+2^2+3^2+\cdots+N^2$

（4）阶梯加权移动平均线。

计算公式：MA=$(C_1+C_2)\times 1+(C_2+C_3)\times 2+\cdots+(C_N-1+C_n)\times (N-1)/2\times 1+2\times 2+2\times 3+\cdots+2\times (N-1)$

对于均线不同的计算公式和方法，有兴趣的读者朋友可以略做尝试，寻找对自己最有实战指导意义的那一种。

二、移动平均线的作用

在股价运行过程中，不同时间周期的均线分别代表着不同的介入成本。当某条均线在某一时间段负载着多数人的平均成本时，这条均线的技术意义就非同寻常：价格跌破这条均线意味着大多数人都亏损，价格涨过这条均线意味着大多数人都赚钱。

均线是流动的平均成本，表现的是市场持仓成本不断变化的情况，这种变化对于股价的影响，大致包括以下几个方面。

1. 助涨

上升趋势运行期间，股价回落能够得到均线的支撑，大多来自持仓成本的约束。依附均线运行的股价，在明显的上升趋势中很少会遭到集中抛售，即便受到部分卖盘的打压，股价暂时回落至均线上下，持仓者一般不会轻易在成本线上卖出，于是股价多半会企稳并再度转为上升。

随着上升趋势的日益明确和加强，场外资金会不断涌入并加入持仓者的队伍中来，在股价整体保持涨升的状况下，不同时间周期的均线多已扭转向上或保持相应的上行角度，均线的这种排列对于股价既起到了支撑作用也起到了助涨作用，股价会继续稳步攀升。

如图1-1所示，不同时间周期的多条均线向上运行，并在股价涨升过程中保持相应的上行角度。股价在振荡中跌破不同时间周期的均线，分别得到了下方相应均线的支撑，升势得以继续。

图中多条均线都保持着上行角度，这种排列对于股价的回落能够起到支撑作用。股价得到支撑再次上升，会引燃市场上观望资金的做多信心和热情，于是更多的资金纷纷加入进来，这也进一步刺激股价开始更快速地上涨。均线助涨作用的技术含义就在于此。

当均线助涨一而再，再而三地发生作用，持仓者越来越稳定，市场资金入场愿望强烈并越来越踊跃，股价必然会连续飙升，由此远离均线并逐渐产生乖离。当较大的乖离率出现，意味着更早时间低成本买入的持仓者已获利丰厚，其兑现利润的欲望越来越强烈，如果出现集中抛售，极易引发股价趋向发生转折。

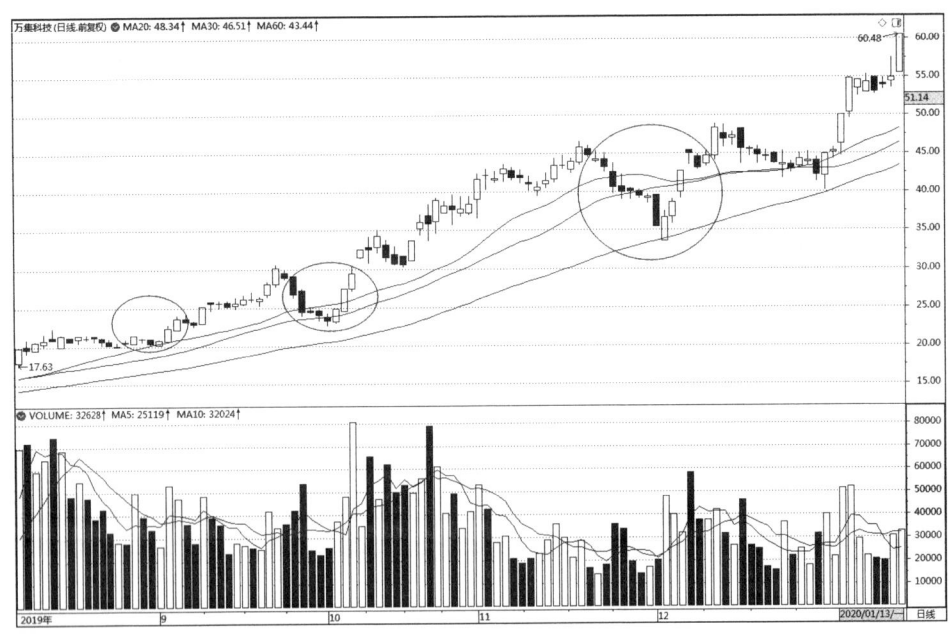

图1-1

2. 助跌

在下跌趋势运行过程中，股价的每一次反弹都会在某个时间周期的均线附近受到压制，随后结束反弹，继续下跌。

情绪处于焦躁不安甚至恐惧状态中的持仓者，当发现股价在自己的持仓成本附近时，便会毫不犹豫地抛空持仓。这种情况多次出现并成为规律后，也就让更多的持仓者选择同样的操作，这就使得相关均线不但具有压制力，还会产生助跌作用。

如图 1-2 所示，在下跌趋势中，股价的每一次反弹都会在遭遇上方均线压制后出现转升为跌的走势。这种具有规律性的涨跌现象，至少说明空方远未到穷途末路的地步。有个谚语：多头不死，空头不止。说的就是这个情景。

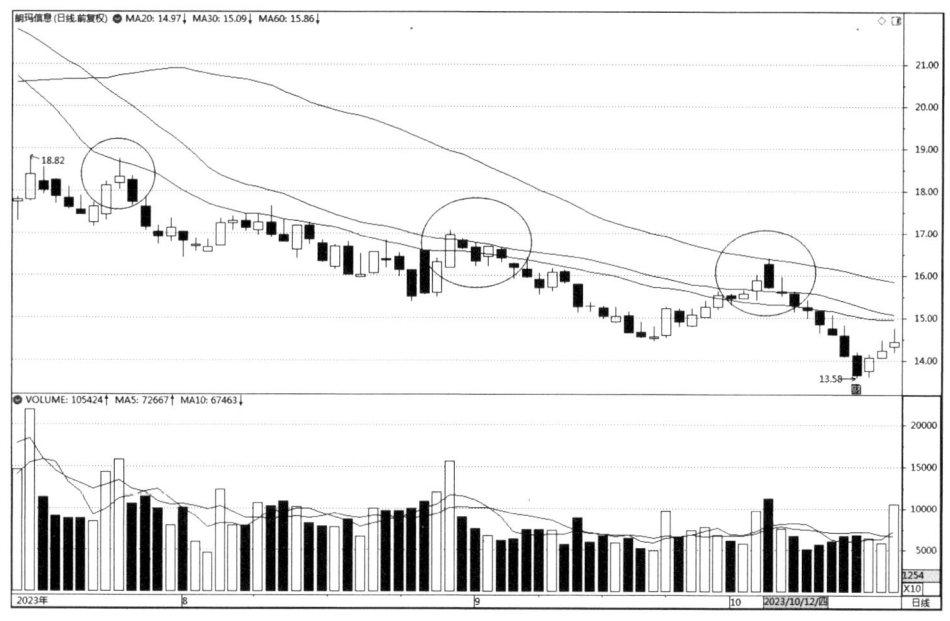

图 1-2

3. 辨别趋向或趋势

均线是最能清晰反映股价运行趋向或趋势的技术指标。

无论股价是处于上涨、下跌或横向振荡的趋向或趋势中，均线系统总能较为及时准确地予以体现，并提供相应的支撑或压制，来测试股价运行的真实意图,而交易者也能从均线的提示中得到重要的交易参考。

如图 1-3 所示,股价在上升趋向中运行时,不同时间周期的均线也依次保持上行的态势,股价的多次回落也总能得到均线的支撑并继续维持上涨。在这种技术环境下,持有并做多就是最好的操作方式。

运行至图中 A 处时,股价下跌后向上反抽均线系统却不能顺利收复,所带来的后果就是股价运行重心的扭转下移,此时技术上已经发出了极强的价格拐点警示信号。均线系统在 A 处由前期对股价的支撑作用,已经转化为压制作用,那么股价短期内何去何从,几乎都不用过多思考。

A 处之后股价进入下跌趋向,股价反弹大多会在均线系统的压制下夭折,随后继续下跌。这个时候交易者理应顺势而为,不可盲目做多买入与趋向对抗。

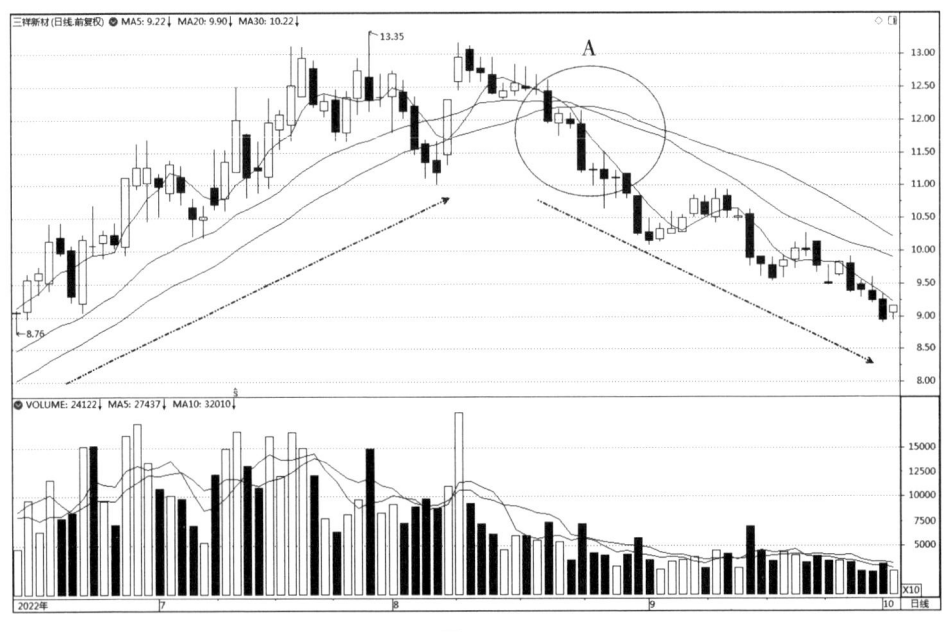

图 1-3

4.相对稳定性

均线在研判行情趋向及趋势变化上,比其他技术指标更具有稳定性。在一套配置合理的均线系统中,不同时间周期的均线分别发挥着不同的指示作用,对研判行情的多种变化极为有利。

如图 1-4 所示,均线系统的配置为 5 日均线、20 日均线、30 日均线,这个配置比较适宜对个股进行短线或波段操作。

5 日均线对于股价的反应最为灵敏,但也因此会频繁发出提示信号,所以 5 日均线主要用于观察股价短期的强弱度变化,在研判趋向变化上的作用相对较小。

20 日均线兼具灵敏性和稳定性的特点,在弥补 5 日均线容易出现过度反应上具有重要作用,同时也用以研判股价运行趋向以及强弱变化。

30 日均线在稳定性上相比前两条均线具有较大的优势,通常作为波段行情操作的保护线。

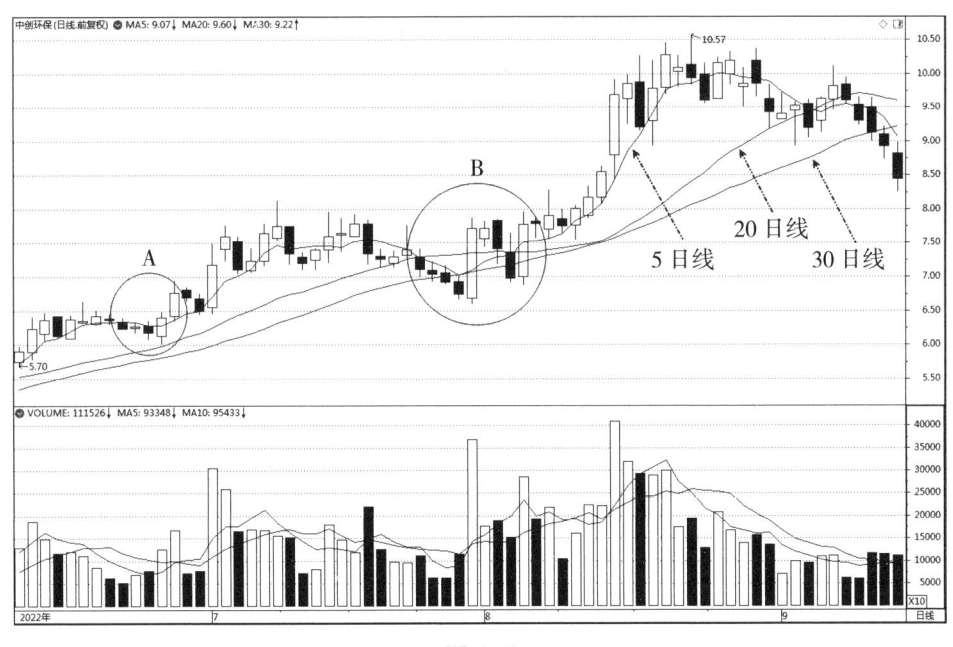

图 1-4

图 1-4 中,股价处于 5 日均线上,说明其涨升强度良好;处于 5 日均线下,说明走势暂时趋弱,未跌至 20 日均线,皆属于股价超短期波动。

图中 A 处股价触及 20 日均线时,需要注意股价可能发生趋向性变化,但作为一名波段交易者而不是短线交易者,30 日均线才是最后的屏障和保护。

只有当股价跌破 30 日均线不能得到支撑，反而均线转化为压制力时，才是波段结束的信号。如图中 B 处，股价一度跌破 30 日均线，但很快就收回并得到均线系统的支撑，30 日均线也并未由此产生压制。

图 1-4 中这个均线系统的三条不同时间周期的均线，各自发挥着不同的作用：短周期均线能够及时有效地反映股价的变化，而长周期均线的相对稳定性，可以使交易者避免时刻处于焦躁不安的情绪之中。不同周期均线构成的均线系统，能够让交易者从容理性地看待和分析行情的发展和变化。

三、均线八法原理与实战解读

美国投资者专家葛兰威尔（Joseph E.Granville）创立了移动平均线分析理论。当时，发明人葛兰威尔的声望如日中天，他公开发表看空言论时，道琼斯指数都会大幅下跌。从 20 世纪 70 年代一直到今天，均线理论依然在技术分析领域发挥着巨大的作用。

在葛兰威尔均线理论中，最为世人所熟知的就是葛兰威尔法则，也称作均线八法。这八条法则中，前四条法则是买入法则，后四条法则是卖出法则，如图 1-5 所示。

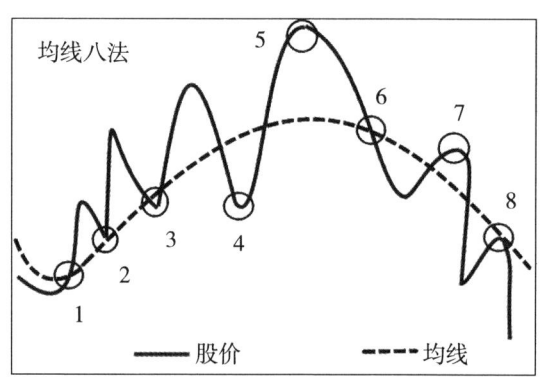

图 1-5

在研究均线八法的时候，交易者可以根据自己的交易风格自行设定八条法则所参照的均线时间周期。比如短线交易者、波段交易者和中长线交易者，他们的持仓时间不同、追求的利润空间不同、看待股价波动的观点也不同。

短线交易者习惯追逐价格短期起伏所带来的差价,而一条时间周期较长的均线不可能反映出价格短期的即时变化;波段交易者喜好把握股价某一上升波段的利润,而一条时间周期较短的均线只会给他带来困扰和心烦意乱。

综上所述,均线八法中这条均线的时间周期,是因不同交易者、不同交易风格而定的,只要有利于看清局势、赚取利润,能赚钱的设置就是最好的设置。先明确自己追求的是什么,然后才能确定怎么干。

法则一：均线从下降趋向逐渐走平且略向上方抬头,而股价从均线下方向上方突破,为买进信号。见图1-5中标示1。

解读：这个买点其实就是顺势而为。当均线和股价从跌势中转为走平、上行,做多的技术环境已经基本具备,此时可以选择买入。

均线八法可以让交易者学会如何分析股票的买点和卖点,但实战中的具体操作方法,需要进一步潜心体会和总结。学会了分析方法,并不代表必然就会因此而赚到钱,因为实战中的变化更复杂,交易者还必须掌握符合自己交易风格的操作技术。

就像"法则一"中这种情况发生时,当天股价涨了,你也买了,但次日又跌了下来,你不但没赚钱,反而造成了亏损,那是均线技术分析没用吗?事实是股价确实上涨了,说明分析技术没出错;你没赚到钱甚至还亏损,说明在操作技术上出了问题。这才是症结所在。

以"法则一"为例,操作技术如何把握,或者说如何操作呢?

当短期均线从下降逐渐走平且略向上方抬头,而股价从均线下方向上方突破时,有时可能仅是一个适合超短线或量化交易者的买点信号。

如图1-6中A处和B处所示,都符合"法则一"的条件,但股价突破均线后的上升空间并不大,而且最佳的做多时点一闪而逝。对于波段交易者或者中长线交易者来说,这种情况并不是适合的交易时机。因为案例中选取的是5日短期均线,所以这种情况下出现的机会,仅适合超短线或量化交易者。

能够相应地提示出后市可能存在的幅度,并适合波段及中长线交易者操作的机会,至少应该是一条稍长周期的均线,比如20日均线或30日均线等。不同的均线类型,出现同样的技术形态,技术意义会有较大的差别。

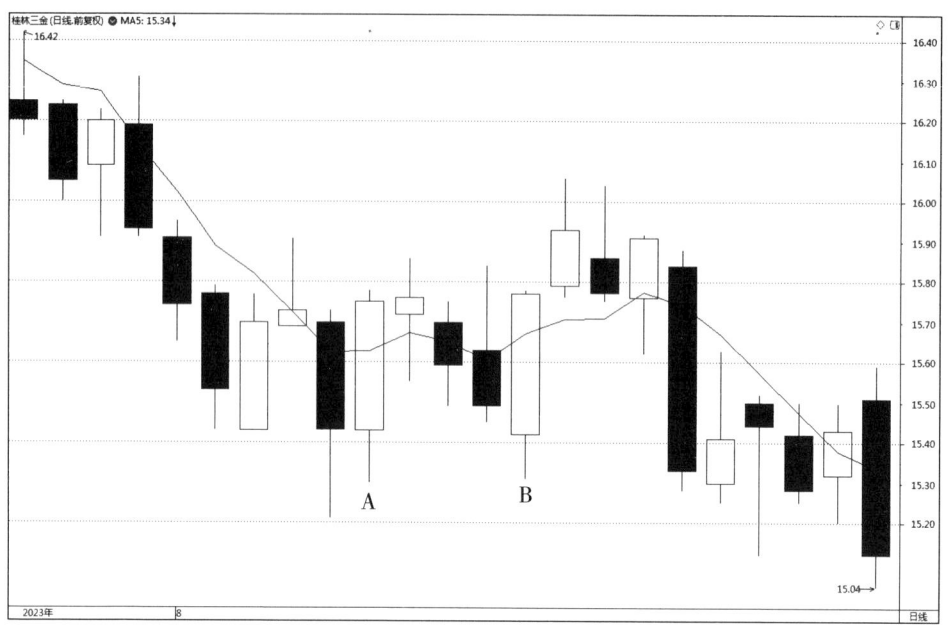

图 1-6

图 1-7 中选取的是 20 日均线,从下行到走平再到上升,A 处股价向上

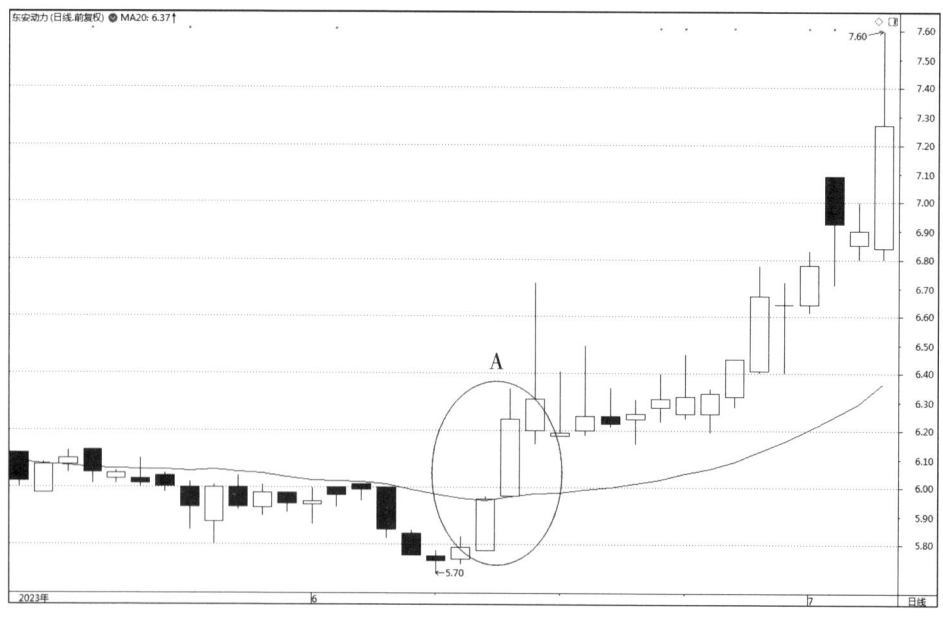

图 1-7

突破的技术含义，就不是短期均线可与之相比的。后市只要 20 日均线继续保持上行，而股价运行重心也基本保持同向运行时，就不必过多担心趋向有太大的变化。

法则二：股价位于均线之上运行，回调时未跌破均线后又再度上升时，为买进时机。见图 1-5 中标示 2。

解读：均线在股价回落时能够提供必要的支撑，证明当前趋向并未改变，或者涨升强度并未降低。涨升过程中，股价的波动是必然的，也是正常的，完全一字线强势上升的毕竟属于少数。

股价在波动中未跌破均线又再度上升，既是一种良性回落调整的表现，也展示出股价本身具有的做多强度。

跌破均线也并不意味着必须看空，下面的"法则三"将要讲到这一点，但未破均线便再度上升的技术意义，对于做多者的倾向性非常明显。其意味着每当股价出现下跌时，便会有资金进场吸纳，甚至等不及股价出现更低的低价。在这种情况下，股价往往会较快地进入滑行和起飞阶段。

如图 1-8 所示，股价涨升中出现回落，至 A 处时股价未触及均线就开始回升，这种情况说明：一是股价的涨升强度较高；二是相关均线具有较强的支撑力度。这两点都证明在股价回落时场外资金逐渐倾向于看多做多，而持仓者并不愿意在这时卖出，对股价回升仍有信心。

法则三：股价位于均线之上运行，回调时跌破均线，但均线继续呈上升趋势，此时为买进时机。见图 1-5 中标示 3。

解读："法则三"所描述的股价回落，通常发生在股价具有一定幅度的上涨之后，是故意制造恐慌的股价回落类型。这种类型的回落故意打破均线，意在引出持仓者的惊慌抛盘。

一条上行态势的均线，股价回落不破便再度上涨，所体现的一方面是股价的强势，另一方面是均线稳定的支撑作用。那么被破掉的均线还有支撑吗？

我们分析均线，重点并不在于形态上的破与不破，而在于均线能否存在支撑或压制的转化关系。

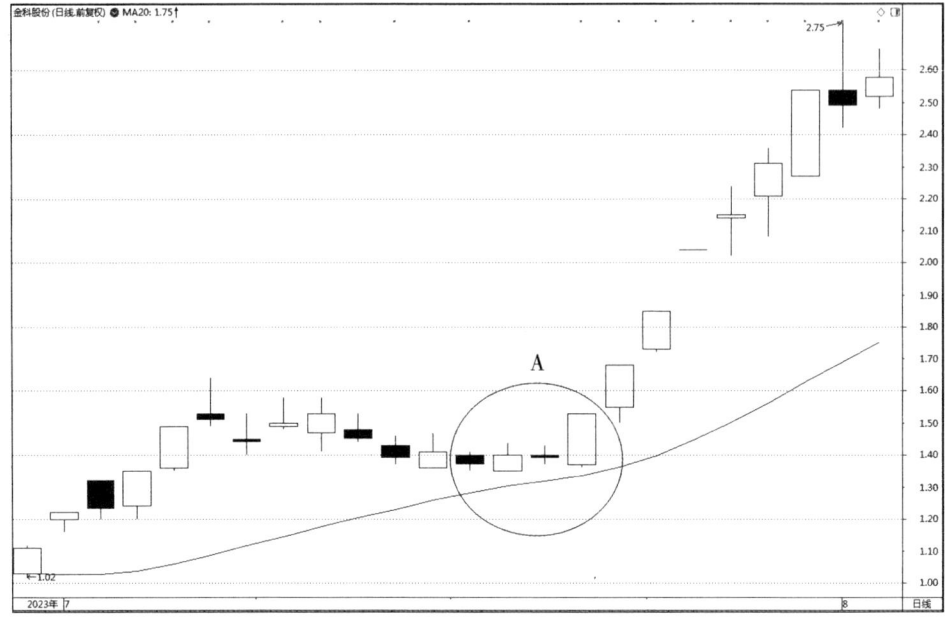

图 1-8

当股价向下跌破均线时,并不必然说明支撑已经不存在。如图 1-9 中 A 处所示,股价破掉均线,但很快又重新回到均线之上,均线并没有对股价形成压制,也就说明支撑依然存在。一条上行态势的均线所具有的支撑作用远大于横向或下行态势的均线,而股价打破上行态势的均线并很快予以收复的动作,显示出多方的优势,这种形态下的买点应是较为明确的。

法则四:股价位于均线以下运行,突然暴跌,距离均线太远,极有可能向均线靠近,此时为买进时机。见图 1-5 中标示 4。

解读:图 1-5 中标示 4 并不能完整地表达"法则四"的含义,或者说只是"法则四"的形式之一。标示 4 是上涨趋势中回档过深形成的股价与均线的乖离,还有一种情况是下跌趋势中股价急跌与均线之间突然形成较大的乖离。

本条法则的重点在于股价和均线之间的乖离率。股价短时间的暴跌致使股价远离平均成本线,持仓者会因此更加不愿意卖出,而股价的进一步走低也会吸引抄底资金的关注,一波反弹往往就会由此萌发。

第一章　认识移动平均线

图 1-9

如图 1-10 中 A 处所示，股价快速下跌导致与均线之间的乖离率增大，随后股价止跌转涨。这种情形下的买入，应是一个短线交易行为，因为股价转升可能会重新回归到涨势之中，也可能仅仅是为了修复过大的乖离，完成修复任务后，股价便会出现拐点进入下跌。

法则五：股价位于均线之上运行，连续数日大涨，离均线越来越远，说明近期持仓者获利丰厚，随时都会产生获利回吐的卖压，是卖出信号。见图 1-5 中标示 5。

解读：股价在单一方向上的过度表现必然会引起逆转，"法则五"是股价短期过度上涨引发乖离的情形，也是多数个股冲击股价高点常见的形式。

如图 1-11 所示，股价短期暴涨远离平均成本线，随着乖离率大幅提升，股价随后便转入下跌。股价向上大幅跳离均线，持仓者短期盈利必然迅速增加，则极有可能会诱发兑现欲望，进而导致股价出现回落。

法则六：均线从上升到逐渐走平，而股价从均线上方向下跌破均线时，说明卖压渐重，为卖出信号。见图 1-5 中标示 6。

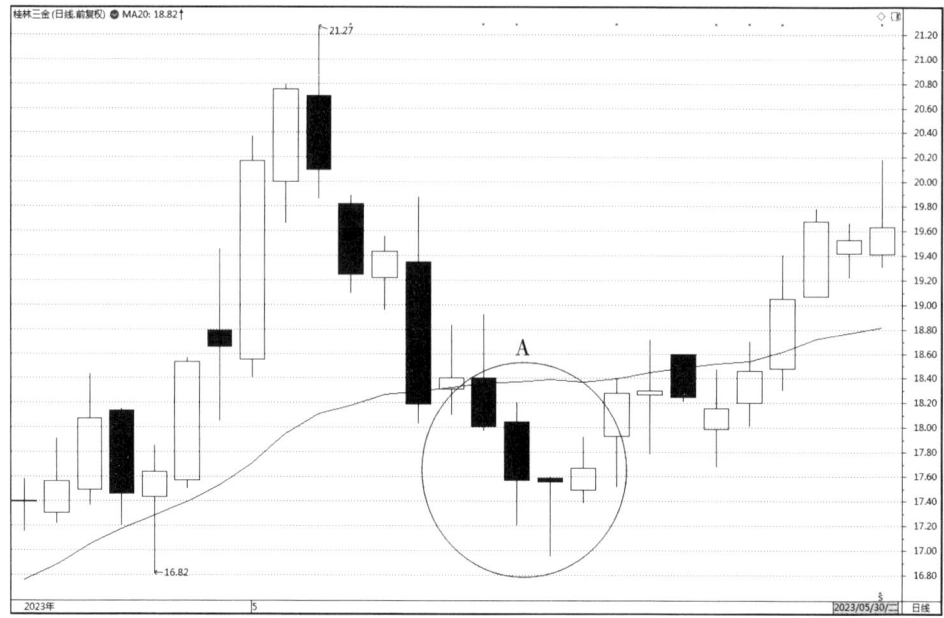

图 1-10

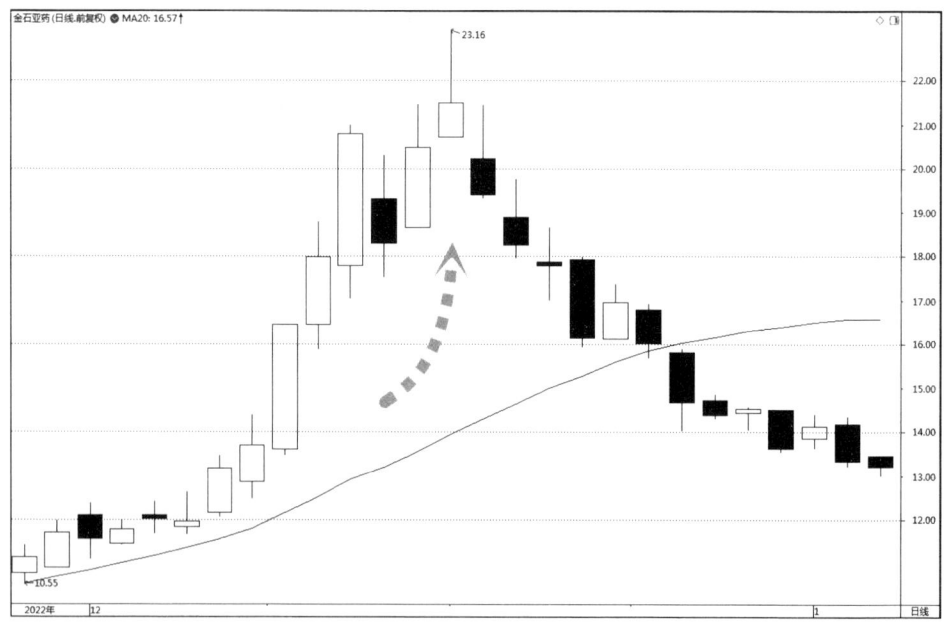

图 1-11

解读:"法则六"其实所阐述的是向下的顺势而为。当平均成本线倾斜向下运行时,股价此时由上方跌破均线,加强了向下的趋向力度。当这条被突破的均线此后显示出较强的对股价的压制力度时,卖出或做空就是较佳选择。

如图1-12所示,在均线上行态势阶段,股价回落后得到支撑依附均线盘升。至A处时,股价跌破均线,而此时的均线也已经从上行态势转为下行,之后股价试图收复均线但明显遭遇到较强的压制,最终还是选择向下跌落。

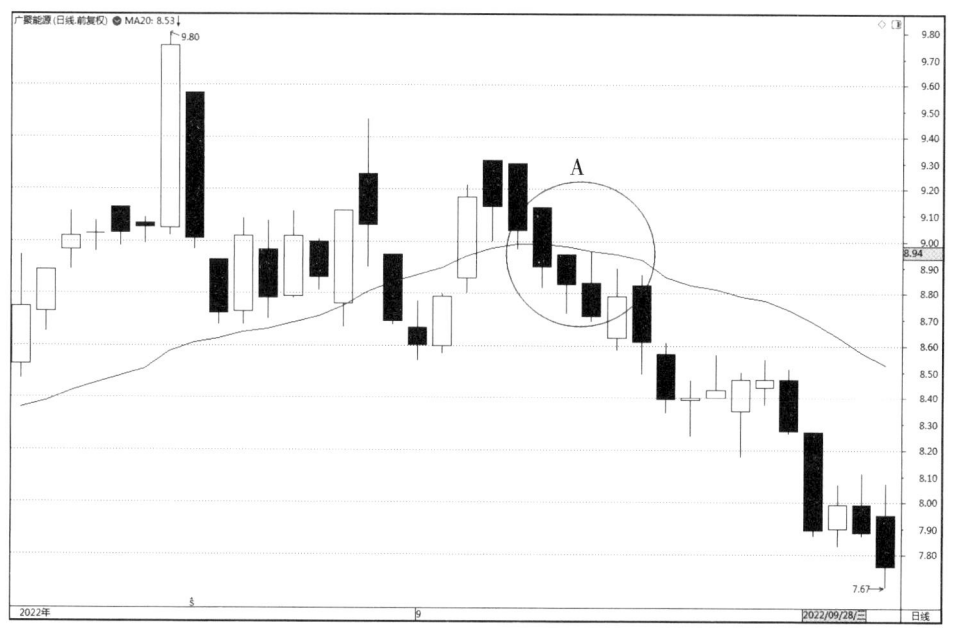

图1-12

法则七:均线和股价在下行趋势中,股价反弹并涨升至均线上方,而均线却继续下行,是做空信号。见图1-5中标示7。

解读:在下跌趋势运行过程中,股价会产生级别不等的反弹,既有道氏理论中所提及的较强的次级反弹,也有运行时间较短的短期反弹。次级反弹属于可适度参与阶段性做多的级别,而短期反弹则仅适于短线交易者,对于大多数交易者来说,是抛空仓位或者借机做空的时机。

如图1-13所示,股价与均线同向下行,至A处股价反弹,但均线仍旧维持下行态势，这种情况也就昭示出股价的反弹难以持久。

下跌趋势中，股价的大多数反弹都会在一些曾发生密集成交的成本线上下止步。技术上，当股价接近成本线附近时，部分受到下跌趋势困扰难以脱身的持仓者，会抓住这一难得的机会减仓，使得股价受压而停止上涨。

股价反弹受阻，会使原本持仓观望升势发展的人放弃观望，加入减仓的队伍中来。由此，股价受到的压制会越来越严重，而下行中的均线不可能提供必要的支撑，于是反弹终结。如果股价承受住这种情况下的打压，那么我们对股价之后的反弹级别甚至反转都可以予以期望。

图 1-13

法则八：股价位于均线下方运行，反弹时未能突破均线，当股价再度出现下跌，此时为卖出时机。见图 1-5 中标示 8。

解读：这是下跌趋势中股价弱势反弹最常见的形态，也是股价短期逆向波动遭遇趋势压制时的常规现象。实战中，均线就是关口，股价不能强势突破这个关口，就说明目前多方仍旧处于散兵游勇的状态，远未到汇聚、集结、凝聚攻击力的时刻。

如图1-14所示，股价均线同步下行，下行一段时间，随着乖离率的加大，股价以弱势反弹来修复过大的乖离，触及上方的均线后便回归下跌。

这种形式的反弹，对于大多数交易者来说都没有参与价值，因为很难把握住一瞬即逝的最佳买点。而错过最佳买点后，如果追高强买，不是缺少获利空间，就是买入即套。

对于持仓者来说，这种反弹发生时就是及时减仓的良机，当股价触及均线难以真正突破而股价再次转跌，就应抓住机会出局，不可存有过多的幻想。

图 1-14

四、道氏理论简述

均线分析理论与道氏理论息息相关，这里简单介绍一些道氏理论的核心内容，能够让交易者对均线理论及应用有一个相对全面的了解。

道氏理论主要包括五个定理和三个假设。

均线技术分析与实战

1. 五个定理

定理一

市场指数有三种走势，三者可以同时出现。第一种走势最重要，它是主要趋势，整体向上或向下的走势称为多头或空头市场，其间可能长达数年；第二种走势最难以捉摸，它是次级的折返走势，是主要多头市场中的重要下跌走势，或是主要空头市场中的反弹，修正走势通常会持续三个星期至数个月；第三种走势通常较不重要，它是每天波动的走势。

道氏理论首创长期（主要）趋势、中期（次级）趋势、短期趋势的分类。

定理二

主要走势代表整体的基本趋势，通常称为多头或空头市场，持续时间可能在一年以内乃至数年之久。正确判断主要走势的方向，是投机行为成功与否的重要因素。没有任何已知的方法可以预测主要走势的持续期限。

定理三

主要的空头市场是长期向下的走势，其间夹杂着重要的反弹。它来自各种不利的经济因素，唯有股票价格充分反映可能出现的最糟情况后，这种走势才会结束。空头市场会历经三个主要阶段：第一阶段市场参与者不再期待股票可以维持过度膨胀的价格；第二阶段的卖压是反映经济状况与企业盈余的衰退；第三阶段是来自健全股票的失望性卖压，不论价值如何，许多人急于变现至少一部分股票。

定理四

主要的多头市场是一种整体性的上涨走势，其中夹杂次级的折返走势，平均持续时间长于两年。在此期间，由于经济情况好转与投机活动转盛，所以投资性与投机性的需求增加，并因此推高股票价格。多头市场有三个阶段：第一阶段，人们对于未来的景气恢复信心；第二阶段，股票对于已知的公司盈余改善产生反应；第三阶段，投机热潮转炽而股价明显膨胀——这个阶段的股价上涨是基于期待与希望。

定理五

次级折返走势：就此处的讨论来说，次级折返走势是多头市场中重要的下跌走势，或空头市场中重要的上涨走势，持续时间通常在三个星期至数个月；此期间内折返的幅度为前一次级折返走势结束之后主要走势幅度的33%至66%。次级折返走势经常被误以为是主要走势的改变，因为多头市场的初期走势显然可能仅是空头市场的次级折返走势，相反的情况则会发生在多头市场出现顶部后。

2. 三个假设

假设一

人为操纵是指指数或证券每天、每星期的波动可能受到人为操纵，次级折返走势也可能受到这方面有限的影响，比如常见的调整走势，但主要趋势不会受到人为操纵。

假设二

市场指数会反映每一条信息：每一位对于金融事务有所了解的市场人士，他所有的希望、失望与知识，都会反映在道琼斯指数或其他指数每天的收盘价波动中，因此，市场指数永远会适当地预期未来事件的影响。如果发生火灾、地震、战争等灾难，市场指数也会迅速地加以评估。

假设三

道氏理论并非是完美的不会出错的理论，成功利用它协助投机或投资行为，需要深入研究并客观地综合判断，绝不可以用希望去思考和判断。

道氏理论的五个定理和三个假设，笔者认为是技术分析的精髓，真正感悟和理解之后，对于交易者提升技术分析水准有很大的帮助。

第二节 均线周期与交易系统的构筑

一、均线的不同周期

不同时间周期的均线，对股价的反映程度有很大的差异性，这种差异性对于判断股价运行趋势、趋向有着不同的揭示作用。

例如，根据 5 日均线的表现，我们判断股价有可能会出现一波下跌，而 20 日均线却可以提供给我们一些线索：即使这个下跌出现，也大都会在 20 日均线上得到支撑。

均线的时间周期，乍看起来似乎只是数字的变化，在实战中却代表着交易的赢与亏、成与败。常用的均线周期包括以下几种。

短期均线：5 单位均线、10 单位均线、20 单位均线、30 单位均线（介于中短期均线之间）。

中期均线：60 单位均线、120 单位均线（介于中长期均线之间）。

长期均线：250 单位均线、500 单位均线等。

均线的时间单位视其所依附的交易系统不同，还可以分为分钟均线、日均线、周均线、月均线等，有人还采用季均线、年均线等时间周期更长的均线。

对于均线的周期数字，上述是大多数软件上的常规和默认设置，有些人喜欢采用斐波那契数列来设置均线，比如 3、5、8、13、21、34、55、89、144 等。

斐波那契数列以最简单的数字 1、2 为基本数列，把这个简单数列的后两位数字不断相加，如 1+2=3、2+3=5、3+5=8、5+8=13、8+13=21、13+21=34、21+34=55、34+55=89、55+89=144……从而得出斐波那契数列 3、5、8、13、21、34、55、89、144……以至无穷。

斐波那契数列的特点：数列内一个数字与后面一个数字的比值，大致接近于0.618的黄金分割比，而第三个数字总是前两个数字之和。

二、短期均线交易系统

短期均线交易系统以灵活和快速反应见长，适用于短线行情的分析判断。构筑短线交易系统时，应以短期均线为主，并辅以中期均线。这样既能快速反映价格的变化，也能让均线系统具有一定的厚度，并在均线之间体现出印证或维护作用。

通常采用5日、10日、20日（或30日）这三条均线来构筑短线交易系统，实战中，还有人喜欢设置更小时间周期的均线，如3日均线等。在这个短期均线交易系统中，5日、10日均线反映股价涨跌强度，稍长周期的20日（或30日）均线起到趋向维护和印证的作用。

短期均线对股价变化反应迅速，也许正因为过度敏感于股价变化，所以短期均线有时会频繁发出提示，对于不太擅长使用短期均线的人来说，面对短期均线的频繁提示，往往会感到无所适从。这时就需要通过稍长周期的20日（或30日）均线来进行印证。在股价处于盘整阶段时，短期均线会暂时失去效用，这个状态也说明当前技术环境并不适合进行短线操作。

图1-15中，由5日、10日、20日均线构筑了均线交易系统。这个均线系统能否发挥作用，可以通过实战来验证。图中A处均线系统保持多头排列、向上运行的态势，股价在这时发生回落，于5日均线上得到支撑。

实战中，股价涨势中的强势回调有多种表现形式：第一种，在5日均线之上就结束回落恢复上涨，为最强走势；第二种，就是如图1-15中A处所示，在5日均线上下结束回落，恢复上涨势头；第三种，股价到10日均线附近结束回落，恢复上涨。这三种表现形式代表着股价不同的涨势强度，对短线交易者寻找买点和预估股价未来涨幅有重要作用。

图1-15中B处，股价再次回落，跌至10日均线才止跌回升，回升过程中明显受到5日均线的压制，这种技术形态已经显示出股价涨势强度大幅降低，交易者应放弃买入策略，转以做空为主。

图 1-15 中 C 处，股价进一步下跌至 20 日均线。反观 B 处，股价之所以能在 10 日均线上止跌回升，是因为 B 处 10 日均线与 C 处 20 日均线之间具有较大的厚度空间，而到了 C 处时，这个厚度空间已经逐渐压缩，股价只能勉强依附在 20 日均线上寻求支撑。这个时候的均线交易系统其实已经显示出股价岌岌可危的走势。

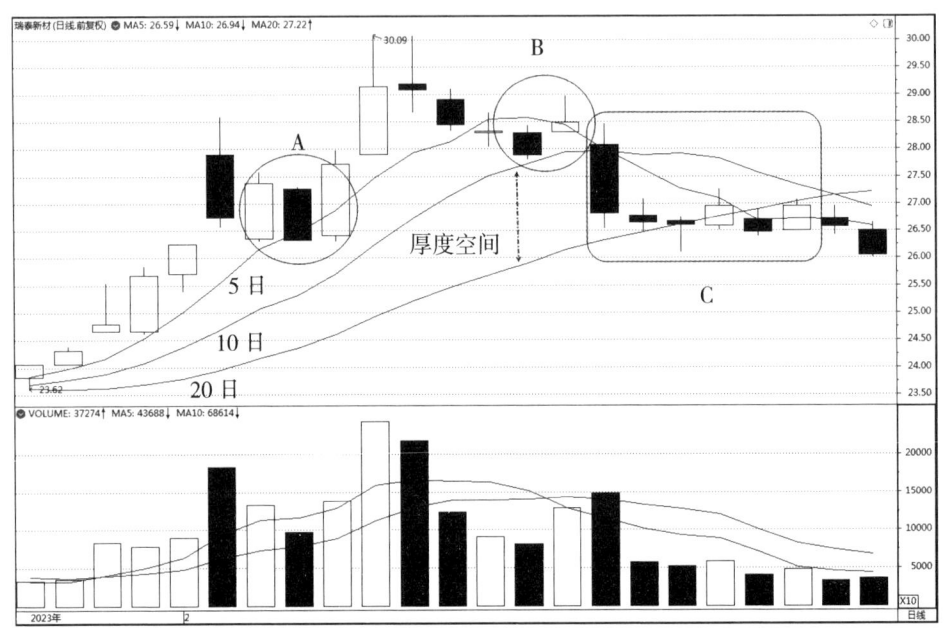

图 1-15

可能有人会问：股价跌到 20 日均线，难道就不能再一次反弹吗？

答案是：能。但不是股价跌到 20 日均线都会反弹。就图 1-15 中的个股而言，跌到 20 日均线后，短线交易者需要关注的是股价是否具备二次起涨的条件，而不是会不会出现反弹。如图中 C 处弱反弹的形态，明显缺乏盈利空间，对于短线交易者而言，不参与就是最佳选择。至于如何分析判断这些技术盘口，并得出有利于交易的结论，就是本书讲解的主要内容。

对于短线交易来说，日 K 线上的均线系统有时候难以将交易中的细节表现出来，所以有时候进行细节分析时，就需要用分钟系统来弥补。分钟系统能够更为全面、细致地表现出交易的每一个过程，有利于交易者从细节处辨别股价波动中的真伪。但分钟系统的这个优点也正是其缺憾处，有时也会使交易者沉湎于股价的细微波动中，以致犯下过度、过频交易的错误。

分钟系统主要包括1分钟、3分钟、5分钟、15分钟、30分钟、60分钟等。在这些分钟系统上，可以设置自己惯用的均线系统。通常来说，在分钟系统上尽可能采用稍长时间周期的均线系统，这样既能观察到股价的细节波动，也能够在一定程度上避免被股价频繁波动所干扰和误导。

分钟系统可将日线系统进行逐级分解，日线系统上的一根K线，在分钟系统可以分解成60分钟系统中的四根、30分钟系统中的八根……

如图1-16所示，A处报收一根涨停板大阳线，而次日B处股价却不涨反跌，当日报收中阴线。仅仅通过这两日的K线走势，难以判断后市走向。这时就可以通过分钟系统来观察具体的交易情况，图1-17是当日的1分钟系统。

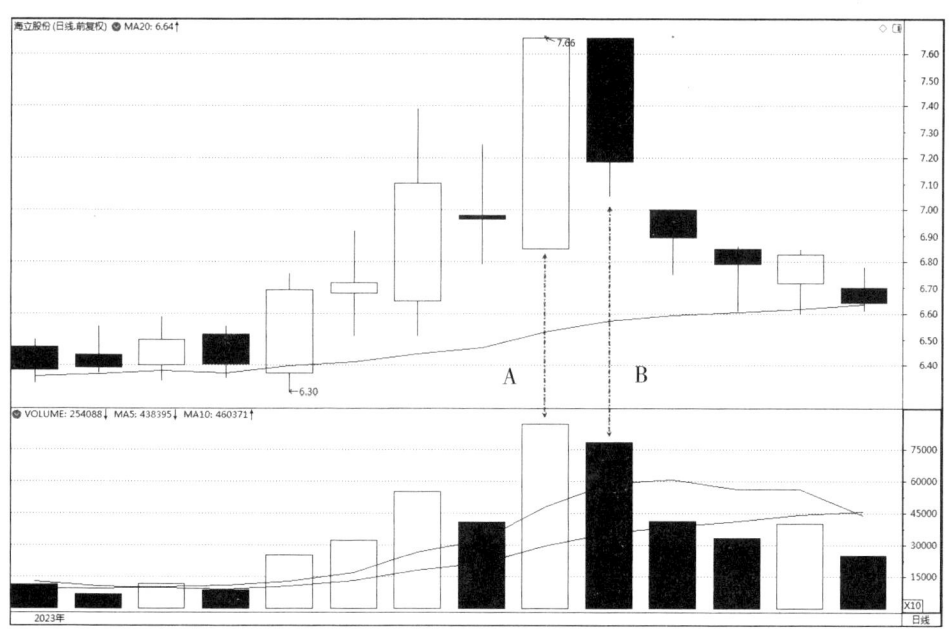

图1-16

图1-17中即为图1-16中A处和B处两日的1分钟交易系统。图中的均线系统由60、120、250单位均线构成，是一个介于中期和长期之间的均

线系统。

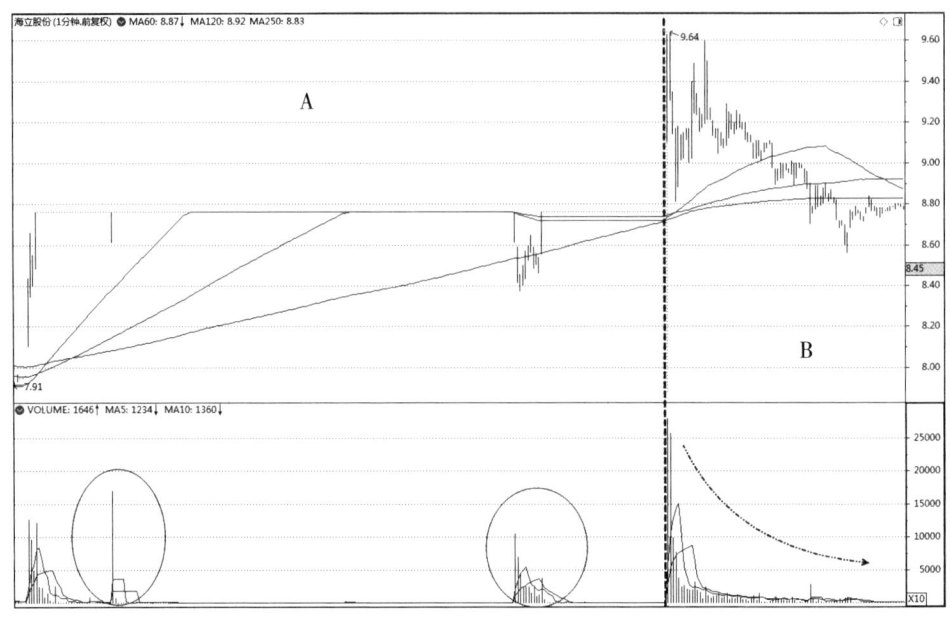

图 1-17

由图 1-17 中 A 区域可见，当日开盘不久，股价便被大量买盘推到涨停板，均线系统保持相应的厚度空间。在下午的交易时间段，股价出现一波急速跳水，在打破 250 单位均线后很快就被拉回，并再次封上涨停板。

从图 1-16 中 A 区域的涨停板大阳线，我们看不出异样，但在图 1-17 中 A 区域的 1 分钟交易系统图中，可以看到当日有资金大量卖出筹码。虽然股价最后仍然报收涨停板，但能够打破涨停板封单的卖出盘，并不是一般的散户资金可以做到的。持仓的交易者对于这种盘口，应该选择当日减仓或者次日根据盘口表现选择卖出。图 1-17 中 B 区域，股价开盘后一冲即落，均线系统的厚度空间被大幅压缩，股价盘旋回落，短线交易者应及时卖出。

分钟系统的优势是可以让我们从广漠处到细微处，有一个连贯的、全面的分析过程，股价整个运行细节就会清晰地展示在眼前，这样做出的判断准确性更高。有人可能会认为分时图也可以起到同样的效果，虽然分时图有即时上的优势，但对比分钟系统还是缺少较多技术分析因素。通常不单独利用分时图来做最终判断，和分钟系统或其他技术分析工具综合使用，在判断结论的正确性上更有保障。

三、中期均线交易系统

短期均线交易系统存在一个无法弥补的缺憾，即限于自身系统的特性，不能对波动幅度较大的行情给予必要的提示，同时也因为对于股价波动的快速反应，所以在反映趋向的稳定性上远不如中期均线交易系统。

中期均线交易系统具有稳定性上的优势，有利于对相关行情进行波段性操作，适合波段交易者对行情进行分析判断。所谓波段交易者，是指专做行情某一明确的上涨波段或下跌波段，行情进入不确定阶段时，则退出交易。

通常的中期均线交易系统可以由 30 日、60 日、120 日均线构成。

30 日均线是一个介于短期均线和中期均线之间的类型，既具有短期均线的部分特点，也具有中期均线的优势。30 日均线不急不缓，适度反映股价变化的特点。在构筑中短期均线系统时都可以用得上，也能够发挥出其应有的特点。

60 日均线是典型的中期均线，在波段行情中有着极其重要的指示作用，一般是用于判断波段行情结束与否的标准。

120 日均线又称半年线，是一个介于中期均线和长期均线之间的类型，既具有中期均线的部分特点，也具有长期均线的优势。120 日均线在构筑中长期均线系统时都可以加入。

图 1-18 中的中期均线交易系统由 30 日、60 日、120 日均线构成。其中 30 日均线兼具短中期均线的特点，能够对股价短期波动做出一定的反应；而 120 日均线兼具中长期均线的特性，在趋势印证与维护上具有优势。

图 1-18 中 A 处是上涨趋势中的次级回落调整，这种调整在中期均线系统上就是一个印证和维护趋势的过程。但对于采用短期均线系统的人来说，A 处股价将短期均线系统全面跌穿，交易者必然茫然无措，不知底在何方，也不知如何应对。

中期均线系统的优势，在这种稍大级别的调整上就能够体现出来。A 处股价跌破30日、60日均线,一度失去支撑,但下方保持上行态势的120日均线,仍旧和它们具有相应的厚度,对于股价的继续上涨起到较强的支撑。

采用中期均线系统的波段交易者,不必过度关注价格的短期波动,只要股价大致保持在30日、60日均线之上,便可大胆持仓。当股价出现大级别回落调整时,只要均线系统厚度空间未被大幅压缩,即使是股价见顶,也必然会有一个急跌后的快速反弹过程,交易者完全可以在反弹高点卖出持仓。

通常来说,中期均线交易系统只要保持着相应多层的厚度,股价的短期暴跌即使全面跌穿均线系统,也很少会就此一跌不回头,至少会有强劲的超跌反弹出现,尝试修复和维护趋势的存在和延续。

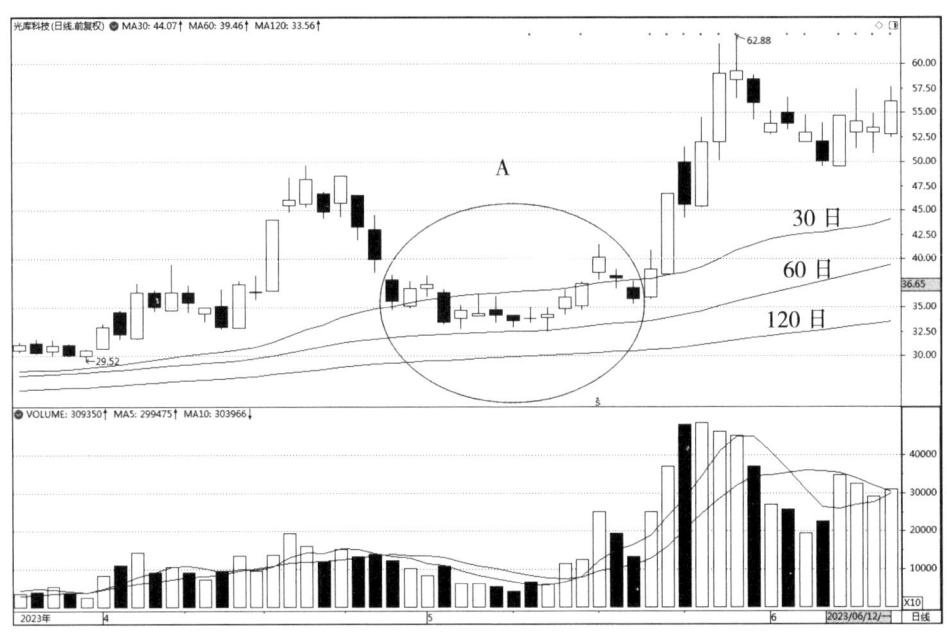

图 1-18

四、长期均线交易系统

短期均线交易系统的优势在于迅速反映股价变化,对关键转折点能够及时发出提示;中期均线交易系统的优势体现为,在趋势维系期间保证持仓的稳定性和波段操作的准确性。

长期均线交易系统的优越性主要表现在完整展示趋势和其发展阶段,有利于交易者辨识当前行情的性质。实战中,长期均线交易系统的分析作用是全面性的、战略性的,能够帮助交易者看清主力运作股价的大部分流程,并从中发现尚在启动初期的牛股。

120日均线、250日均线、500日均线是长期均线,主要用于对中长期行情趋势的分析判断。250日均线又称年线,也被视为牛熊分水岭。当价格向上突破250日均线时,意味着一年平均成本的持仓者已经获利。在构筑长期均线交易系统时,500日均线能够起到验证和辅助判断的作用。

图1-19中的长期均线交易系统分别由120日均线、250日均线、500日均线构成。

图1-19中A处是一个极为重要的点位。股价突破长期均线交易系统,而且能够在长期均线交易系统上盘整并得到支撑,这是个股可能走出趋势性涨升行情的第一个条件。

B处股价回抽均线系统,既有诱使前期高点密集成交区的套牢筹码减仓

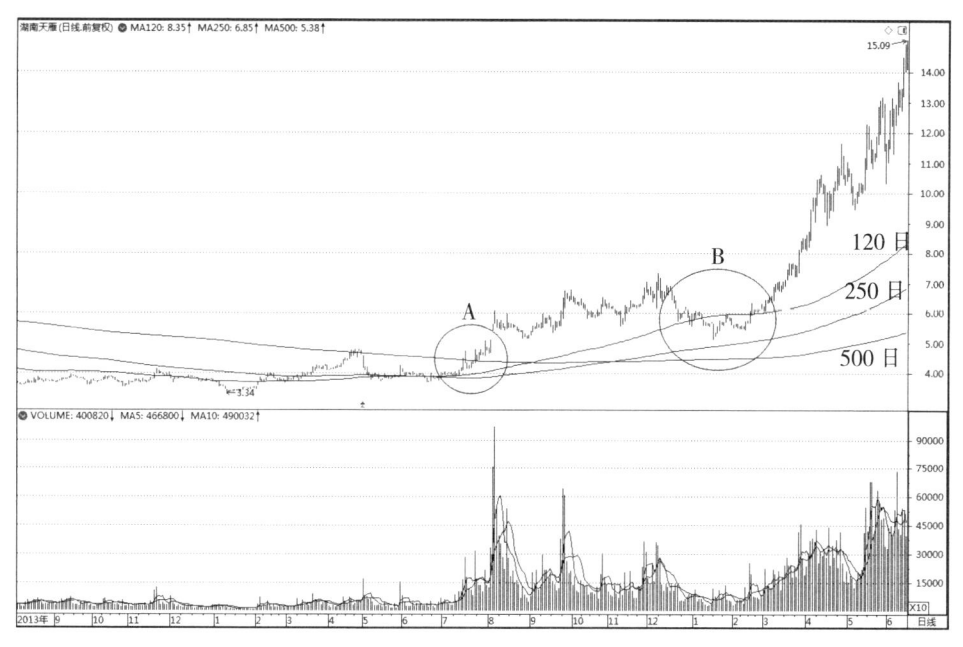

图 1-19

的意图,也有对本次涨升中跟风资金进行清理的需要。之后股价上涨并突破 A 处和 B 处之间的密集成交区,到了这个阶段,个股可能走出趋势性涨升行情的第二个条件也已经满足。交易者可以入场寻机买入。

利用长期均线交易系统的稳定性和趋势性可以帮助我们选择一些潜力个股,交易者可以利用上面案例中提到的两个条件进行选择。

用这个选股法时,要注意两点:一是长期均线最好在聚拢后转向上行并逐渐拉开厚度;二是股价要能在均线系统之上得到支撑。不能满足这两点的,最好继续跟踪观察,因为有些个股会长时间在长期均线上下反复盘整波动,很多人熬不到股价正式开始拉升的那一天。

长期均线交易系统虽然有助于提前发现牛股,但是必须明确一点,长期均线交易系统不能用来确定具体交易时机,本末不可倒置。在选择交易时机上,短期均线交易系统和中期均线交易系统有更优越的表现。

之所以说不宜用长期均线交易系统来确定交易时机,是因为这个系统既然具有稳定性的优势,那么滞后性的缺憾也就不可避免。如果把跌破长期均线交易系统支撑作为交易依据,那么如图 1-20 所示,该股最高点约为 58 元,而跌至 120 日均线后股价约在 30 元上下,这时才确定卖出,明显会造成极大的损失。

长期均线交易系统不适宜确定交易时机,它的优势是展示行情大趋势,可以让我们更为清晰地俯瞰全局,制订更适应市场运行规律的交易策略。

在下跌趋势中,大多数时候我们的交易策略是空仓等待或者参与做空;对于其间发生的短中期反弹,则应以短线、波段性的交易策略为之,而不能采取与下跌大趋势相反的策略。在上涨趋势中,大多数时候我们的交易策略是坚守仓位;对于其间发生的短中期回落调整,或予以漠视,或参与其中较大级别的次级回落,短线下跌绝不参与。

交易者在利用日线上的长期均线交易系统研判行情趋势时,还可以通过周线或者月线来进行印证和共同研判。

某些个股走势在日线上难以得出趋势性的判断,这时也可以利用周线和月线系统,通过更广阔的平台去发现趋势或印证日线系统上难以确定的判断。

图 1-20

有时候，日线系统上杂乱无章的走势，在周期或月线系统上能一目了然地看清全局。

周线、月线系统上的均线类别和日线系统基本相同，在此不再逐一讲解，常见的均线包括 5、10、20、40、60、120 均线等。均线时间周期设定不宜过长，限于周线、月线系统的特质，过长时间周期的均线难以对行情趋势有一个完整的体现。

当个股的技术判断在日线、周线或月线系统上得到相同或相近的结论时，这个现象就叫共振。共振现象出现时，判断结论的正确性极高。

五、构筑均线交易系统的注意事项

1. 顺逆关系

从趋势和趋向分级的角度来说，均线与 K 线之间的顺逆关系关乎到交易者选择卖出还是买入，选择短线交易还是波段交易等核心问题。

各个不同时间周期上顺逆关系都有可能存在，比如 5 日均线和股价方向相同，但 20 日均线却与股价相逆。厘清顺逆关系，是交易成败的关键因素。具体内容详见第三章。

2. 均线核心形态

均线核心形态会因为所参照均线时间周期的不同，而发生改变或转化，这种改变对技术研判有较大影响，也和交易者不同的操作风格甚至交易理念息息相关。交易理念不同的人，对待行情的波动会有不同的理解，所以选择的交易时机也多有不同。

比如，一个短线交易者所采用的短期均线为 5 日，则以 5 日均线为参照所形成的契合形态，和一个波段交易者以 20 日均线为参照所形成的契合形态会有较大的差别，其对价格研判的意义大不相同。选择均线的时间周期，因人而异，适合自己的操作风格特点，并能够从中获取盈利，就是最好的选择。具体内容详见第二章。

3. 均线系统的厚度和保护

以不同周期均线构筑均线系统，应具有两个方面的特点。

其一，均线之间具有一定的空间，即系统的厚度空间。

其二，均线之间应具有相互印证和维护的作用。

如图 1-21 所示，以上涨趋势为例，分别设短期、中期、长期三条均线。中短期均线下行折返时，能够在长期均线附近得到趋势或趋向的维护，不再继续下行，同时也印证了上涨趋势存在可靠性和持续性。在持续上行期间，多条均线之间保持一定的距离，即为均线系统的多层厚度空间。厚度对于均线和股价具有支撑作用，也便于辨别趋向的改变。

建立并形成均线系统，只能依靠自己在实战中摸索，即使是相同的均线设置，每个人在实战中也会研读出不同的技术含义，别人一目了然的，你未必就能读得懂。只有亲自从实战中验证、提炼并由此形成自己的均线系统，才会对实战有真正的帮助。

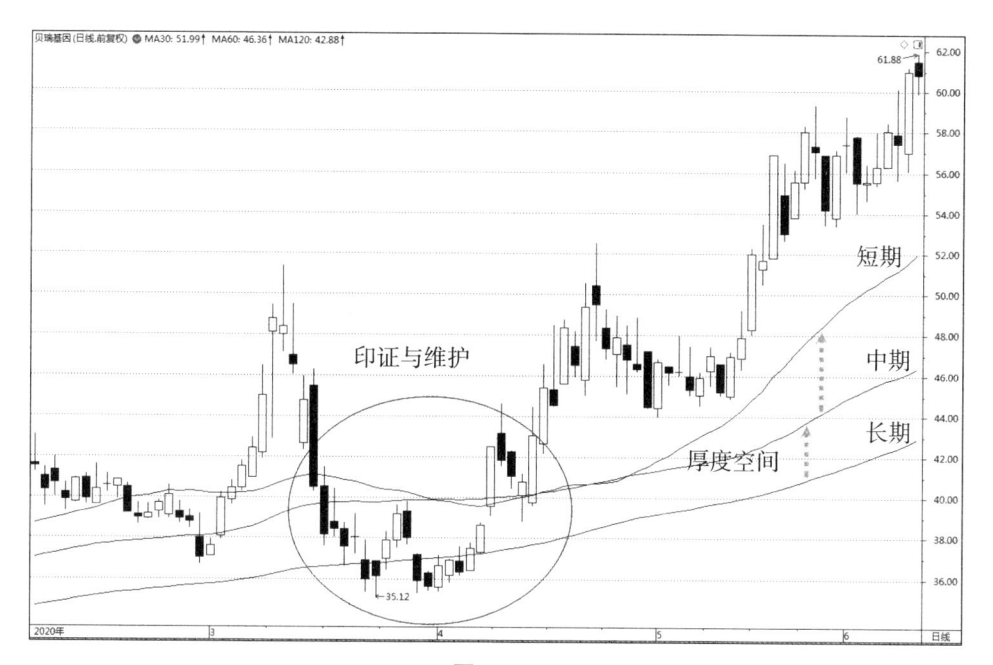

图 1-21

第二章
均线系统主要实战形态

第一节 均线交叉

一、普通交叉

均线是流动的平均成本曲线。两条或多条不同周期的均线，会随着价格的波动出现各自不同的运行轨迹，而近期成本（短期均线）总是比远期成本（中长期均线）能更迅速地对即时价格变化做出反应，这就是均线发生交叉的原因。

在价格相对稳定地保持着上涨或下跌趋向时，均线之间会以不同的速率、角度同向而行，彼此之间不会有交叉发生，如图2-1中A处和B处所示。

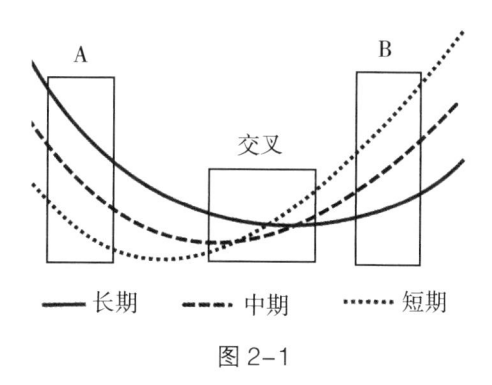

图2-1

当价格发生振荡盘整，趋向并不能稳定地保持向上或向下时，均线之间则会频繁发生交叉。

如图2-2所示，股价上下大幅波动，均线在这期间多次发生交叉。在股价振荡阶段的这种交叉，即为均线的基本交叉或称普通交叉，其所能够反映的技术意义是价格正处于缺失方向中的振荡和波动。

价格处于振荡盘整的格局中，趋向并不明确时，均线交叉属于普通交叉。

图 2-2

均线交叉最基本的技术含义，就是价格的不稳定性，至少说明价格趋向不明确或在原有趋向上多空发生较大的分歧。均线乱如茅草时，休息就是短线的最佳选择。

部分主力有时也会故意制造均线交叉，意在诱多或诱空，而按图索骥派的技术分析者，往往就会上当。越是短期的均线交叉越是容易被控制，所以在应对均线交叉分析上，绝不能按照交叉带来的可能性进行顺延判断，因为主力就希望你这样想、这样做。把交叉放到大的技术环境里分析，才是正确的分析思路。

大多数普通交叉并不具有重要的分析作用，只是提示行情处于振荡之中。但是如果一个普通交叉发生后，价格与均线形成"跳线—回抽—托线"的契合循环形态，那么我们就有必要高度关注均线接下来的发展，因为极有可能这个普通交叉会演变成为攻击性交叉。

如图 2-3 中 A 处所示，该股股价横向盘整期间，均线出现多个基本交叉，但是接下来的 B 处，出现跳线并在回抽上行态势的均线上得到支撑确认后，走出托线形态，均线渐渐拉开厚度空间。这个技术形态的出现告诉我们，股价不会无缘无故地得到支撑，均线也不会随意地就能拉开厚度空间。

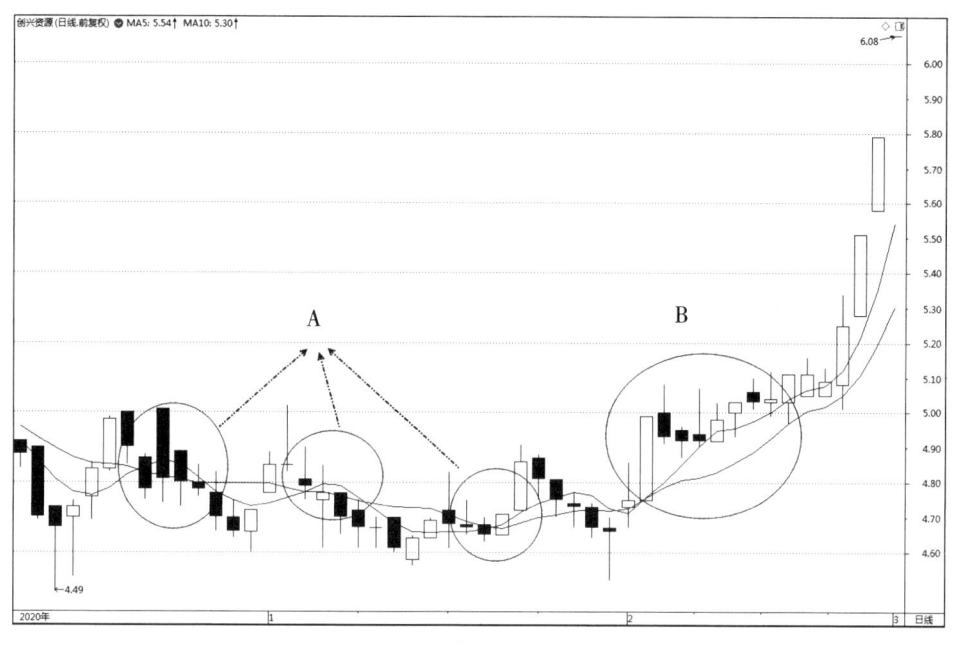

图 2-3

二、攻击性交叉

均线的攻击性交叉包括两种形式：向上攻击性交叉和向下攻击性交叉。

1. 向上攻击性交叉

均线向上的攻击性交叉，也称为均线金叉，通常是指具有资金攻击迹象的、可能引发趋向向上转折的均线交叉形态。

攻击性交叉中，被交叉的远期均线应保持走平或上行态势，如果这一条件未能满足，那么在成交量上必须具有聚量攻击的量能特征。资金攻击迹象主要根据成交量来辨别。

（1）盘整后攻击性交叉。

图 2-4 中，A 处之前股价放量攻击 30 日均线未果，A 处 10 日均线与下行态势的 30 日均线交叉，同期成交量处于消散态势，所以 A 处的交叉只能

是一个普通交叉。

虽然之后股价突破均线再次向上，技术上可能走出一个普通交叉的演变形态，但在 B 处股价回抽失败将均线拉开的厚度空间封闭，普通交叉演变的基础消失。

C 处均线再度交叉，被交叉的远期均线（30 日均线）处于上行态势，成交呈聚量攻击态势，这是一个在技术上较为完美的攻击性交叉的典型形态。

实战中，也将图 2-4 中 A 处和 C 处之间这种低点抬高的交叉，称为二次交叉。符合上述技术要求的二次交叉，后市引发价格趋向转折的概率非常高。

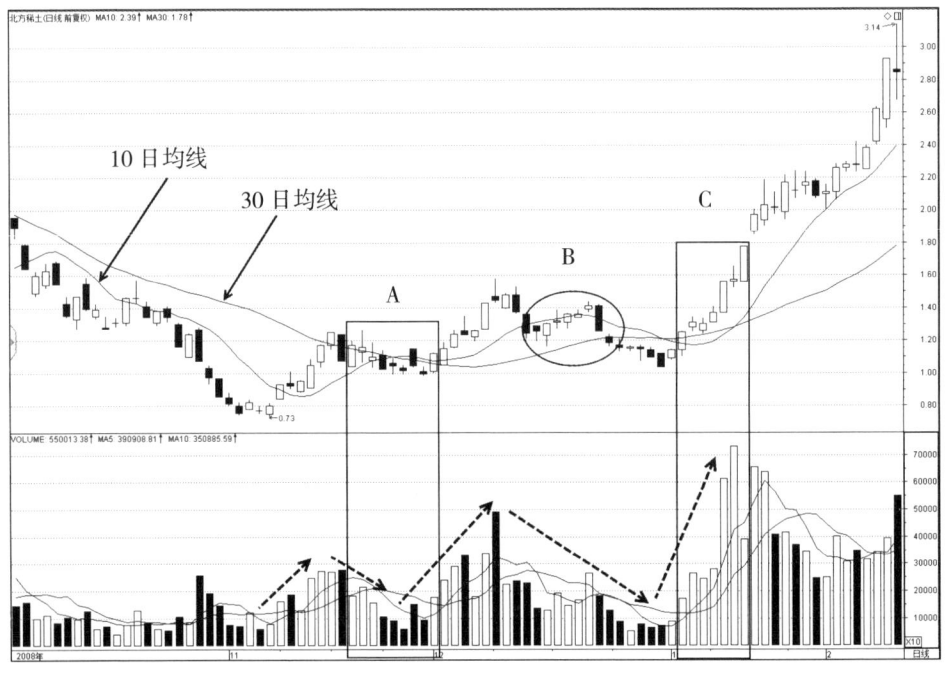

图 2-4

短周期均线之间的交叉，稳定性不如长周期均线，却具有反应迅速及时的优势。对于不同交易风格的人来说，则意味着介入时点以及持仓时间也有较大的不同。图 2-4 中所采用的 10 日、30 日均线，是短期均线系统中相对偏重于稳定性的组合方式，所以做多的时点在 C 处时才会相对明确。

如果在同样的一张图中加入另一条短期均线，来看看技术上会有什么不同，对于实战又有什么启发。

图 2-5 和图 2-4 是同一张图，只不过多加了一条 5 日均线。图 2-5 中，A 处 5 日均线与 10 日均线发生交叉，成交量也初步呈现聚量攻击的雏形，可以说基本符合攻击性交叉的特征。但这两条均线都是标准的短期均线，技术上对于股价后市上涨的持续性并不能给出有力的支持。也就是说，A 处在技术上是一个介入点，但仅适合短线交易者。

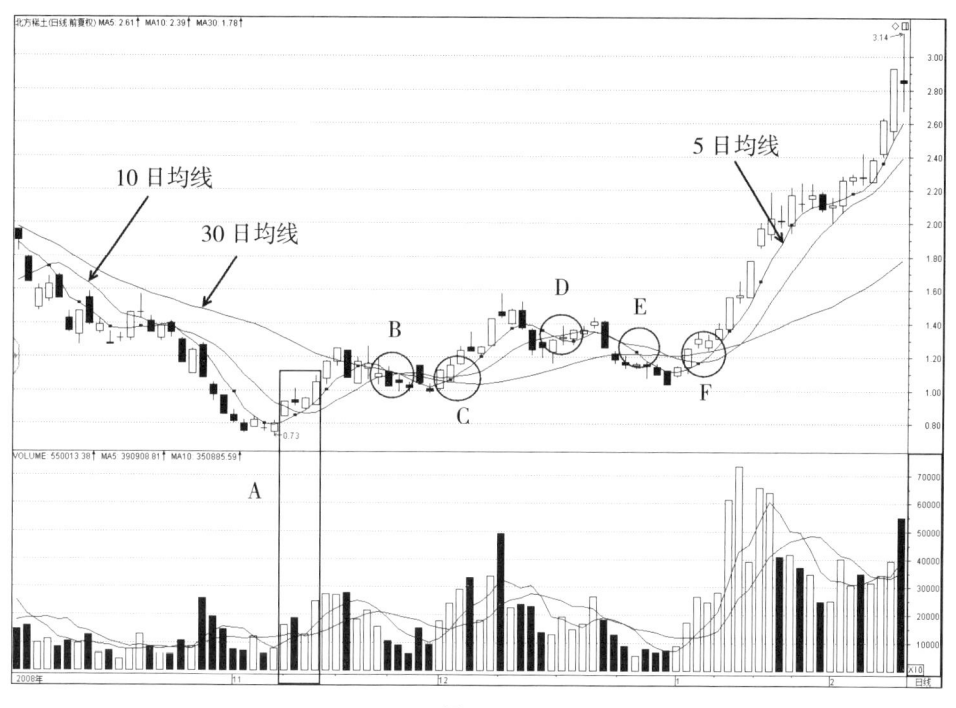

图 2-5

B 处，5 日、10 日均线触及下行态势的 30 日均线后向下交叉，对于短线交易者来说，这里是一个卖出点。但是我们发现股价并没有大幅下跌，而是于 C 处再次上涨，5 日均线和 10 日均线也再次向上交叉。

在 B 处卖出的交易者，未必都能在 C 处再一次买回来。在短线交易中错过第一时点，往往就意味着错过了最佳交易机会，要不可能放飞了股价的一段上涨，要不可能追高在股价又一次的高点上。这是不可避免的，也是必须承受的短线交易之痛。

没有人能够神奇地把握股价每一个细微的波动，每一步都精准地踏在节奏上，完美地吃掉每一波存在的利润，量化交易也做不到这一切。如果有人声称具有这种盈利模式的话，那么他得比股神巴菲特有钱得多！

图2-5中D处、E处，技术上也都是一个短线卖出点。E处之后股价虽然下跌，但这时候我们发现30日均线呈走平态势；当来到F处时，股价突破已呈上升状的30日均线，5日、10日均线向上交叉，成交聚量攻击，又一个短线买点出现。

将图2-5和图2-4中的均线组合进行对比分析，可以发现：尽管依据短期均线可以较早地低成本介入，但很难做到稳定持仓到最后的拉升阶段，除非你不是一个短线交易者。从稳定性和安全性的角度出发，二次交叉后的买点在盈利幅度上最佳。

（2）厚度空间封闭后攻击性交叉。

攻击性交叉还有一种情况，即厚度空间封闭后的攻击性交叉。这种攻击性交叉一般多出现在短期的急跌过后。厚度空间封闭，意味着对之前占优势地位的空方（或多方）的扼杀，至少短线空方难以大规模反击。

如图2-6所示，10日、30日均线在A处向下交叉，均线之间的厚度空间逐渐拉大；之后股价和10日均线形成低点盘线形态，至B处，10日、30日均线向上交叉，将A处下跌以来形成的厚度空间封闭。B处，虽然30日均线此时仍旧呈下行态势，但成交量出现聚量攻击形态，预示此处的交叉是一个略有瑕疵的攻击性交叉。

厚度空间封闭后的攻击性交叉，要特别注意量能的形态，不符合聚量攻击的交叉，应防备可能只是一个普通性交叉，或为主力诱多制造的陷阱。

2. 向下攻击性交叉

均线向下的攻击性交叉，也称为均线死叉，通常是指可能引发趋向向下转折的均线交叉。向下的攻击性交叉在成交量形态上，多数呈量能消散态势。

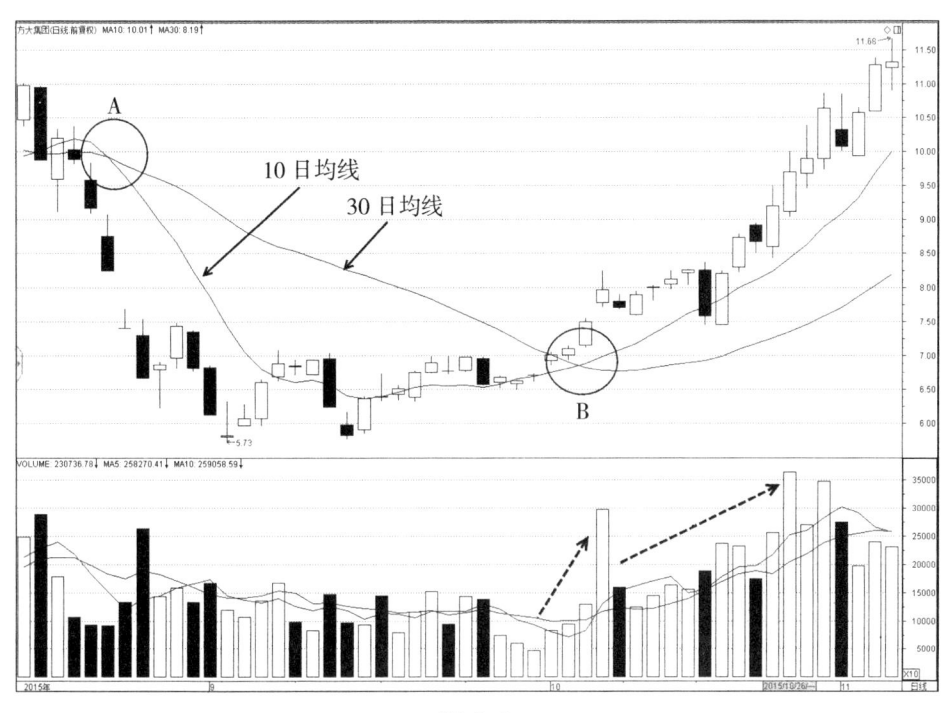

图 2-6

均线向上或向下攻击性交叉，都具有封闭厚度空间的形式，多数是因为股价短期内过快运行、乖离过大所致。

封闭均线间的厚度空间，与其说攻击性，不如说反击性更为准确。在较大的乖离下，之前一直被压制的一方，聚集的反击能量爆发，引导价格反方向运行并封闭对方运行中拉开的均线空间，至少在短时间内扼杀了其运行的延续性。

如图 2-7 所示，A 处 10 日、30 日均线向上交叉并在此后拉开厚度空间。随着股价的逐渐加速上涨，乖离也渐渐变大；B 处量价都创出新高，但之后不能延续升势。C 处，当股价和 10 日均线形成短暂的高位盘线形态时，如果不能在这条短期均线上得到必要的支撑，就应该成为短线交易者的卖出点。

D 处，10 日、30 日均线向下交叉并封闭厚度空间，说明至少在短时间内将多方攻势扼杀，这里也是短线交易者的另一个卖出点。从 B 处到 D 处，

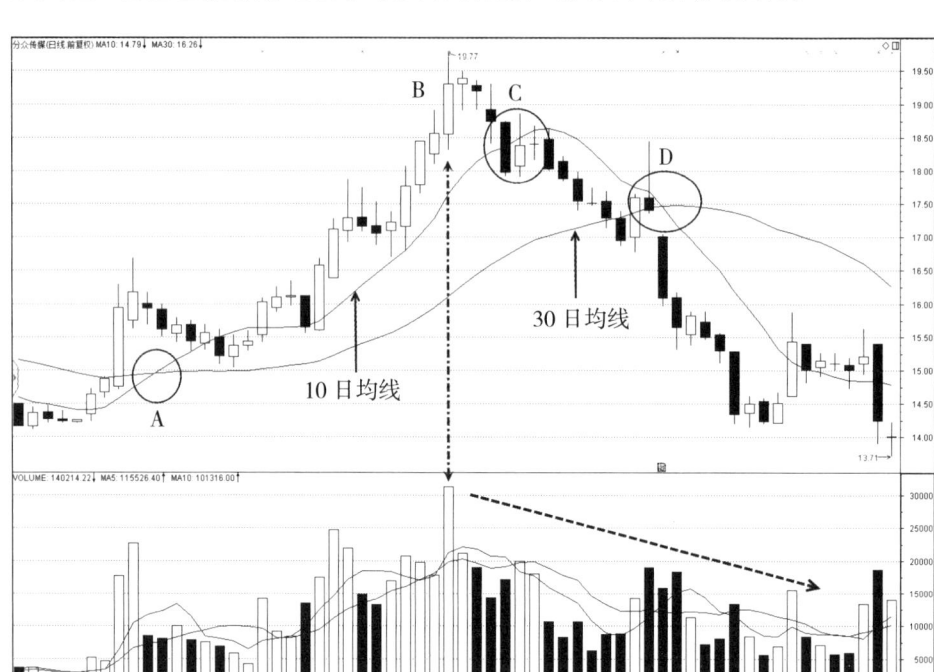

成交量一直呈量能消散态势，极为有利空方的反击和趋向的扭转。

图 2-7

关于均线间的厚度空间，还存在一个整体运行角度的问题。如图 2-8 所示，A 处均线向上交叉并拉开一定的厚度空间，但之后股价并没有形成趋向性上涨，而是多数时间和均线形成盘线，均线间的厚度空间也基本呈横向运行。在这期间，量能并没有形成聚量攻击形态，A 处交叉的攻击性存在很大的疑问。

B 处量价皆刷新高点，但随后股价的下跌和量能消散形态，都说明多方的攻击力严重不足。C 处均线向下交叉，厚度空间封闭，股价也随之下跌。

从整体上来看，图 2-8 中的厚度空间，并不是由股价在 A 处之后的涨势逐渐拉开的，而是在 A 处之前股价的突然涨升造成的，也就说明这个空间并不稳定，也很难具有较长时间的延续性，A 处之后的盘线形态也证明了这一点。当股价反复振荡盘整在厚度空间之中时，这个厚度空间如果基本呈横向运行，那么后市股价向下跌穿均线的概率非常大。

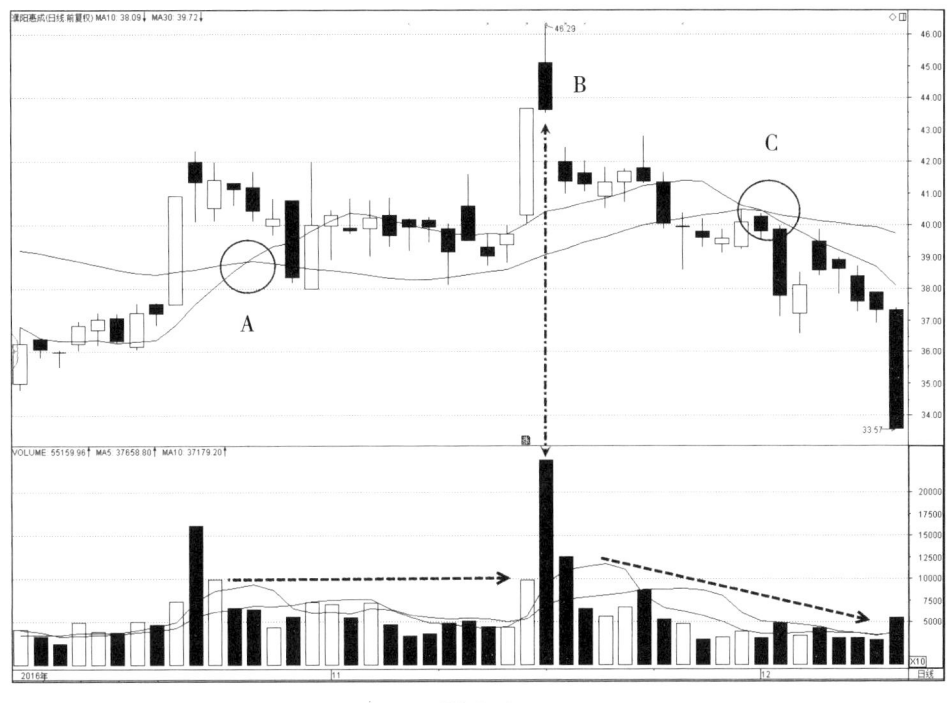

图 2-8

第二节 封闭空间

一、支撑性封闭

均线之间形成的厚度空间，对于股价具有支撑或者压制作用。当多条均线之间发生交叉时，这个交叉有时会形成一个封闭的空间，这个空间也具有支撑或者压制的作用。均线间的厚度空间，本身已经具有对于价格的支撑和维护作用，而支撑性封闭空间就好像在厚度空间上又添加了一道验证和加固的防线，对于价格的支撑作用无疑更加明显。

支撑性封闭空间由三条周期不等的均线构成，是指短期均线从低位回升先与中期均线发生向上交叉，两条均线拉开厚度空间后，先后与长期均线交叉，三条均线之间形成了一个封闭的三角形。这个封闭的三角形即为支撑性封闭空间，如图 2-9 所示。

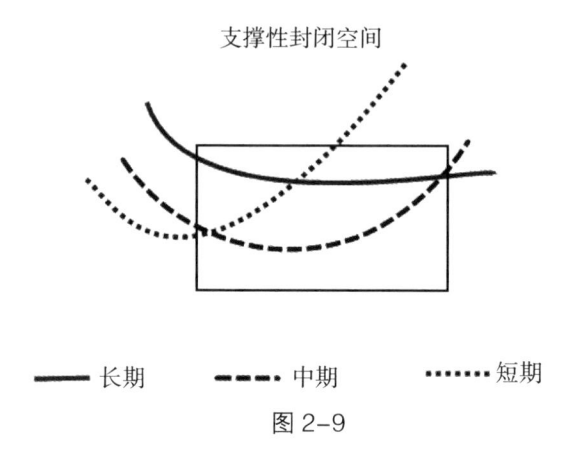

图 2-9

支撑性封闭空间通常出现在价格转折关口，既能起到对短期均线上行强度的测试，也能对价格上涨的持续性进行验证。价格发生转折后，是否能够形成支撑性封闭空间，也是我们验证股价上涨真实性的方式之一。

支撑性封闭空间比一个简单的交叉形态所发出的提示作用要强烈，它的出现说明经过一段时间的能量积蓄，多方已经具备全面攻击的动能，而均线系统对价格的支撑体系也已初步成形。但是在底部构筑阶段，即使存在封闭空间，股价仍旧会反复振荡。支撑性封闭空间只能证明对于股价支撑的存在，并不能催化股价产生大涨，而股价是否能够由此出现持续性上涨，仍旧需要观察上行角度、量能催化等技术条件是否具备。

如图 2-10 所示，A 处出现支撑性封闭空间，但之后短期均线间厚度空间封闭，整体呈横向运行，说明股价仍旧需要时间来振荡盘整。直至 B 处再一次出现支撑性封闭空间，股价才由此展开一轮升势。

二、压制性封闭

压制性封闭空间同样由三条周期不等的均线构成，短期均线从高位回落先与中期均线发生向下交叉，两条均线拉开厚度空间后，先后与长期均线交

第二章　均线系统主要实战形态

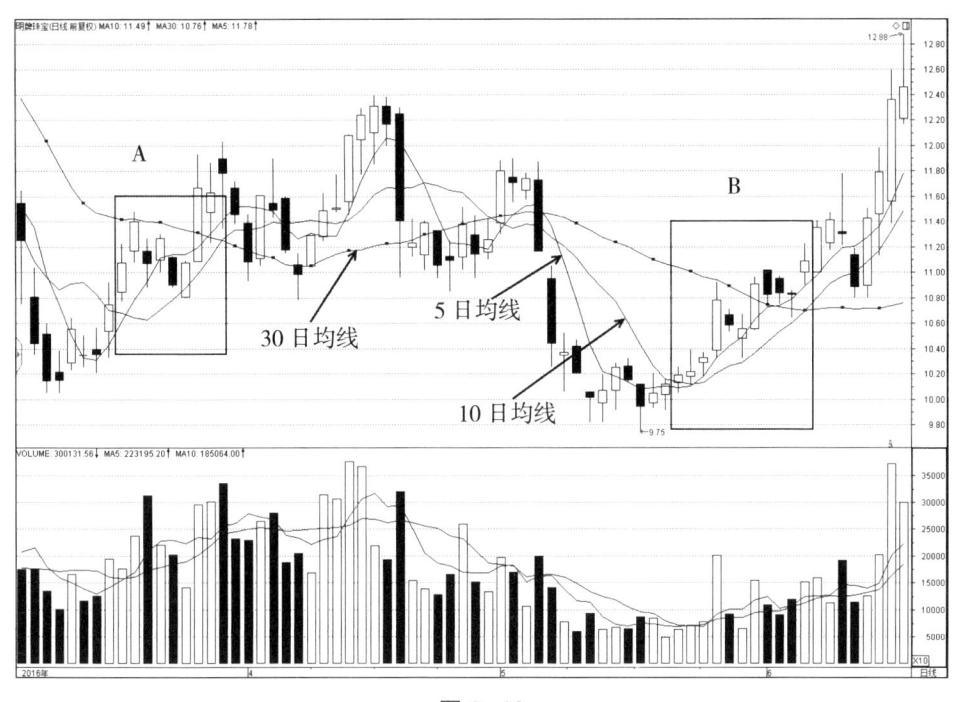

图 2-10

叉，三条均线之间形成了一个封闭的三角形。这个封闭的三角形即为**压制性封闭空间**，如图 2-11 所示。

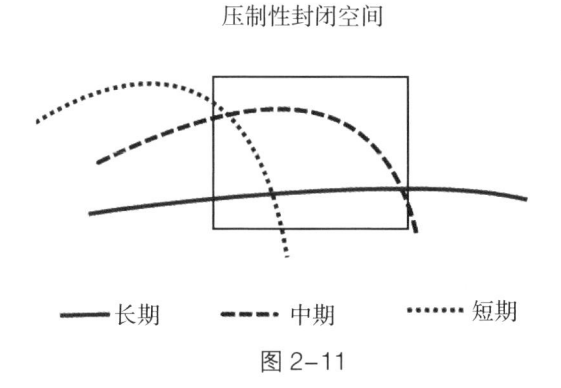

压制性封闭空间

——长期　－－－中期　……短期

图 2-11

压制性封闭空间和支撑性封闭空间的技术原理是相通的。

两条短期均线向下交叉拉开的厚度空间，对于价格具有压制作用，而压制性封闭空间则将这种压制进一步强化。压制性封闭空间的出现，说明经过一段时间的能量积蓄，空方已经具备向下攻击的动能，而均线系统对价格的压制体系也已初步成形。

压制性封闭空间也多出现在价格转折关口，价格发生转折后，是否能够形成压制性封闭空间，也是我们验证股价下跌真实性的方式之一。

压制性封闭空间出现后，并不一定都预示股价必然大幅下跌。股价有时会出现反复振荡以测试压制的存在。股价是否能够由此出现持续性下跌，仍旧需要观察均线间的厚度空间和下行角度。

如图 2-12 所示，三条均线在 A 处形成压制性封闭空间，之后股价并未急速下跌，而是出现一个短暂的横向波动。这个波动的高点是一根高开低走的阴线，显示出封闭空间的压制已经存在并具有一定的强度。

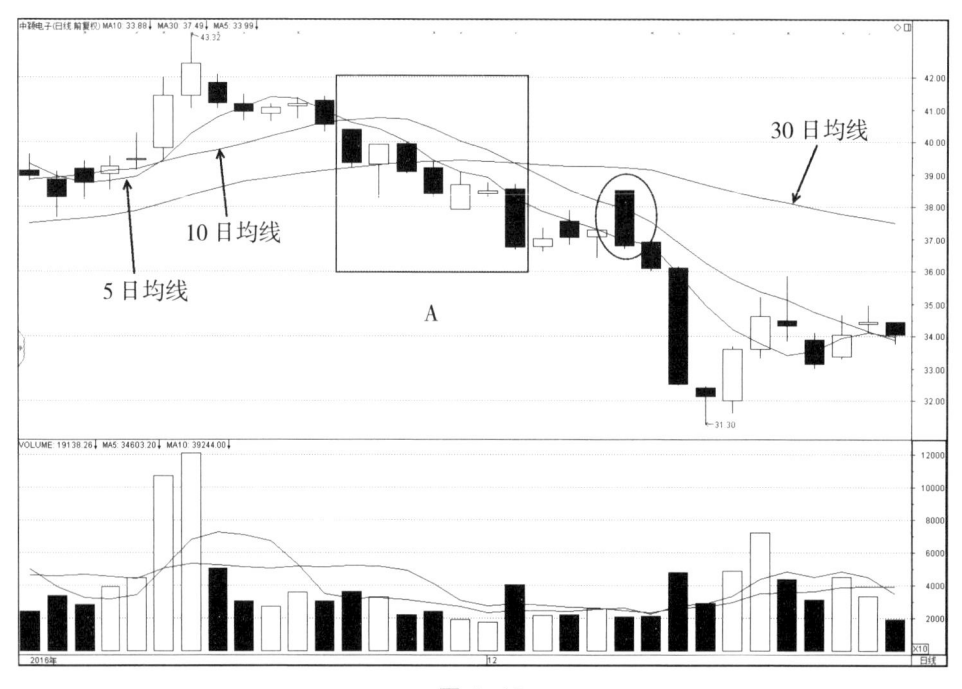

图 2-12

压制性封闭空间出现后，如果长期均线仍处于稳定的上行状态，同时短期均线拉开的厚度以及运行角度偏向于横向波动，当价格突破长周期均线侵入压制性封闭空间内部时，那么这个封闭空间可能仅仅是主力刻意营造的诱空骗局。

如图 2-13 所示，A 处压制性封闭空间出现，之后短期均线间虽拉开相对的厚度，却不能保持。随着股价的回升，B 处出现支撑性封闭空间，股价也在之后出现快速上涨。在股价振荡盘整阶段，图中所示的案例比较常见。尤其是底部或顶部构筑阶段，图形上的多空转换非常频繁，原因就在于主力资金需要通过类似的骗局来尽快达到自己的目的。

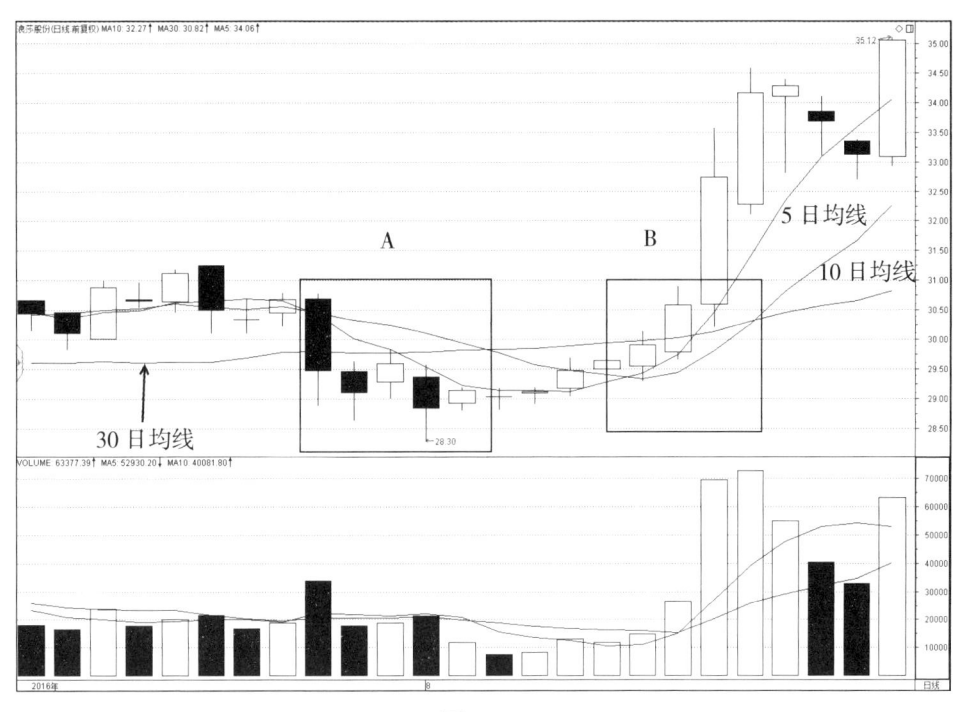

图 2-13

三、封闭空间评估

封闭空间和厚度空间一样，也会因均线时间周期的不同，而带来不尽相同的技术判断结论。如图 2-14 所示，A 处的 5 日、10 日均线与 30 日均线形成支撑性封闭空间，股价短期上涨后，于 B 处又形成压制性封闭空间，随后股价进入跌势。

从 A 处到 B 处，股价由得到支撑到受到压制，只有短短的十几个交易日，就完成了这个循环过程。可能有人会产生疑问：一个支撑性封闭空间，难道能够提供的支撑只有短短的几个交易日？

答案其实就在均线的时间周期上，不同周期的均线所代表的成本不同，能够提供的支撑或压制当然也会有较大的差异。

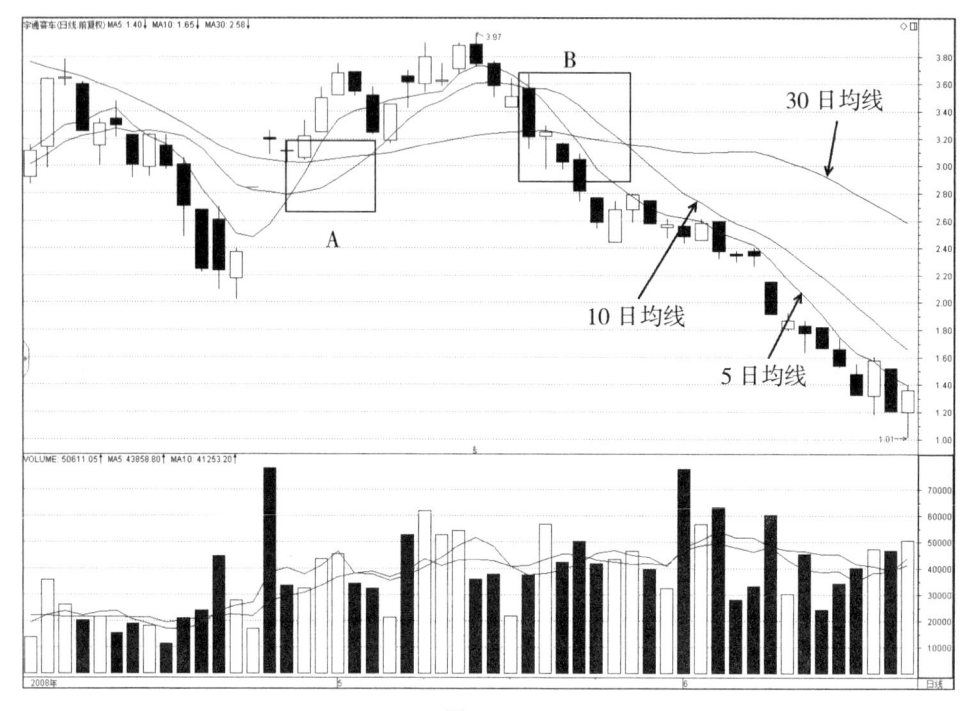

图 2-14

例如，图 2-14 中的长周期均线仅为 30 日均线。前文讲过，30 日均线是介于短中期之间的均线类型，它所能提供的支撑或压制也只在其大概的成本周期附近。当然，仅就一个支撑性（或压制性）封闭空间能否持续发挥作用而言，也和之后的股价走势以及均线拉开厚度空间的变化息息相关。

封闭空间和均线时间周期密切相关，一条 30 日均线封闭的空间和一条 60 日或 120 日均线封闭的空间，其技术意义当然会有极大的不同。我们可以做个实验，在图 2-14 中将 30 日均线换成 60 日均线，看看技术分析结论会有什么不同。

图 2-15 和图 2-14 为同一幅图，只是将 30 日均线换成 60 日均线。图 2-15 中并没有出现封闭性空间，只是在 A 处 5 日、10 日均线向上交叉，股价反弹至下行态势的 60 日均线附近便转为下跌。图中的这波上涨高度达到 60 日均线附近便受到较强的压制，而且股价迅速开始下跌，由此可以很明了地判断出，此处上涨仅是下跌趋势运行中出现的一次反弹。

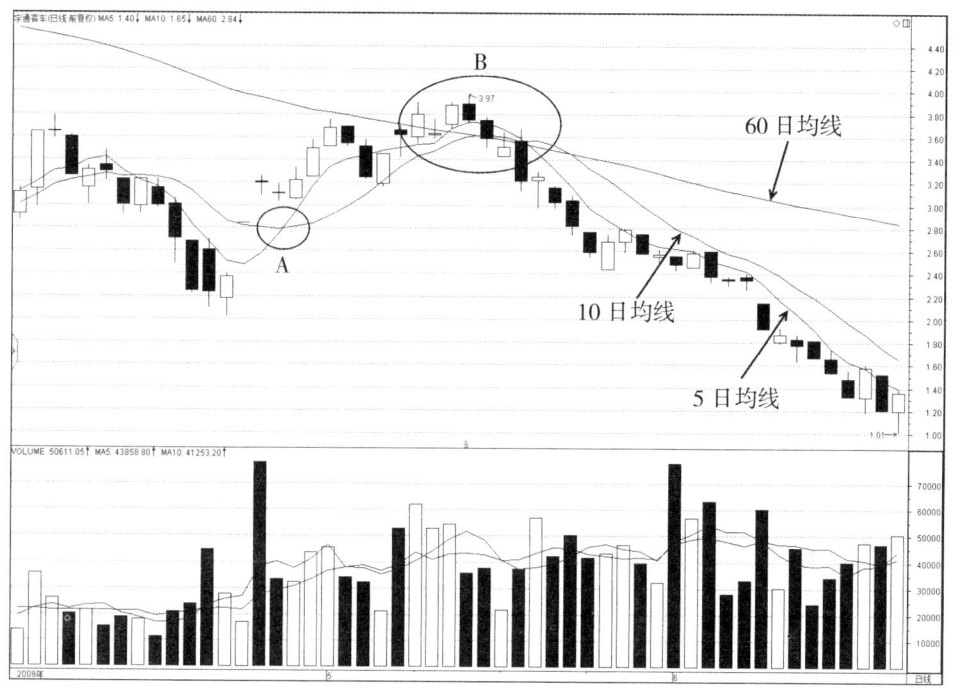

图 2-15

时间周期相对较短的均线之间形成的封闭空间，和中长期均线形成的封闭空间的技术意义是不可同日而语的。如图 2-16 所示，在 A 处 30 日、60 日、120 日均线之间形成支撑性封闭空间，股价也由此展开一轮大幅上涨行情。

图 2-16 中这种由中长期性质的均线形成的封闭空间，说明经过较长时间惨烈的下跌过程，市场中长期平均成本逐渐下降到较低的位置，股价开始变得具有吸引力。随着资金的回归，股价慢慢回升，代表着市场平均成本的中长期均线也随之扭转上行，这时所形成的封闭空间和中长期成本非常接近，

并不会引发大批获利盘兑现，其上方也不会存在太多的密集套牢盘，所以封闭空间的支撑力度会空前强大，这也是能够引发大涨行情的主要因素之一。

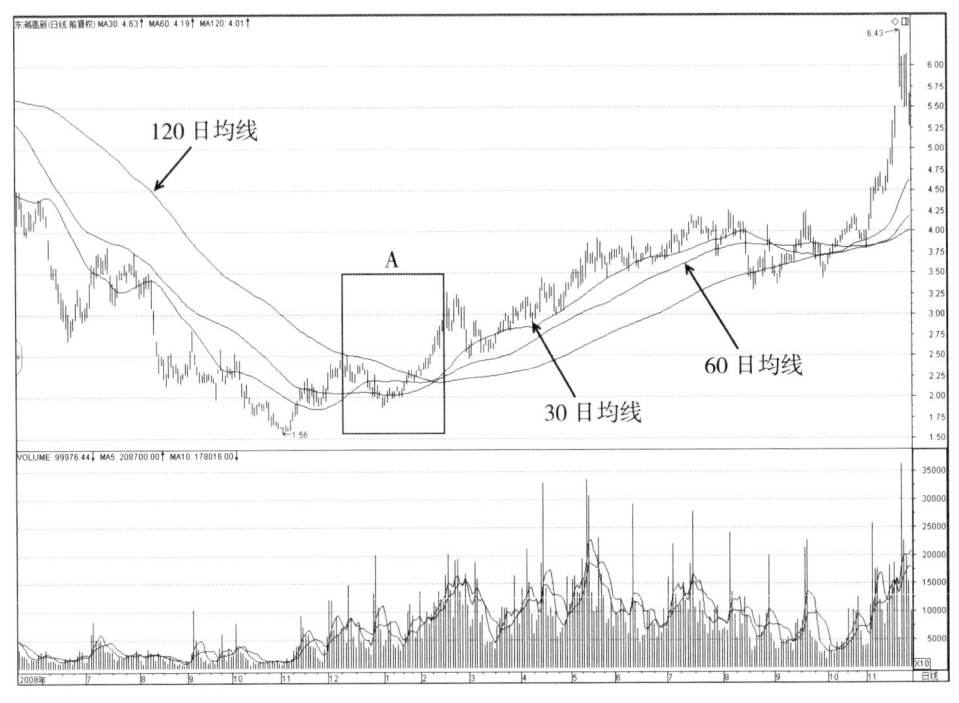

图 2-16

对比以上各图的异同可以发现：均线的时间周期不同，会让我们在分析判断上出现较大的差异。这种差异其实并无优劣之分，而要看与交易者自身的操作风格、特点是否吻合。

不同交易风格的交易者，其所选择的均线时间周期非常重要。例如，一个短线交易者在图 2-14 中可能会入场交易，而一个波段交易者对于价格的短期波动不会太感兴趣，更不会参与其中。

利用封闭空间进行技术评估，因参照物和分析角度不同，评估结论迥异，在应用时，首先得明白你想要的是什么。比如，一名短线交易者利用短期均线形成的支撑性封闭空间指导交易，却每一次都在股价开始上涨之后幻想大行情由此启动，那么极有可能在每一次短线交易中都很难获利。

第三节 多均线黏合

一、黏合的两种形式

当行情经过单边上涨或者下跌后,接下来大多会进入折返振荡阶段,如果振荡的过程不断延长,则不同时间周期的均线就会渐渐接近并汇聚到相近的价位上,形成盘绕形态,即为均线的聚拢或黏合。

市场上各个时期的交易者(或资金)虽然介入成本并不一致,但在价格的振荡波动过程中,大部分交易者(或资金)并不会选择长期持仓不动,相反,会跟随价格的波动不断提高或降低成本。当价格长时间横向波动振荡,则市场的平均成本就会越来越趋于一致。这就是均线聚拢或黏合的技术原理。

不同时间周期的平均成本都汇聚在某一价格区域附近,从技术上来讲,所产生的支撑或压制作用都会非常强大。多均线聚拢或黏合的出现,意味着市场行情已经走到了必须做出方向性抉择的关口。

均线聚拢或黏合形态,也和时间周期具有重要的关联性。仅仅是短期均线间的聚拢或黏合,只对研判价格短中期趋向变化有作用,而中长期均线加入聚拢或黏合中,对于判断趋势变化才会具有相对更大的作用。

均线聚拢或黏合形态是一种统称,包括两种形式。

其一是聚拢,指多个时间周期的均线在某一价位附近汇聚,之后重新选择方向。

其二是黏合,指多个时间周期的均线相互缠绕,运行于一个高点和低点相对平行的箱体内,之后选择突破方向。如图2-17所示。

无论是哪一种形式,聚拢也好,黏合也罢,都只是可能引发价格扭转的外在形态。具备了这个外在形态,并不必然发生逆向扭转或扭转未必就一定成功，还需要对价格相关形态和运行重心以及技术环境进行进一步的综合分析，才能最终得出一个相对准确的判断结论。

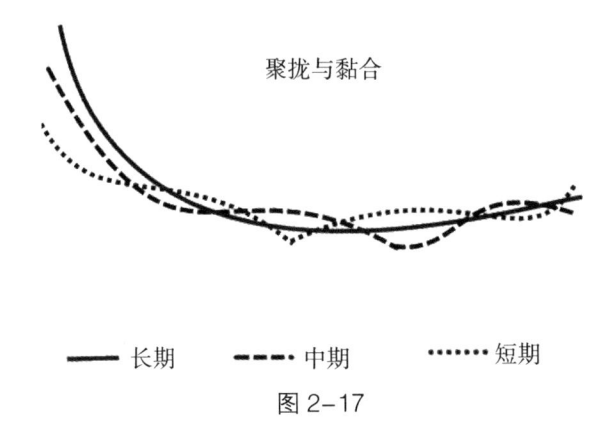

聚拢与黏合

—— 长期   ---- 中期   ······ 短期

图 2-17

1. 聚拢

均线聚拢有时仅是黏合形态的一个前奏和过程。多条均线聚拢后可能进入黏合状态，但有时聚拢后会直接选择突破方向。也就是说，黏合需要聚拢，但聚拢并不一定必然会进入黏合状态。

从技术分析的角度来说，聚拢形态相比黏合形态在稳定性上稍有欠缺，尤其是短期均线之间的聚拢更是频繁出现，所以，有中长期均线加入的聚拢形态，在技术分析上的参考作用更为重要。

图 2-18 中的均线系统，由 10 日、30 日、60 日、120 日均线构成，可以看出这是一个偏重于中期的均线系统。A 处是多条均线分别从下行状态汇聚到相近点位，并在此处形成聚拢后向上扭转，进入上行状态中。实战中有 60 日、120 日这些中长期均线加入所形成的聚拢，发生逆向扭转的可信度相对较高。

即使是中长期均线加入所形成的聚拢，仍旧需要分析股价相关形态和运行重心。图 2-18 中 A 处聚拢发生时，股价运行重心已经上移，并在回落时能够得到均线系统的支撑。技术环境上，股价经过长时间大幅度下跌，均线系统也长时间处于下行态势，空方的能量消耗必然巨大。基于这些有利因素进行判断，也就可以得出 A 处聚拢后出现逆向扭转概率极高的结论。

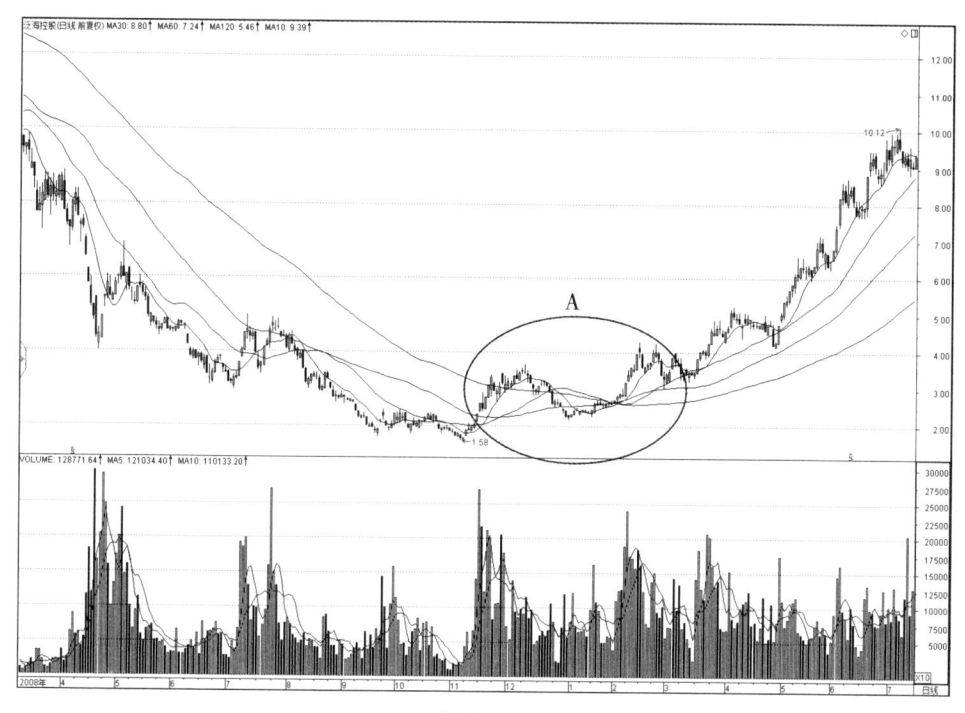

图 2-18

单一的形态分析，结论极有可能出现较大的偏颇，多种技术因素综合分析，则会更加接近事物真实的一面。如图 2-19 所示，也是由 10 日、30 日、60 日、120 日均线构成的均线系统。A 处同样出现多条均线分别从下行状态汇聚到相近点位的情况，但这个聚拢发生后，股价却并未逆向扭转，而是再次向下突破，仍运行于下跌趋势中。

图 2-19 中 A 处，该股走出一个失败的聚拢，分析失败的原因主要有以下几点。

第一，技术环境上，该股虽然前期也经过大幅下跌，但主要是受大环境下跌的影响所致，所以跌幅虽大，但整体下跌时间不长。这就使得均线系统虽然出现聚拢，但缺少长时间下行过程，市场成本并没有在消耗中趋于一致，而是处于紊乱之中，为再次扭转上行带来较强压制。

第二，案例中，股价反弹后其重心基本呈横向运行的态势，缺乏有力的方向性引导；均线系统尤其是中长期均线并不能提供较强的支撑，而成交量在聚拢期间也呈消散状态。这些技术上的不利因素相叠加,该股走出失败形态也就不足为奇。

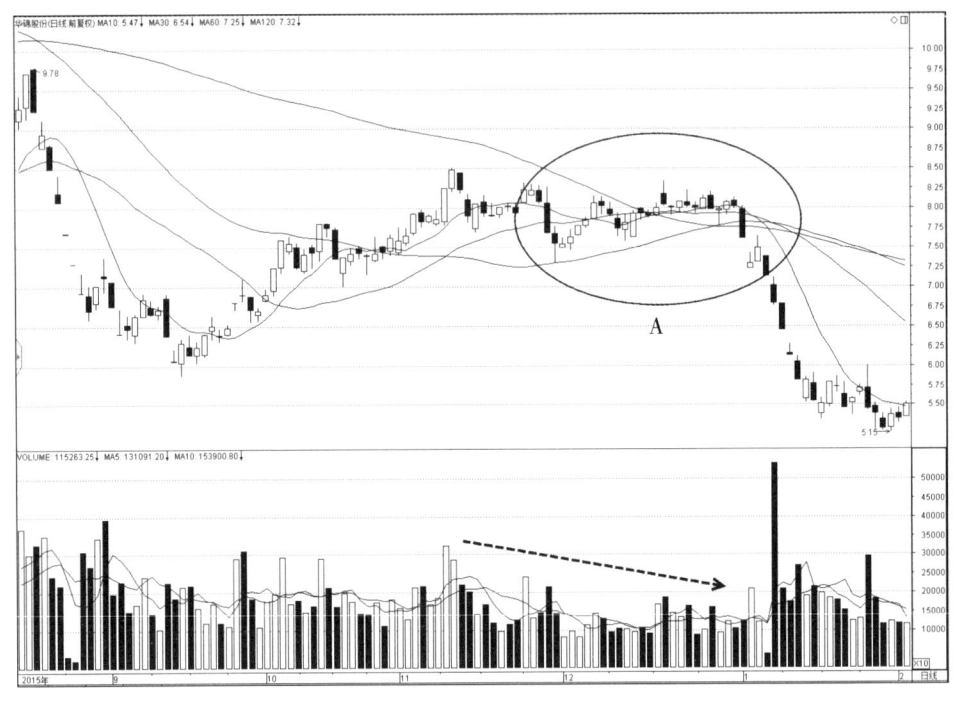

图 2-19

2. 黏合

均线聚拢后通常有三种选择。

第一种是选择逆向扭转突破。

第二种是在原趋势上出现加速运行。

第三种是在聚拢后相互缠绕,运行于一个高点和低点相对平行的箱体内,之后再选择突破方向。这种就是均线黏合,如图 2-20 所示。

短期均线之间的相互缠绕,是一种常见的盘整形态,并不属于本节所讲的黏合范畴内,本节主要以多周期均线之间的黏合为研判对象。

可能引发价格扭转的均线黏合具有以下几个特点。

(1)经过长时间、大幅度的下跌或上涨过程。

（2）有中长期均线加入。

（3）黏合过程不少于6个月。

在均线黏合过程中，越多的中长期均线加入黏合中，黏合维持的时间越长，则之后选择逆向突破的可能性越大。

图2-20中方框标示的黏合区域，10日、30日、60日、120日均线都已加入黏合过程，这个黏合区域维持的时间长达一年。在均线黏合的维持阶段，价格依然会振荡波动，甚至有些波段的振荡幅度能够达到次级反弹或回调的水平，图中在黏合期间股价出现多次急涨急跌。均线黏合维持阶段的价格大幅振荡，对于调适中长期均线逐渐扭转运行方向、依次排列能够起到极其重要的作用，也为逆向扭转打下较为坚实的基础。

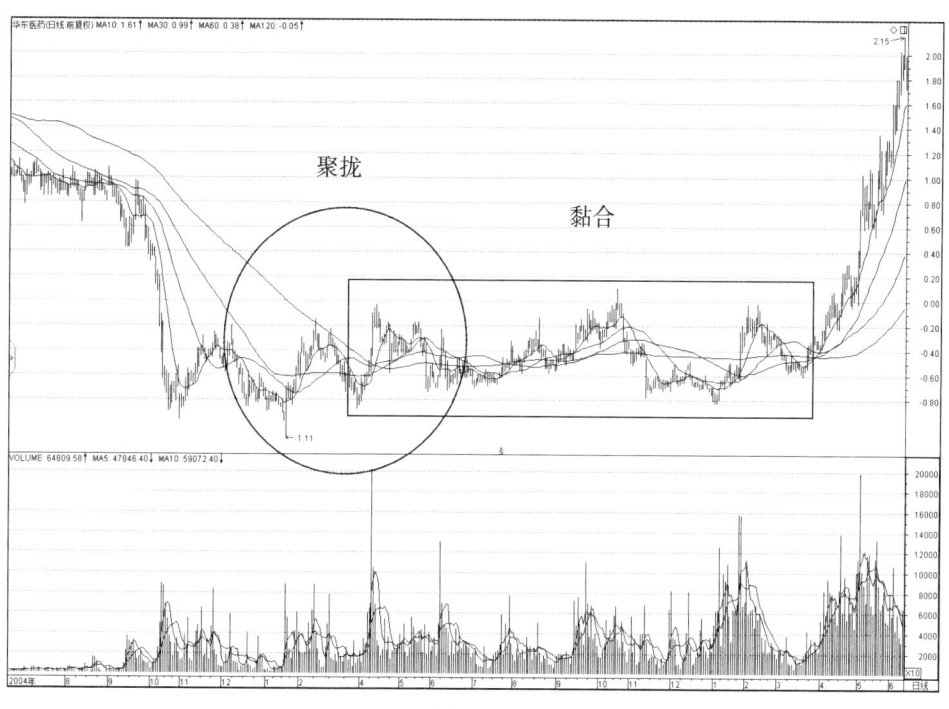

图 2-20

二、黏合形态的系统共振

短期均线之间的缠绕只是盘整的形式，多周期均线之间长时间相互缠绕的形态才是黏合。黏合形态的两种形式并不必然都会引发逆向扭转，还需要具备相应的技术环境和条件，交易者可以从系统是否具有共振上来做进一步判断。

共振主要是指多个技术工具对某一目标同时发出相对一致的技术提示。

共振现象是交易者探究目标股票是否具备交易条件的极佳工具或手段。比如，通过多项技术工具来分析某股是否具备上涨潜质，经过多项技术工具的分析都显示该股具备较高的上涨概率，也就是说这里产生了共振。

当然，如果多项技术指标未能出现共振，而是各自发出不同的信号和提示，也并不必然说明该股不会上涨。多项技术工具的共振，并不是一个经常会出现的现象。

技术上的共振现象，其类型大致可分为以下几种。

（1）多个技术指标之间对目标个股发生共振提示。

这种类型的共振较为常见，比如 MACD、KDJ、BOLL 等技术指标同时发出买入或卖出的交易提示。正因为这种共振的常见性，而且是技术指标范畴内的共振，所以其准确性会有折扣，应用空间和时间上有较多限制。

（2）技术指标和量价关系、均线系统等多个技术工具在某一时点上发生共振提示。

在实战中，均线系统、量价关系、技术指标等同时发出买入或者卖出提示，这种跨越类别的共振，一般具有较高的准确性。

（3）不同交易系统在技术分析上形成的共振。

不同时间周期的交易系统对某一对象在某一时点上发出的共振提示，往往有着极高的准确性，但是这种类型的共振并不常见。比如日线、周线、月线系统同时显示行情向好，则意味着中长期行情转暖等。总之，出现共振的技术因素越多，预判行情的准确性越高。本节要讲的共振，就是不同交易系统在黏合形态上的共振。当然，共振不但适用于黏合形态的判断，也适用于多种技术形态的分析判断，交易者可举一反三。

图 2-21 中，该股经过长达 5 年多的下跌过程，至图中走势时，各条不

同周期的均线逐渐聚拢、黏合。图中的黏合过程维持了将近 2 年，在黏合形态的后期，成交量也明显出现聚量，应该说多项指标都非常符合逆向扭转的条件。尽管日线系统上的黏合形态符合技术条件，但仍然可以通过中长期交易系统来做进一步确认，如果有共振现象的存在，那么对于交易者来说，完全可以大胆加重仓位。

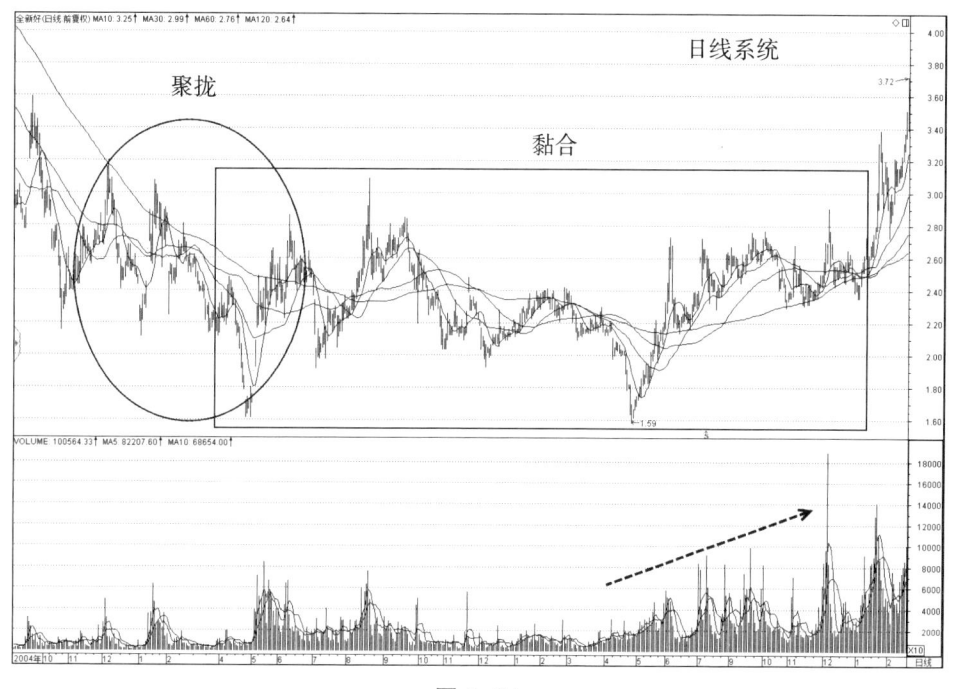

图 2-21

图 2-22 是同一时期的周线系统。图中可以看到，均线系统也同样具备一个完整的聚拢、黏合的过程。图 2-23 是月线系统，均线系统的聚拢、黏合过程同样一览无余。至此，日线系统、周线系统和月线系统之间，对于该股同一时期出现的黏合形态，已经出现非常明确的技术共振了。

不仅在黏合形态上，该股成交量呈聚拢攻击形态，也在多个交易系统上发出共振。通常来说，日线系统出现聚量攻击相对较多，而在启动初期，聚量攻击出现在周线甚至月线系统上，这个现象并不常见。上述的技术共振现象，也为交易者制订相关的交易策略和交易计划，提供了关键性的参考。

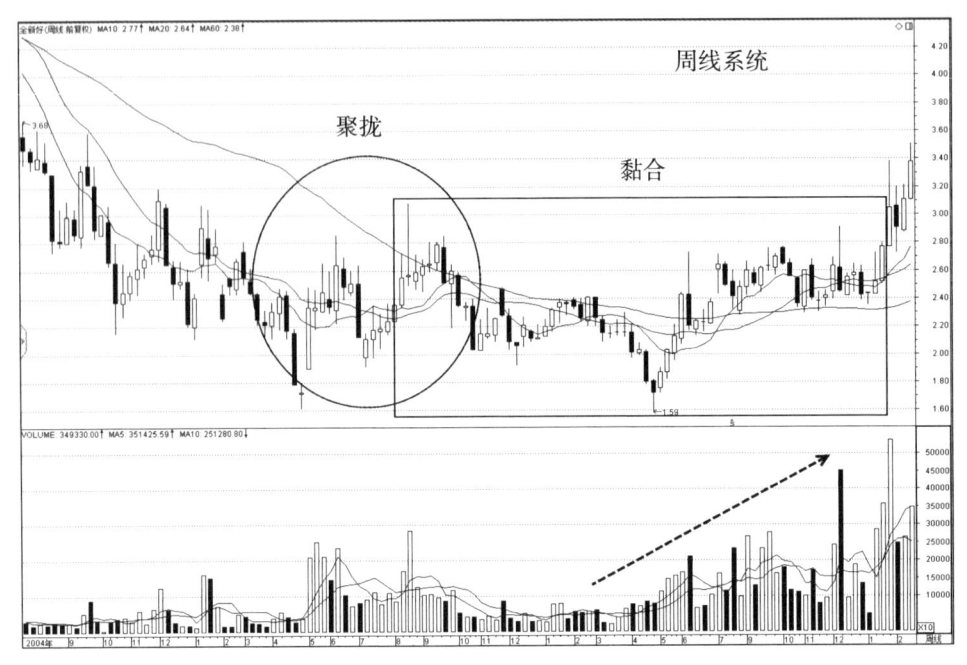

图 2-22

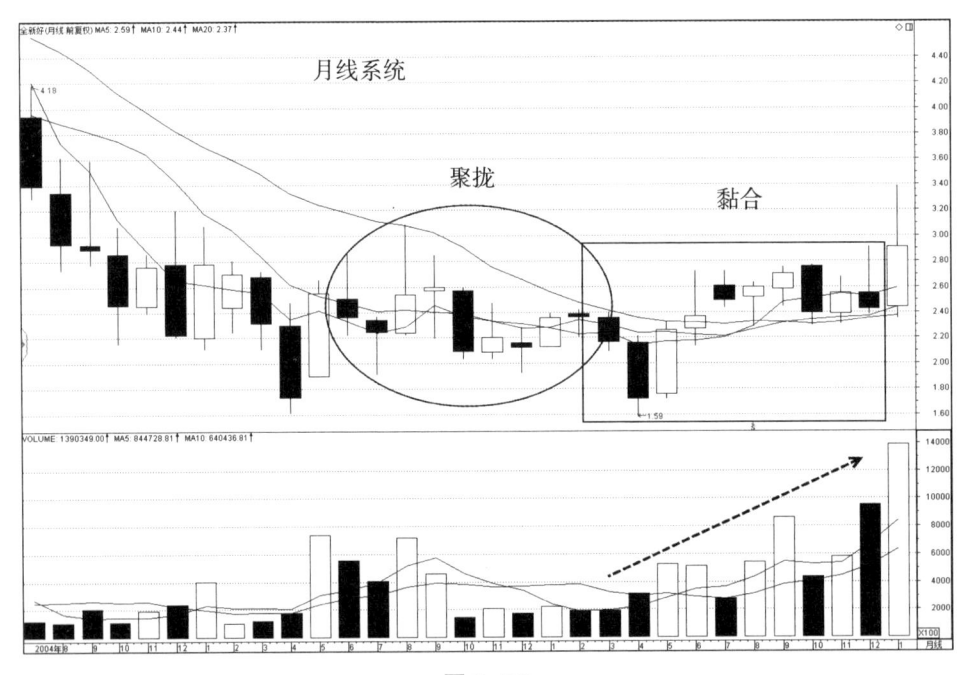

图 2-23

第四节 多均线发散

一、均线发散的两种形式

均线黏合形态结束后，存在一个方向性的选择，而这个方向性选择就会带来均线的另一种形态——均线发散。提到均线发散，就很容易联想到均线厚度空间。均线发散的出现，意味着多条均线之间必然具有厚度空间，这是对于价格的多层保护，也是价格处于强力启动阶段的一种显现。

均线发散形态有两种形式，包括向上发散和向下发散。

1. 向上发散、多头排列

均线向上发散，是指均线黏合形态结束后选择向上突破，多个不同周期的均线向上拉开彼此之间的厚度空间。多个不同周期的均线，依照短期在上、长期在下的时间周期顺序依次排列，即为多头排列。均线系统由向上发散到多头排列，意味着股价在多层保护和多方的强力助推下，已经发起了向上攻击，如图 2-24 所示。

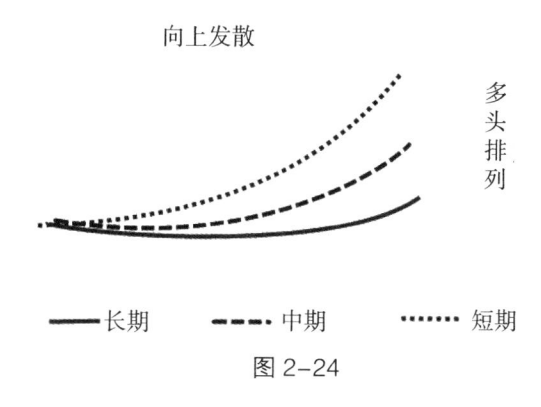

图 2-24

均线向上发散和多头排列对于价格的支撑作用是极其强劲的，尤其是刚刚走出黏合形态时，往往具有极强的爆发力。对于实战中持仓个股出现这种形态时，交易者应采取坚决持仓的策略，不为股价日间的强烈波动所扰乱，直至均线发散或多头排列形态出现改变，再根据盘间和技术环境的变化，决定下一步要采取的策略。

如图 2-25 所示，A 处，均线系统的三条均线向上发散并呈多头排列形态。只要均线之间的厚度空间不被完全封闭，发散形态仍在持续，就意味着多方的攻势不会停止。即使股价在其中某一日出现回落调整，也大多仅是一个短暂的日间波动。

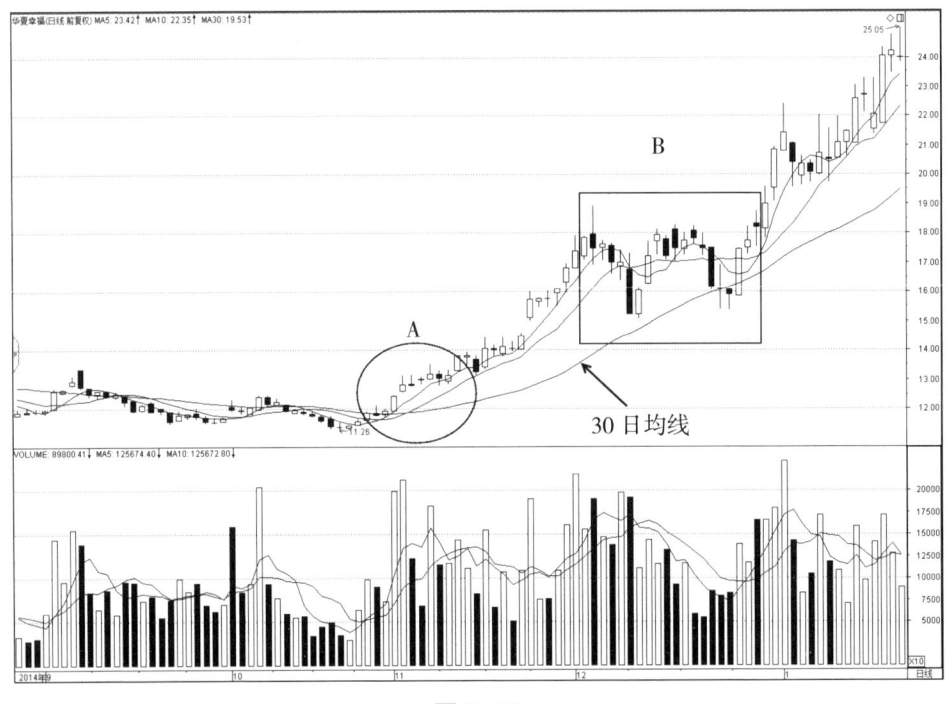

图 2-25

值得交易者关注并加强分析的是 B 处，这一处均线发散形态已经消失，意味着来自 A 处的第一波次涨势暂告一段落。有很多种技术手段都可以用于判断 B 处股价回落的性质，即使仅仅依靠图中的短期均线系统，也能够得出正确的判断结论。

B处，均线发散形态虽然已经消失，但下方的30日均线仍保持上行态势，这就为均线系统再次出现向上发散、多头排列留下了重要的技术基础。当股价在B处的回落最终得到30日均线的有力支撑而再度上涨，均线系统再次发散、多头排列时，又一个买点出现。

2. 向下发散、空头排列

均线向下发散，是指均线黏合形态结束后选择向下突破，多个不同周期的均线向下拉开彼此之间的厚度空间。

多个不同周期的均线，依照短期在下、长期在上的时间周期顺序依次排列，即为空头排列。均线系统由向下发散到空头排列，意味着股价在均线多层压制和空方的强力助推下，已经发起了向下攻击，如图2-26所示。

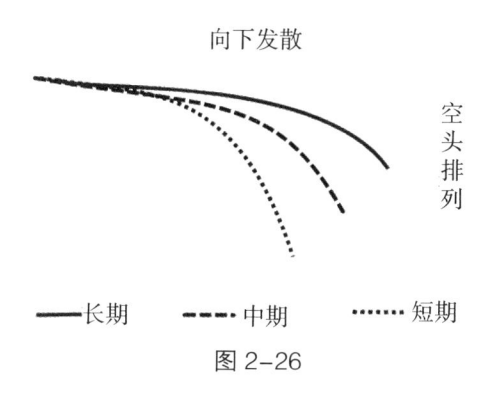

图 2-26

图2-27中，该股在黏合形态结束后，均线于A处开始向下发散并形成空头排列。均线向下发散和空头排列对于价格的压制作用非常沉重，尤其是刚刚结束黏合形态，空方方兴未艾、势头正盛时，做空或者空仓等待是较佳的交易选择。

在均线向下发散和空头排列的压制下，股价很难出现具有持续性的反弹。如图2-27中的B处，股价弱势横向盘整多日，出现一个单日强弹后，股价迅速回软。技术上，这种反攻方式测试和反映了多方的羸弱程度，连一个像样的强势反弹都难以组织成功的个股，至少在短时间内不会成为关注和跟踪的对象。

在均线向下发散和空头排列形态下，切忌依据价格的日间波动盲目抢反弹，否则无异于虎口夺食。图 2-28 的分时走势图，即为图 2-27 中 B 处那个单日强弹当天的走势情况，当天股价高开后急速冲高，然后几乎全天都在回落过程中。即使没追高，而是在股价逐波回落的过程中买入，第二天股价低开，也会将买入者直接焖杀，几乎没有获利的可能性。

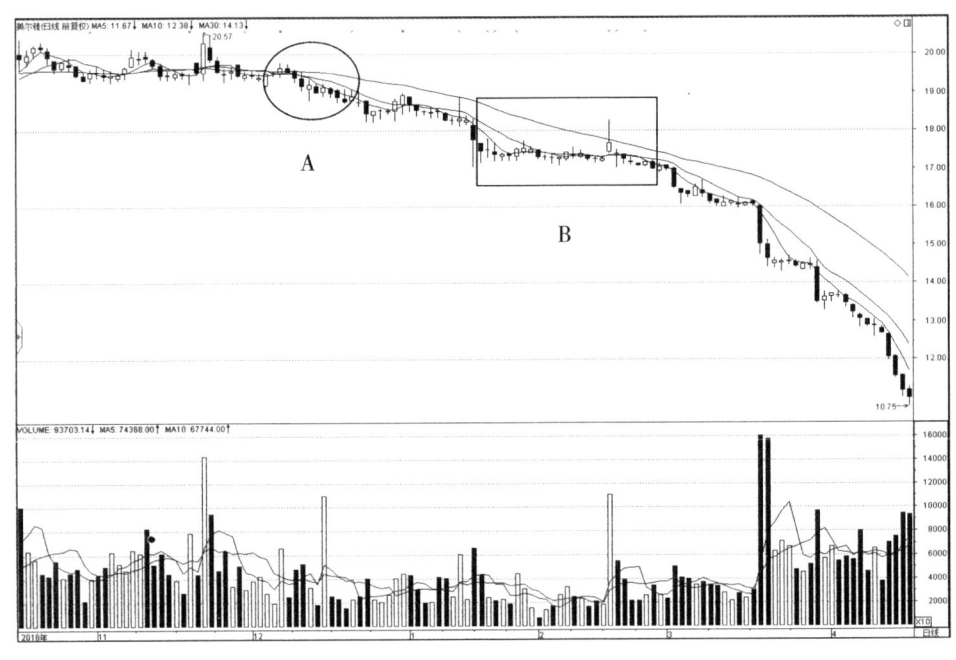

图 2-27

二、均线发散与实战应用

在均线发散形态上，不同时间周期的均线或均线系统对行情具有不同的提示作用。

短期均线系统的发散形态，说明价格至少在短期内具备上涨或者下跌的动力；中长期均线系统的发散形态，说明价格正处于一波次级行情或趋势行情中。从趋势和趋向的角度，来应对不同级别的均线发散形态，应该是一个较为理想选择。同时，也可以利用中长期均线来验证短期均线系统发散形态的可靠性和持续性。

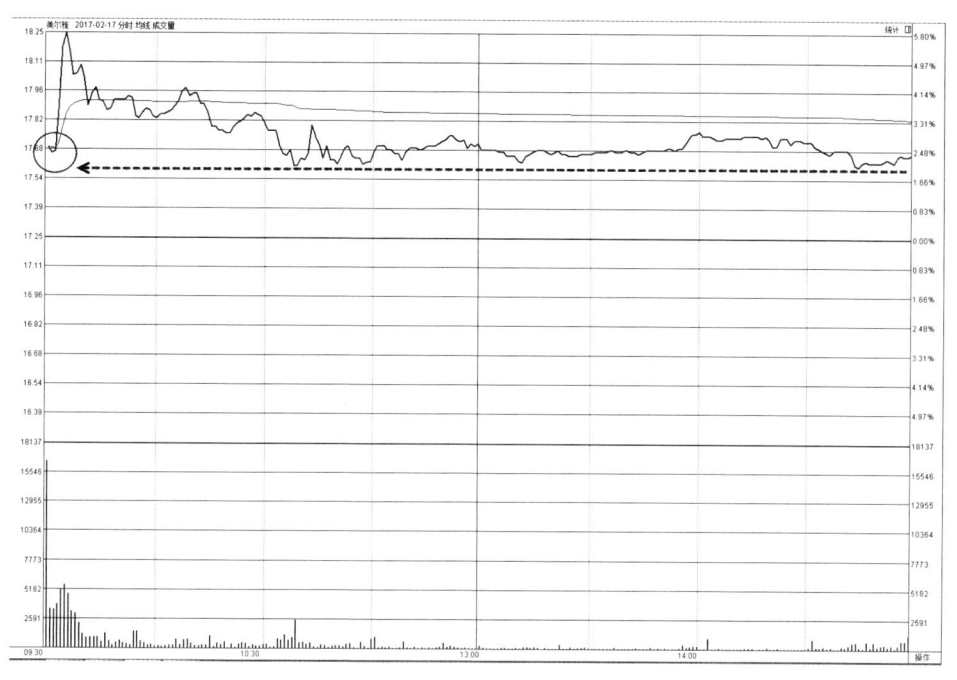

图 2-28

1. 短期均线系统发散形态的验证

如图 2-29 所示，短期均线系统于 A 处形成向上发散形态，随即开始一波短期上涨并穿越上方的 250 日均线。我们可以把这条 250 日均线当成是对短期均线系统上行状态的衡量指标，如果短期均线系统能够成功站稳并真正突破这条均线，就需要从趋势的角度重新定义这波上涨行情的性质，否则仍然只是一个短期反弹行情。

B 处，短期均线系统和股价在 250 日均线上下盘整，技术上这是一个方向性不明确的横盘形态，同时鉴于这个阶段成交量呈量能消散的态势，所以任何以主观愿望做出的推断，都有可能出错。

B 处之后，短期均线系统和股价向下回落，但很快短期均线就开始聚拢，股价多数时间都在均线系统的支撑下缓慢运行。结合技术环境分析，该股经过 4 年的下跌过程，目前应在价格的历史低点区域，该股很有可能正处于构筑底部的阶段。

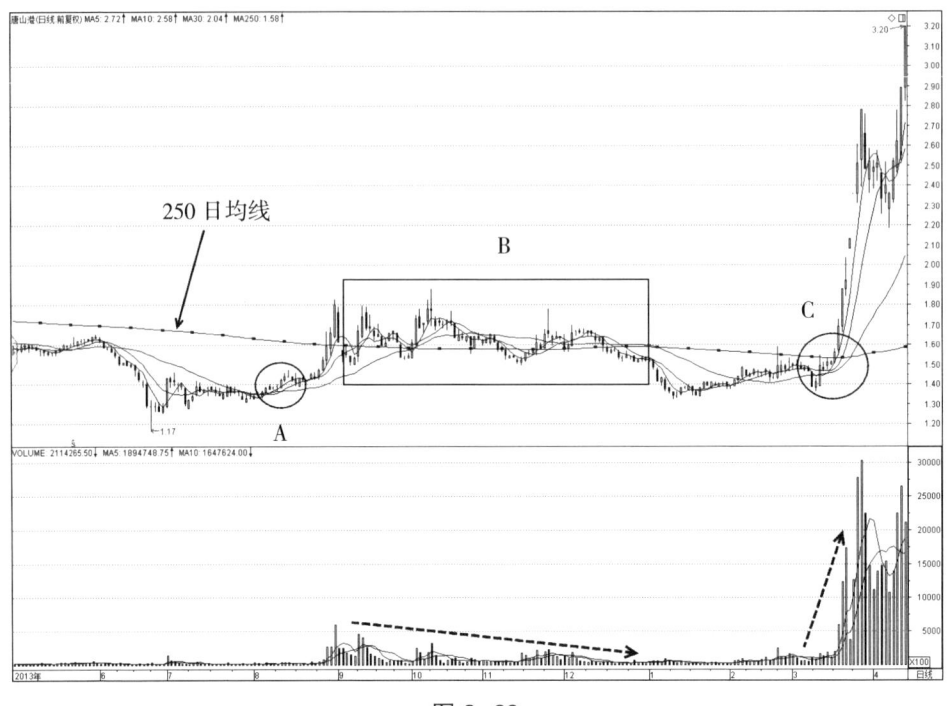

图 2-29

C 处，短期均线系统再一次形成向上发散形态、多头排列，并轻松突破 250 日均线。在成交量急剧放大的情况下，股价升速较快，短期均线系统向上发散的角度也极为陡直。这种角度陡直向上发散的技术形态，所显示的是资金大量吸纳筹码的行为。

C 处的放量大涨，很有可能是主力在跌势中并没有吸纳到足够的筹码，而不得不采取突然性强拉吸筹的行为。有人可能对主力突然性的拉升吸筹不太理解，那么我们就跑跑题，简单讲一下这个问题。

在该股 4 年下跌途中买入被套的人，解套后部分会选择立即卖出，另外多数会在股价强拉结束后的调整过程中选择卖出，而主力要的就是这个效果。图 2-30 即为图 2-29 中该股一轮走势的全貌。C 处就是最后一次短期均线系统向上发散的点位，A 处是强拉结束的点位，也是该股股价超越历史高点、创出股价新高的点位。

A 处这里的成交量之所以巨大，是因为主力需要通过拉升、折返振荡来完成强力吸筹的过程。完成这个过程后，浮动筹码多数已经集中到主力手中，在之后的主升阶段，抛盘并不会太多，主力也在拉升中逐步减掉仓位，直到完全兑现利润。所以，A处之后的主升浪直至行情顶点，成交量基本呈常量加变量的态势，说明主力整个操作过程并没有遭遇较大的阻碍。

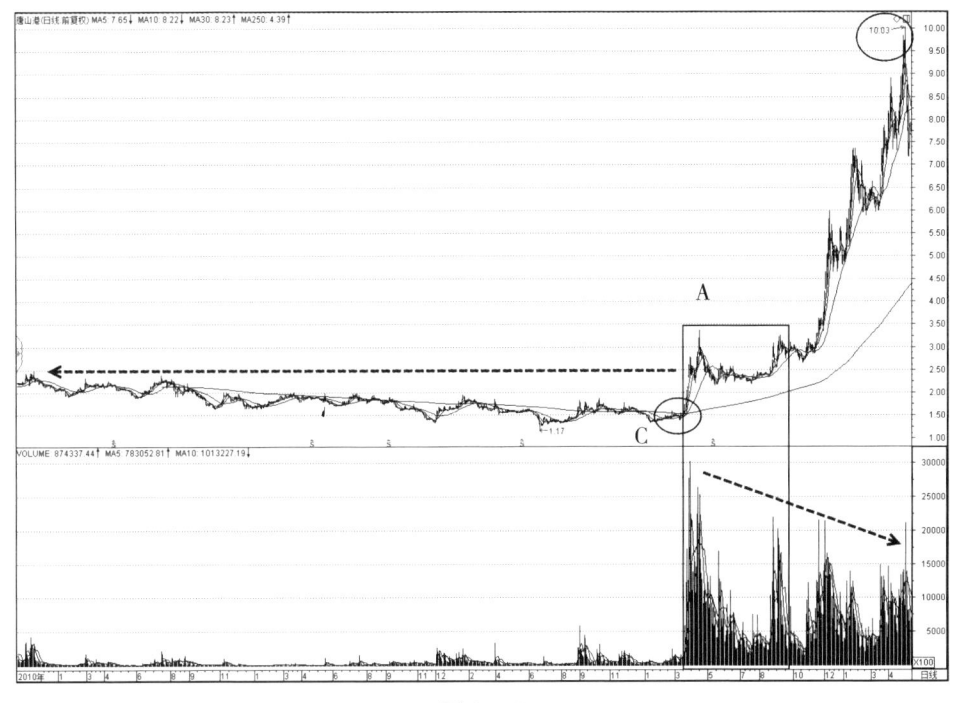

图 2-30

2. 中长期均线的发散形态

中长期均线经过黏合后所形成的发散形态和多头排列或空头排列，往往都有极高的可信度。这种形态并不常见，只有经过长期大幅度单一方向运行的个股才会出现。

中长期均线从聚拢、黏合到发散，必然有一个较长的时间过程。而这个过程绝不会是一路平坦，必然会发生多次价格的大幅振荡，甚至会让持仓者失去信心，不敢相信中长期均线会有向上发散的那一天。如图2-31所示，A处是该股中长期均线形成向上发散、多头排列的地方。在这个形态出现之前，该股经历了一个漫长的股价振荡、均线聚拢、黏合的过程。即使在形成向上发散形态的过程中,股价仍然出现了多次快速的回落。

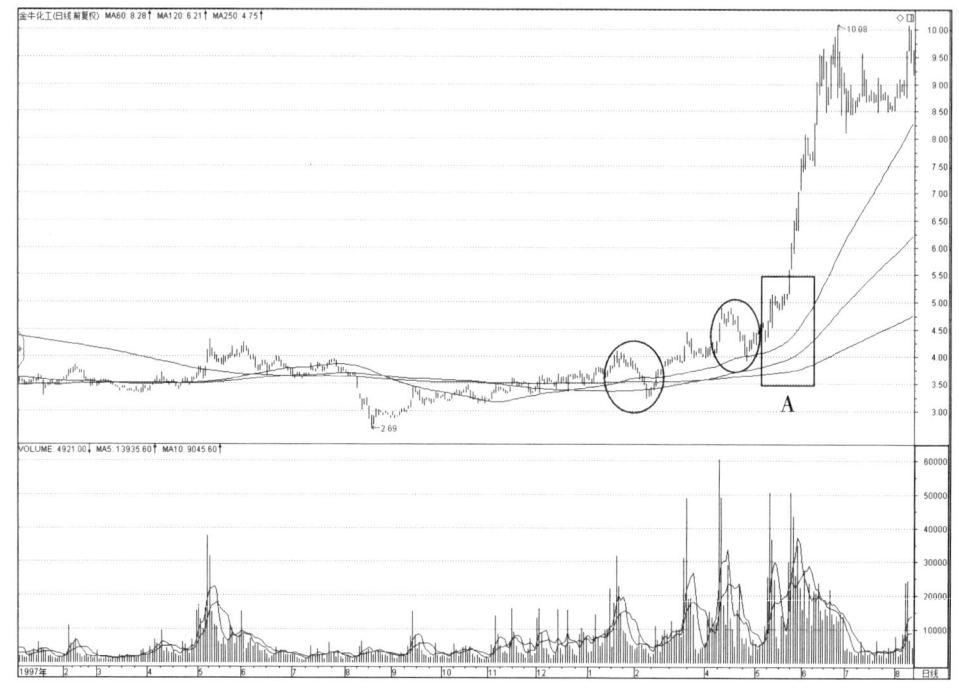

图 2-31

第五节 均线核心形态分析

一、突变形态

均线系统作为一个整体,在判断价格变化时具有梯次性的优势。无论是上涨还是下跌,均线系统中周期最短的那条均线总是对价格的变化最为敏感,当这条均线出现突然性变化时,均线系统整体与这种变化之间的关联性分析,也是研判股价趋向的重要因素之一。

在趋势运行期间，均线系统中的各周期均线拉开并保持一定的厚度，是一种良性的、具有维护和保护趋向运行作用的均线形态。当短期均线发生突然性变化，迅速远离均线系统、过快地跟随价格运行，一旦价格跳离这条均线形成脱线时，则至少意味着趋向的短期拐点即将出现。

均线厚度空间在短期内被迅速拉大，必然走向极端形态，股价发生扭转几乎就是大概率的。单一方向上的极端表现，必然受到乖离率的制约和影响；过大的乖离率，无论正负都预示着价格及均线接近某一极限并可能发生转向。

如图 2-32 所示，5 日均线在 A 处突然急速上行，股价以几乎 90 度角上涨并跳离该均线形成脱线。这种突变形态不但使 5 日均线和短期均线系统之间的厚度空间迅速拉大，也使短期均线系统和 60 日中期均线之间的厚度快速增大。

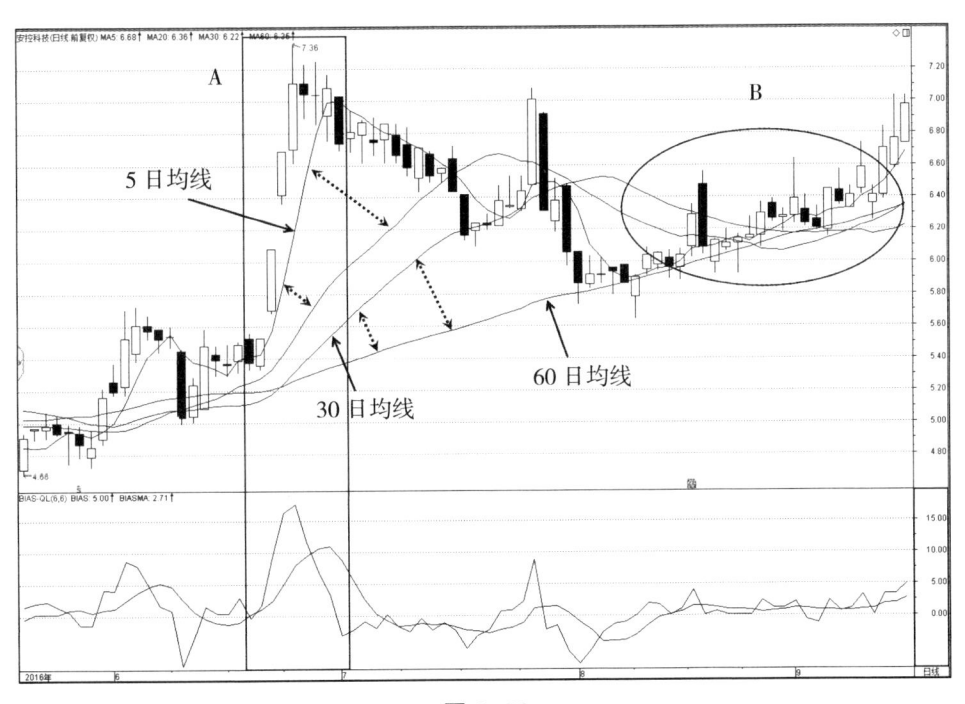

图 2-32

短期内激增的乖离率，会导致股价至少出现短期扭转向下，这个向下的回落，既是均线修复的过程，也是价格寻找强力支撑的过程。如图中 B 处，最终上行的 60 日均线提供了重要支撑，使得短期均线系统逐渐聚拢，有了一个修复的机会，并在之后再度发散向上。

突变形态之后，股价与短期均线回落过程中，并不一定都在中期均线上得到支撑，强势的也可能在短期均线上就会得到支撑，或者继续大幅回落寻求长期均线的支撑，抑或是就此发生趋势转折。

突变形态在跌势中也具有类似的技术特征。无论是涨势还是跌势，突变形态的出现都会带来至少短期内的拐点，如图 2-33 所示，A 处 5 日均线突然急速下行，股价以 60 度角下跌并跳离该均线形成脱线。均线间的厚度空间迅速拉大，短期内乖离率负值激增。A 处之后，股价与均线系统逐渐回升。这个回升的过程，也是均线修复的过程和股价测试上方压制的过程。

当股价测试到上方存在强大的压制或均线系统聚拢后，跌势仍会继续。当股价在测试过程中能够将压制转化为支撑，短期均线系统修复后呈多头排列，则可能发生向上的扭转。

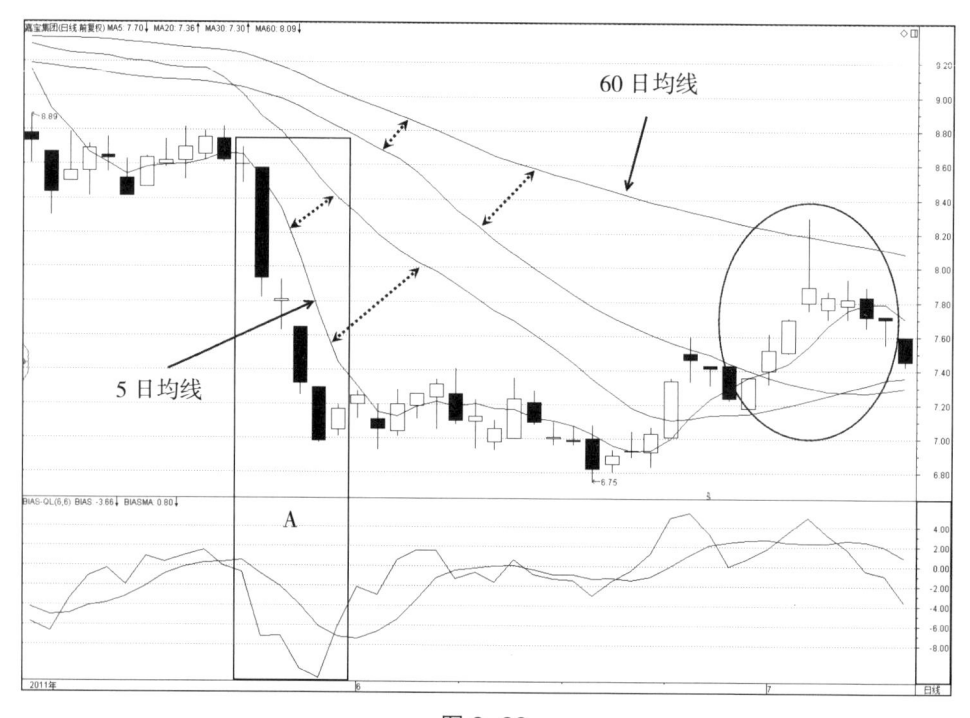

图 2-33

二、非交叉相逆形态

均线之间的相逆形态,是指在趋势运行中,短期均线的运行方向和中长期均线的运行方向相逆反。相逆形态所反映的是不同周期的均线之间与价格之间的作用与反作用。

非交叉对立于交叉,是指相逆均线之间并未发生交叉。交叉相逆的形态很常见,但非交叉相逆并不常见,通常只在强度较高的价格运行阶段才会出现,如图 2-34 所示。

在趋势运行过程中,短期均线与中长期均线之间会频繁发生相逆形态,这种形态源自价格的波动本质。通常来说,这些相逆形态是一轮长期上涨或下跌行情中必然具备的振荡和整理过程,不具备相逆形态的只可能是趋向而不是趋势。

部分交叉相逆

非交叉相逆

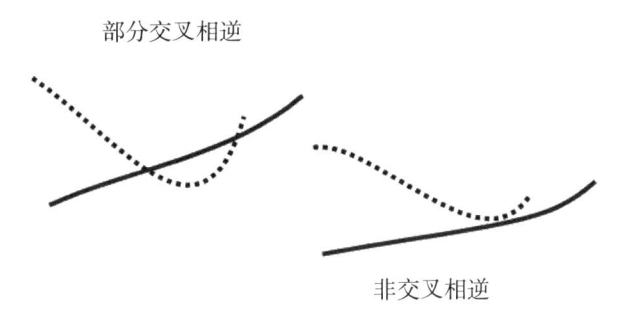

图 2-34

部分交叉相逆和非交叉相逆形态的技术意义很接近,但非交叉相逆的强度较高,所以本节主要讲解非交叉相逆形态。图 2-35 中,选取反映价格强度最为灵敏的 5 日均线,和介于短中期之间具有一定稳定性的 30 日均线为目标。

A 处,股价与 5 日均线下行,和下方上行的 30 日均线形成相逆形态。尽管在 B 处股价一度跌破 30 日均线,但 5 日均线并未与 30 日均线向下交叉,这种技术上的细节所显示的是股价上升的强度仍然存在,也提示交易者不必因暂时下跌而过于悲观。当下跌强度较高时,5 日短期均线不可能止步于 30

日均线之上。

B 处股价再度转升，而 5 日均线也从 30 日均线上开始上行时，我们可以预料到股价上升强度在回到升势时会得到放大。升势中的非交叉相逆形态，大多是一种较为温和的洗盘方式，或者为积蓄上行动能而出现的回落。而跌势中的非交叉相逆形态，多数是破位后的反抽或者反弹结束、跌势启动加速的信号。

如图 2-36 所示，A 处股价与 5 日均线上行，和上方下行的 30 日均线形成相逆形态。股价也曾上穿 30 日均线，但 5 日均线却给人以身负重压、寸步难行的感觉，之后股价出现一个加速下跌。图中的这个非交叉相逆形态，显示出股价上升强度极度孱弱，而下跌强度却有一触即发的感觉。交易者应该怎样选择，就很明了了。

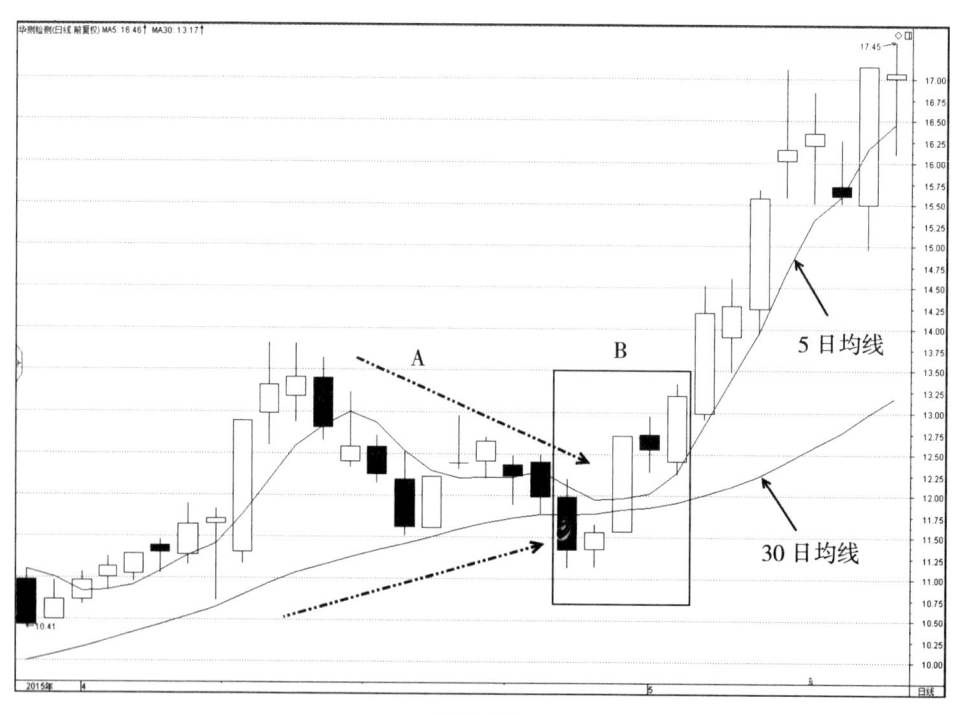

图 2-35

图 2-36

三、短盘形态

短盘形态，是指短期均线系统和价格以盘线形态运行于下跌趋势中。短盘形态容易被认定为均线黏合形态，但均线黏合形态必须有中长期均线加入和技术环境等方面的要件才能成立，而短盘形态具备短期均线构成、运行于下跌趋势两个要件即可。

无论是上涨还是下跌，趋势明确的行情都相对容易判断和操作，难以判断和操作且最容易犯错的就是处于盘整趋向中的行情，尤其是下跌趋势中出现的盘整。

图 2-37 中，一波下跌过后，5 日、10 日、20 日均线在 A 处呈现横向波动，与股价形成低点盘线的契合形态。实战中，这种走势会给交易者带来均线黏合、股价见底、即将弹升等错觉。但是如果加入 120 日均线予以验证，就可以发现：具有中长期属性的 120 日均线仍如天外飞仙、遥不可及。

图 2-37

跌势中出现类似 A 处的短盘形态，只是因短期跌幅过急或过大后，股价与均线修复的过程，属于下跌趋势的中继形态。当短期均线系统再次向下发散时，就是短盘结束的时刻。

短盘形态具有多样化，并不都像上面案例中那样相对容易判断和辨别，某些复杂的短盘形态很容易让人陷入多头陷阱。如图 2-38 所示，该股下跌后反弹并收复跌破的 120 日均线，A 处股价振荡，短期均线系统在 120 日均线附近交叉缠绕，二者形成盘线形态。随着股价上冲强度的降低、回落，短期均线也随之向下发散，再次跌破 120 日均线。

这个案例判断起来具有一定的难度，主要是所处的技术环境和前一个案例不同。图 2-38 中的短盘形态出现在顶部高点的第一次下跌后，其反弹和短盘形态的性质，是对股价顶部和下跌趋势启动的确认。而图 2-37 中的短盘形态，则更多的是超跌后的股价与均线修复。

图 2-38

性质不同的短盘形态，判断所依据的技术标准也有所区别，但无论如何，技术环境分析都是不可偏废的。缺失技术环境分析，仅从价格波动的细节中寻求结论，那么正确性可想而知。图 2-38 中，在趋势以及趋势转折中多次出现短盘形态，如果放弃技术环境分析的话，可能很难从整体上得出正确的判断结论。

图 2-39 中，一波急速下跌后，A 处的圆圈中呈现相对标准的短盘形态，之后股价大幅波动。但就 A 处的整体来看，短期均线系统和股价受制于已经呈下行态势的 120 日均线，只是相对波动幅度较大，仍然具有短盘形态的特征。从技术环境分析上，A 处的短盘形态发生在顶部高点之下，应是一个反抽确认性质的短盘。A 处运行期间，120 日均线一直呈下行态势，并最终使得短期均线系统和股价再次启动下跌。

经过再一次的急速下跌后，图中 B 处出现短盘形态。这个位置上的短盘，有可能会发展成下跌趋势里中继性质的短盘形态，如图 2-36 中的案例，但也有可能出现图 2-39 中向上扭转的低点盘线。如何判断 B 处的性质，关键在于股价与短期均线系统的强度。当股价强势突破 120 日均线，短期均线系统拉开上行厚度，并封闭和 120 日均线之间的下行厚度空间时，多空之间孰强孰弱已经一目了然。

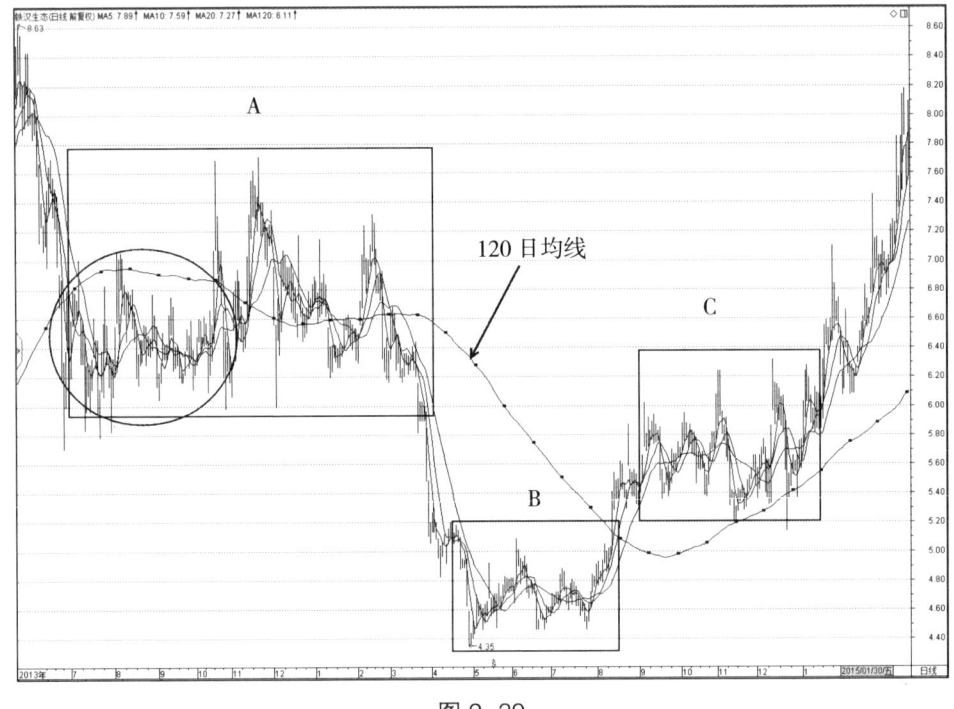

图 2-39

C 处再次出现短盘形态，这个时候 120 日均线已经从下行转为上行，并对股价的大幅波动和短期均线系统的下行，能够起到较强的支撑作用。可以认为，C 处的短盘形态，是对趋势扭转的确认。

可能有人会质疑，我们探讨的短盘形态是指出现在下跌趋势中的形态，C 处已经不是下跌趋势，何来短盘形态？C 处在确认得到支撑并启动上涨之前，并不能认为趋势已经扭转，仅仅凭借 B 处短期均线系统和股价的强度，只能得出股价强弹的结论，趋势是否扭转需要 C 处进一步确认。C 处在确认成功之前，我们并不能认定趋势已经扭转。交易中，任何主观愿望都不能成为技术分析的构成因素。

四、关口与牵引形态

技术上把价格前期的密集成交区或重要的高点、低点称作关口，也可以把具有较强支撑或压制作用的均线称作关口。本小节主要是指后者。

趋势运行中，价格的波动总会在某一条均线上得到支撑或受到压制，当价格突破这条均线并完成支撑与压制的转化时，才意味着趋向发生重大的变化，这就是关口攻击。关口攻击形态下，被突破的均线关口应当在之后跟随攻击方向运行，即价格攻击突破关口后，对该均线具有牵引作用，这就是牵引形态。

例如价格和短期均线向上攻击某条下行态势的长期均线，当突破这条均线并完成压制转化为支撑时，说明下跌趋向已经扭转为上涨趋向，短期保持上涨趋向的概率极大。至于会不会进一步转化为趋势或者目前上涨趋向的持续性，仍然不能判定。当被突破的长期均线在关口攻击后转为向上并能够起到支撑作用时，至少可以断定目前的上涨并不是短期的，而是级别较大的行情。

如图2-40所示，A处股价与短期均线对下行的250日均线发起关口攻击，从小图可以看到，从对均线压制的突破到获得均线的支撑，股价与短期均线也是几经波折，最终关口攻击成功。

这时的250日均线仍然呈下行态势，并不能确定当前行情的性质不是一个短线强弹。实战中不乏有攻击250日长期均线成功后，却辗转再度下跌的案例。行情性质或级别的确定不能太过着急，它不像寻找短线买卖点那样迫切、一闪即逝，想看清大局面，就必须有耐心等待。

A处之后，250日均线明显转向上行，关口攻击和牵引形态至此已经成形。之后股价与短期均线的数次回落，都在远离250日均线之上就回升，显示出升势的强度极为惊人。该股后期从关口攻击的价位算起，升幅达到7倍。

图 2-40

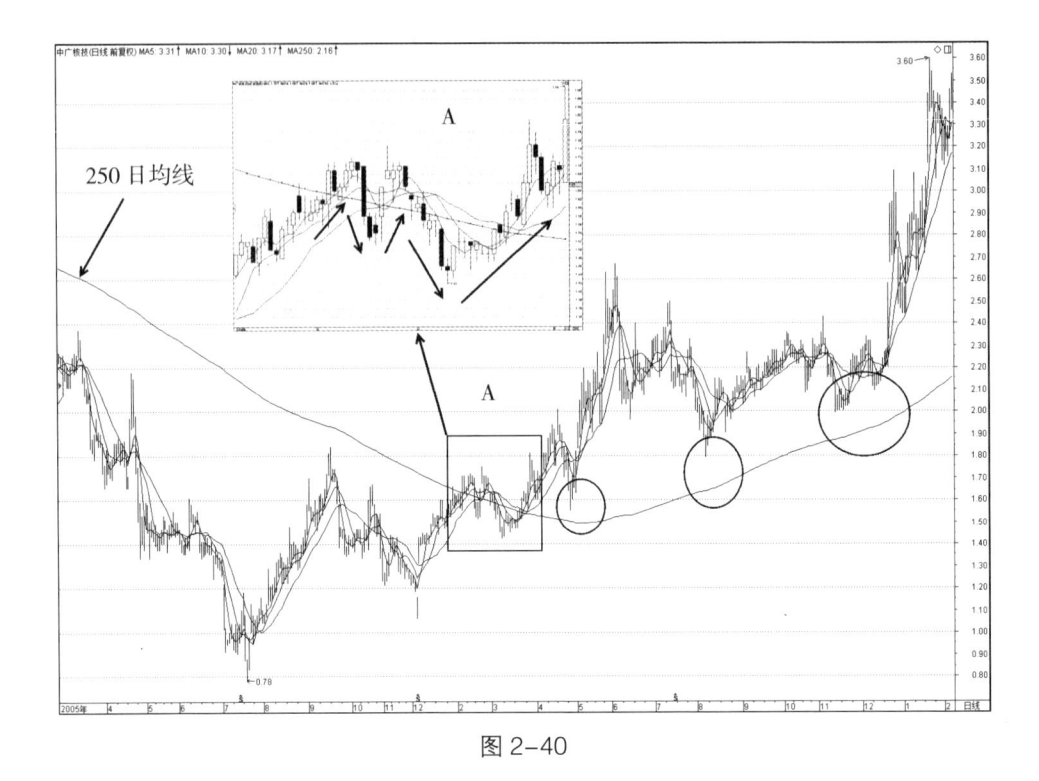

五、厚度空间引力

周期不同的均线彼此之间拉开的距离，即为均线厚度空间。均线系统中，多条均线之间形成多个厚度空间，也就对价格运行趋向具有多层维护和保护。短期过度增大的厚度空间，则会减弱维护作用，反而可能引发价格的逆向运行。这些内容前面都讲过，本节要讲的是厚度空间引力。

厚度空间形成后，如果保持单向、畅通，说明价格的运行趋势必然处于流畅和持续状态；反之厚度空间狭窄或封闭，价格则处于盘整振荡之中。《黄帝内经·素问》中说：痛则不通，通则不痛。引申到均线厚度空间理论中也非常传神：均线间保持畅通，则趋势明了易于决断；均线之间狭窄或封闭，则往复振荡，价格趋向或趋势可能发生转折。

由多条均线组成的均线系统中，短期均线之间的厚度空间是否畅通，代表着短期价格的运行情况：保持一定厚度的通畅，说明价格目前属于稳定运行阶段；厚度转为狭窄，则说明价格处于盘整振荡阶段；厚度封闭，则短期价格转向。以此类推，不同时间周期间的均线厚度空间状态，所提示的价格运行等级也有较大差别。

图 2-41 中，A 处之前 5 日均线和 20 日均线之间保持着一个畅通的上行通道，说明价格正处于一个相对稳定的上升态势中。下方的 20 日、60 日、120 日均线保持相应厚度，为趋势上行提供足够的支撑和保护。

图 2-41

A 处时股价出现一个振荡，5 日均线交叉 20 日均线，二者之间的厚度空间被封闭，这种短期均线之间厚度空间封闭的情况，在上涨趋势中或次级反弹行情中很常见，只要 20 日均线并未在空间封闭后转为下行，就只是一个以消化获利盘和修复乖离等为目的的短期良性调整。如果 20 日均线在空间封闭后转为下行，就需要深思本次调整是否会转为次级回调甚至是趋势扭转。

B 处，随着股价加速上涨，均线系统各级厚度空间增大，次级回调出现。

在大级别回调或趋势扭转中,股价会先于短期均线冲击均线厚度空间,以寻求支撑和趋向保护。如图中B处,股价击穿60日均线后,几乎触及120日均线。B处60日均线厚度空间被封闭,但60日均线并未转为下行,说明这只是一个次级回调行情。

即使B处股价触及或击穿120日均线,也不等于120日均线的厚度空间就一定会被封闭。厚度空间是由均线构成的,而不是股价。只要形成厚度空间的均线并未封闭该空间,那么厚度空间就会对股价产生相应的回归引力。厚度空间的引力,也是由价格和均线间的背离所生成。

这也是暴跌、暴涨情况下,即使之后出现趋势扭转,但股价在连续击穿数条均线后,大多会迎来强烈反弹或回落的原因。这种技术细节提醒我们,在突遇极端行情的情况下,多层厚度空间的存在会对股价形成引力,暂时脱栏狂奔的股价,至少还会有回到"围栏"附近的机会。

如图2-42所示,A处股价暴跌,连续击穿多层厚度空间,极端行情下,

图 2-42

似乎任何支撑都如纸一样薄，当市场心理倾向处于情绪宣泄阶段，必然势如洪水猛兽，难以抵挡。但无论是怎样的狂澜，也有平息的时候。价格过度反应后，就会有一个纠偏过程出现，这个过程既是对价格过度反应的修正，也是厚度空间引力在发挥作用。

图 2-42 中的 B 处，暴跌之后，股价迅速展开反击，在 120 日均线附近时，短期均线上攻乏力，尽管股价穿越 120 日均线，但均线系统的整体颓势已经决定厚度空间引力至此已基本完结。

类似于图 2-42 的案例，如果短期均线在 B 处能够持续表现出强度，例如①未封闭长期均线的厚度空间；②迅速上行，重新拉开明显的厚度空间，那么图中出现的可能只是一个巨震形式的次级回调，这也是避免趋势发生扭转的途径之一。

六、涟漪效应

往湖水里扔个石子，水面会泛起向四周扩散的波纹，即为涟漪。落下石子的中心位置，波纹最明显，越往外扩散，波纹会越淡化，如图 2-43 所示。

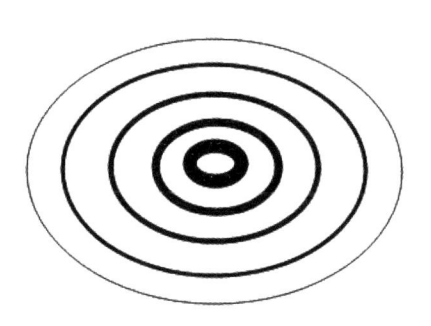

涟漪效应

图 2-43

在价格趋势运行过程中也有类似的现象，我们将之称为涟漪效应。例如，在趋势发生扭转时，多会出现剧烈振荡，趋势明确后的运行过程中，振荡幅度或角度会逐渐变小；反之，扭转时并未出现较大的振荡，则之后的过程中发生大幅振荡的几率较大。价格趋势的涟漪效应，也称为均线的波动变速形态。

图 2-44 中，A 处是下跌趋势形成的初期，股价与短期均线反抽确认趋势扭转的过程，在时间与幅度上达到级别较大的次级反弹的标准。接下来的下跌趋势运行中，反弹多为短期反弹，无论时间与幅度都未超过 A 处次级行情的级别。这就是涟漪效应的一种，即反弹级别会逐步递减、越来越弱，直至经过一个较长的时间周期之后，这一现象才会有所改变。

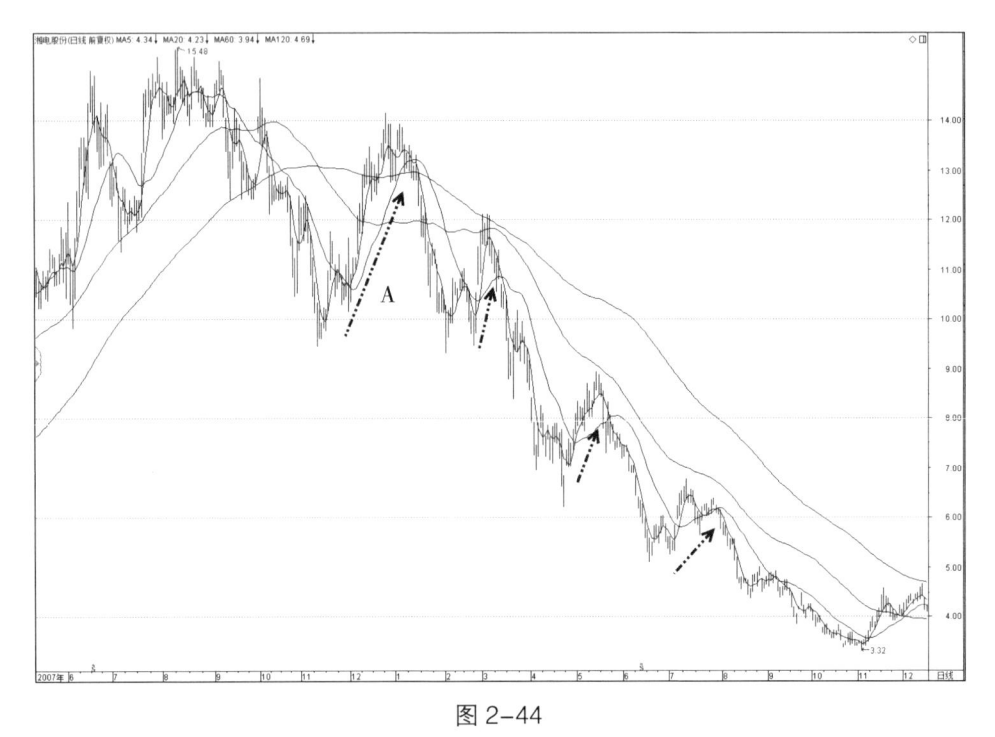

图 2-44

涟漪效应还有一种，即反弹级别会逐步递增、越来越强、越来越频繁。

如图 2-45 所示，A 处趋势扭转初期并无大级别的反弹，在下跌趋势运行过程中，出现反弹级别不断增加的情况。

涟漪效应存在的技术原理在于：在趋势（上涨或下跌）整个运行过程中，不同级别的短期或次级行情，会对趋势运行起到加速或迟滞的作用，但多数并不能扭转趋势；价格强度不同的逆向波动（短期或次级），会积累或消耗上涨、下跌动能。

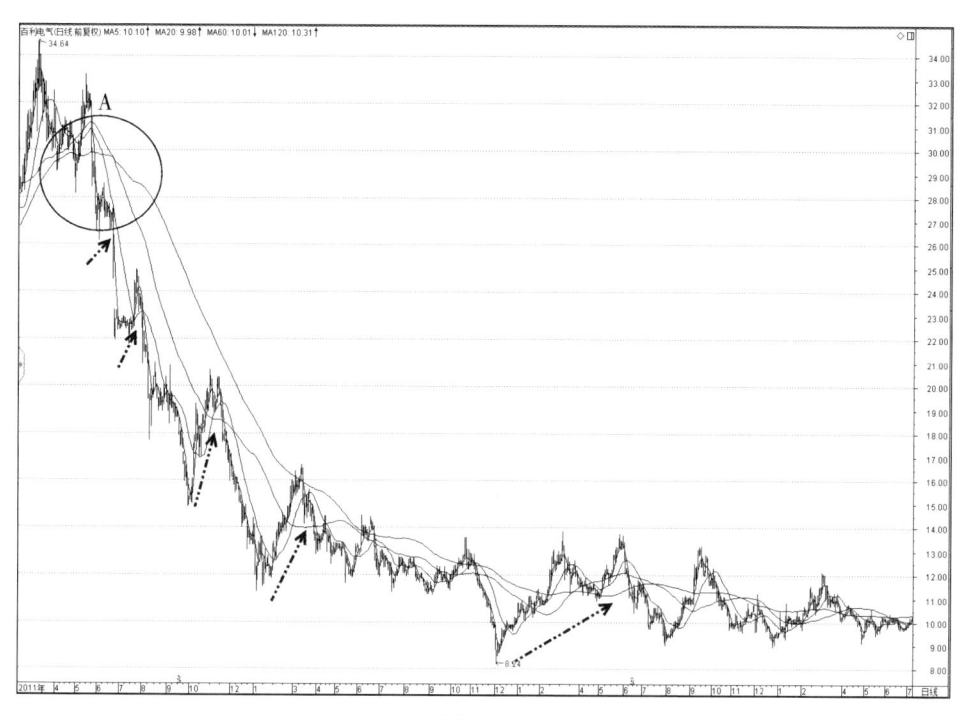

图 2-45

例如，经过一次强烈的次级反弹行情后，必然会消耗掉多方的部分动能，而累积空方的动能，所以在之后的价格运行中，至少短期内多方很难酝酿出具有较大级别的反弹，而行情主要运行在空方掌控的节奏中。

涟漪效应不仅会出现在下跌趋势中，上涨趋势中也同样存在。

如图 2-46 所示，A 处是上涨趋势初期第一次启动加速后，股价与短期均线回抽确认趋势扭转的过程，在时间与幅度上达到了级别较大的次级回调的标准。而后的回调时间与幅度都小于 A 处。

涟漪效应有助于鉴别和发现趋势中次级行情可能出现的位置，同时也有利于对行情发展趋势及阶段有一个清晰的判断和认识。

涟漪效应可以用于甄选和预判个股的走势，比如对于底部构筑较为复杂、启动初期经过大幅振荡回落的个股，其后期的涨势大多具有调整级别较小的特点；而某些启动初期涨势凌厉的个股，其在后期的走势上可能会有级别较大的回落调整或调整次数较多。

图 2-46

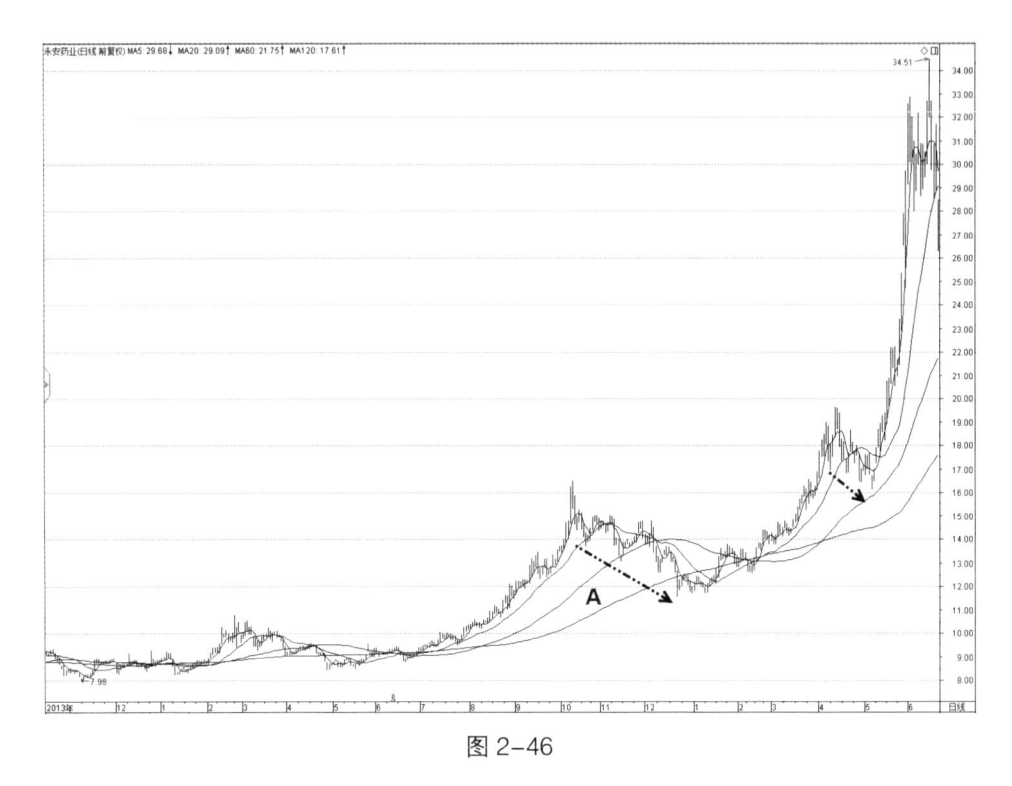

股神巴菲特说：只选择一尺高的围栏轻松跨过去，而不是选择三尺高的围栏尝试跳过去。芒格说：投资不像体育比赛，不会因为你选择的难度高就给你加分。

交易之道在于做你看明白的、搞清楚的，而不是预测中可能会有的。很多人做交易之所以亏损，并不是没想法，而是想法太复杂、太高难，总想着抓住趋势和趋向的高点或低点赚一把全程行情，或梦想回避掉任何一次短期亏钱的经历。这种想法对于不少人具有吸引力，但是每次都做到的凤毛麟角。

当趋势形成之后，只要关注的均线系统一直保持稳定运行的状态，那就让资金去工作，你远远看着就行。很多人偏偏放弃最容易的，反而去挑战最难的。即使趋势很明确，还是有人会被其中短期及次级波动所迷惑，或因恐惧或因自作聪明而忍不住进行交易，反而失去了盈利或逃生的机会。

第三章

均线与K线实战攻守技术

第一节　看顺逆关系，定交易方向

一、顺水行舟与逆水行舟

顺逆关系，是股价与均线之间相互匹配与契合的一种技术性关系分析，能让交易者从行情的乱局之中发现交易线索，并做出最佳的交易选择。

顺逆关系讲述的是均线和股价之间的匹配与契合性，但主要是从趋向或趋势的大局面上分析和辨别，这种分析有利于我们更好地把握行情的脉动。均线如同奔流的江水，股价就像在水中行进的小舟。水能载舟，亦能覆舟，更有顺水行舟和逆水行舟之别。

1. 顺水行舟形态

当均线运行的方向与 K 线运行方向保持一致的时候，就称为"顺水行舟"。

顺水行舟分为两种技术形态。其一是 K 线和均线同步保持整体上涨的态势，如图 3-1 所示。其二是 K 线和均线同步保持整体下跌的态势，如图 3-2 所示。

在顺水行舟形态中，均线多头排列时，股价上涨往往很火爆；均线空头排列时，股价下跌则很凶悍。正如船在顺风顺水的条件下行驶时阻力最小，可以达到"轻舟已过万重山"的境地。

2. 逆水行舟形态

当均线运行方向与 K 线运行方向相反时，就称为"逆水行舟"。

逆水行舟也有两种技术形态。其一是均线向上行进而 K 线向下运行，这种形态或是出现在上涨过程中的回落调整阶段，或是出现在行情见顶回落的开始阶段，如图 3-3 所示。其二是均线向下运行而 K 线向上运行，这种形态一般出现在下跌途中的反弹阶段，或者行情见底回升的开始阶段，如图 3-4 所示。

第三章 均线与K线实战攻守技术

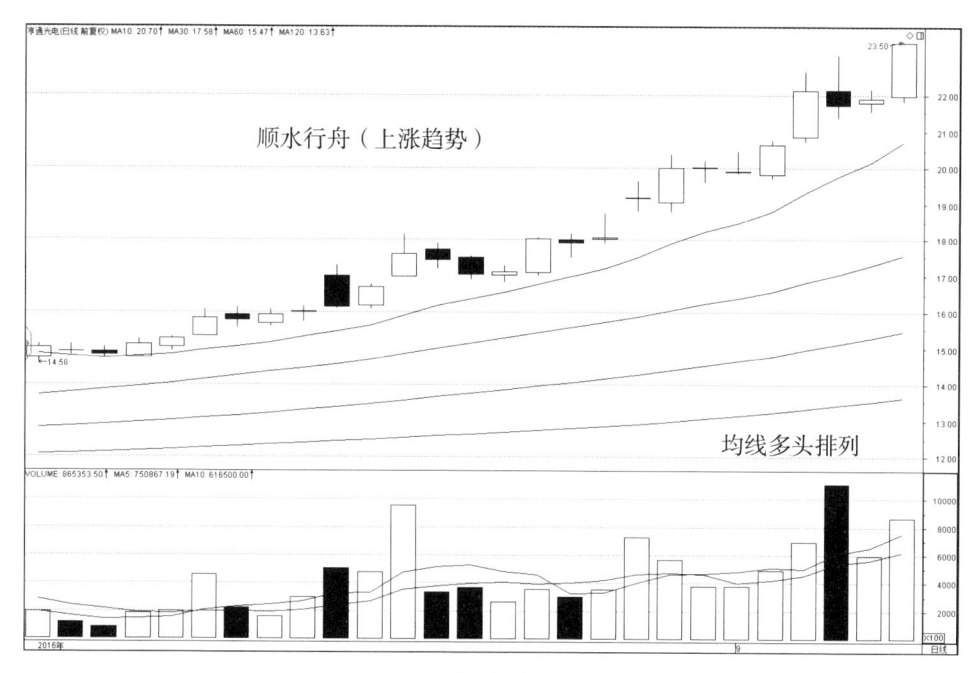

图 3-1

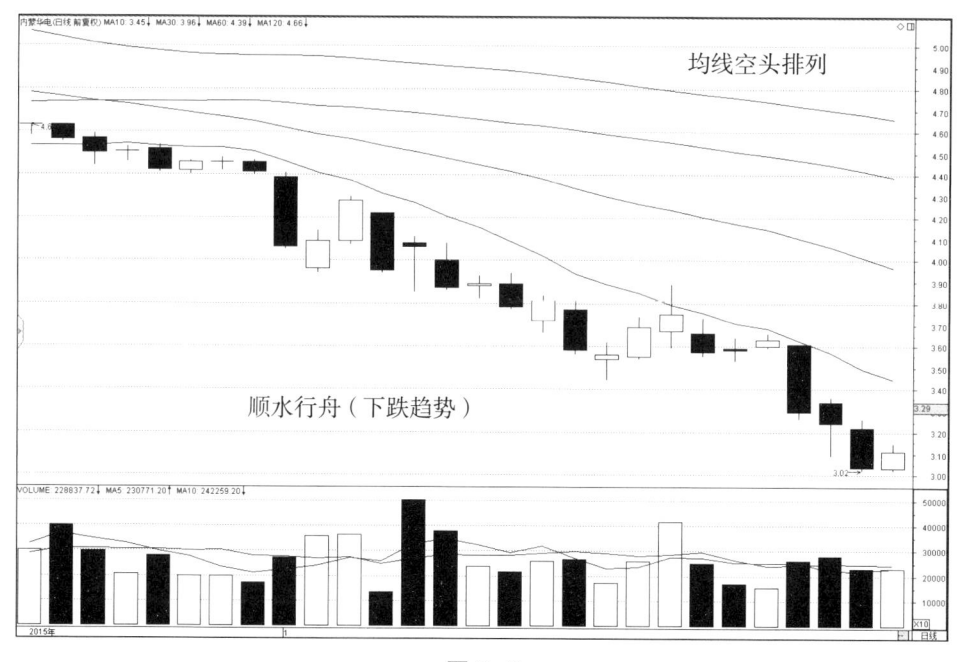

图 3-2

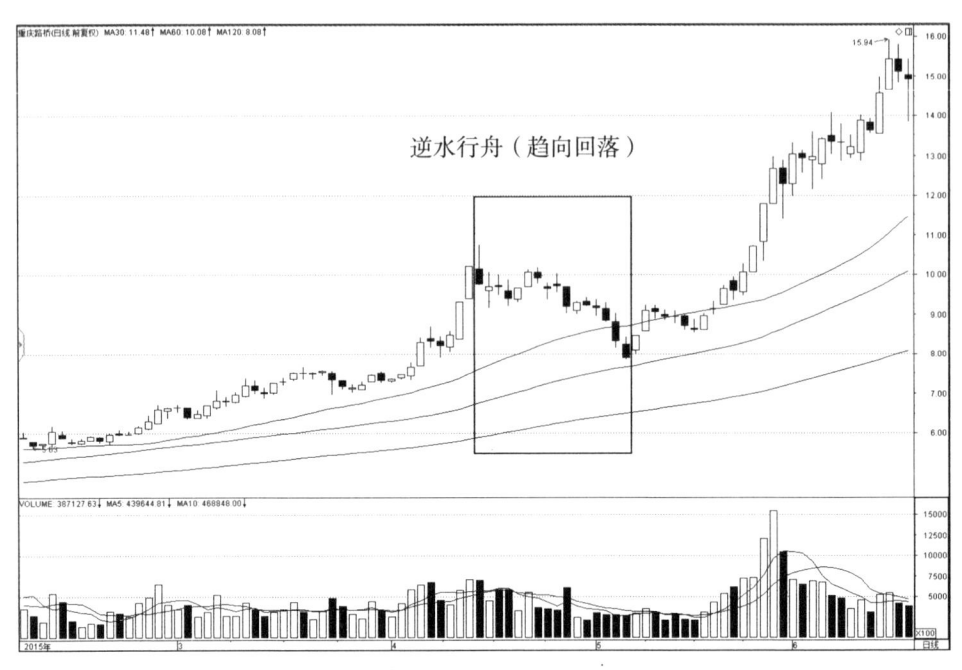

图 3-3

图 3-4

逆水行舟意味着需要耗费远远大于常态的能量，当这种超常能量不能持续补给的话，也就到了行情停止前行甚至逆转的时刻。通常情况下，逆水行舟这种形态持续的时间都较为短暂。这也是上涨趋势中的回落调整和下跌趋势中的反弹行情，都不会持续较长时间的技术性因素之所在。

如果K线与中长期均线方向保持一致，那么顺水行舟形态就是一轮持续时间较长、幅度较大、形态较为复杂的行情，一般称为牛市或者熊市，也就是趋势。如果K线与中长期均线相逆反，而与短期均线系统运行方向一致，即为回落调整或反弹行情，也就是趋向。关于趋势与趋向的技术点，后面章节将有详述。

确认K线与长期均线系统的趋势，关乎到交易者在一个较长的时间范围内所采取的主要交易策略。K线与长期均线系统的趋势，也是交易者鉴别自己的交易行为是顺势而为还是逆势而为的一个标尺。

通常来说，符合趋势的顺势而为应当成为交易者的主要交易方向和重仓配置，而参与逆水行舟形态下的趋向行情，则是与趋势相逆，而与趋向顺势，只能是短期交易方向和轻仓配置。

在上升趋势的市场中，当然应以做多为主要策略和行为方案，同时在参与回落（逆水行舟之趋向回落）行情时，应该控制好做空的尺度和界限。在下跌趋势的市场中，当然以做空或观望为主，主要参与趋向反弹行情，回避短期反弹。

二、顺逆形态的转换与循环

无论是顺水行舟，还是逆水行舟，总是随着行情发展而变化，不可能永远恒定。热火朝天的牛市终会有终结日，而肃杀清冷的熊市也必将有结束的一天。

逆水行舟形态可能会在运行途中结束，继续回归到原有趋势，也可能会在运行中得到强化延长或转化。逆水行舟形态的转化，是指由原来的趋向行情转化为趋势行情。逆水行舟形态代表趋向性行情，多数时候当其运行至一些重要的均线关口，往往也就是趋向性行情结束的时候，随后就会回归到原来的大趋势运行中。

当逆水行舟形态连续攻克一些重要的均线关口时，意味着其处于形态的加强延长状态中，或者这个逆水行舟形态可能正担负着趋势转化的重要使命。

如图3-5所示，该股经过长期大幅下跌后，于A处出现与中长期均线相逆的逆水行舟形态。通常来说，这个形态下的反弹行情，多数会在遭遇到60日均线重要关口时，就会结束反弹重回跌势。但是随着行情的发展，我们发现这个逆水行舟形态开始出现强化，轻松突破了重要的均线关口60日均线后，略加盘整便继续向上攻击120日均线。

此时就应当重新审视这个逆水行舟形态的性质是不是正在发生转化，而不仅仅是单纯的趋向强化。是不是转化，形态自身就会告诉我们。之后股价迅速突破120日均线，回抽破掉均线但很快收复并继续升势，有挑战250日均线的势头。实战中，很多交易者遇到这种情况可能担心会不会错过一轮升势，有的还会选择追高买入。

但学过脱线形态的交易者都知道，该股股价连续急升，已经和最小时间单位的均线形成脱线，同时上方的250日均线是极为重要的均线关口且呈下行态势，这两方面因素叠加分析，可以得出一个结论：即使股价向上穿越250日均线，也很难形成真正的突破，冲高回落是大概率的结果。

该股股价果然冲高回落。而这个回落过程中的股价表现，对于分析逆水行舟形态是否存在转化的可能极具价值，也是确定是否存在介入做多时机的关键。A处后，长期均线120日均线在此处已经由前期的下行转为走平并逐渐转为上行，该股股价回落过程中受到120日长期均线的明显支撑，这是一个初步倾向做多的积极信号。

之后股价在多条均线间出现盘线形态，运行重心也缓步上行，这里就是一个低吸的交易时机。逆水行舟形态的转化至此初步确认。当股价再度向上攻击并突破250日均线，这个阶段的盘线就是低价位介入的最后时机，也最终确认逆水行舟形态由反弹趋向成功转化为上涨趋势，下跌趋势也正式转为上涨趋势。

第三章 均线与K线实战攻守技术

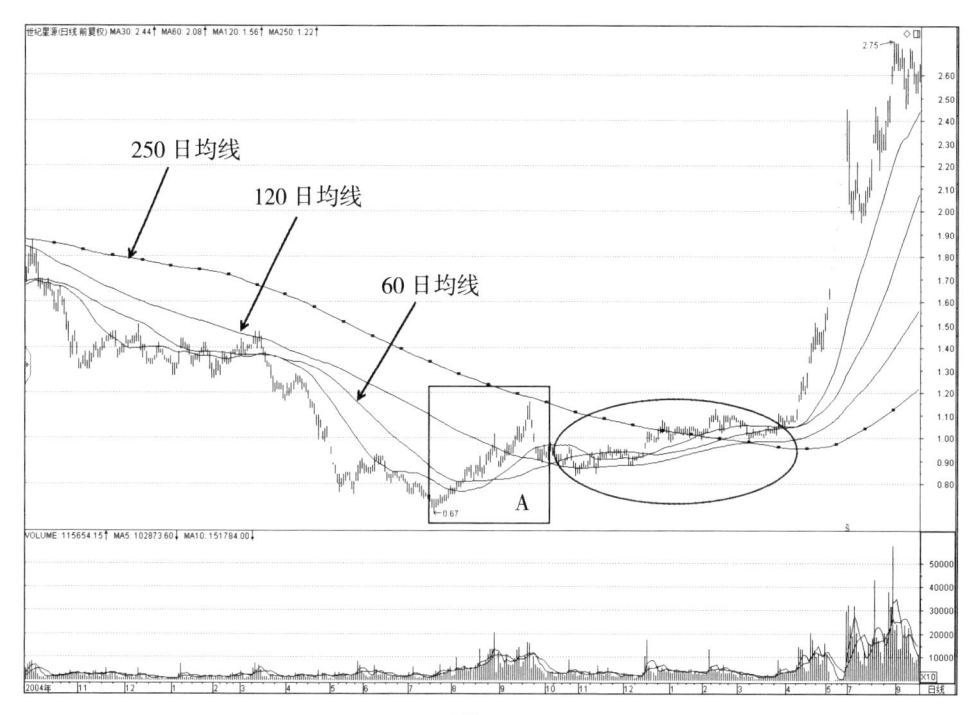

图 3-5

明辨 K 线与均线的契合关系，至少能让我们清楚地知道自己在行情的某一阶段该干什么、怎么干，尽可能避免在股价波动中迷失方向，甚或是犯下与大势对抗的错误。逆势而为，并不等同于盲目与趋势对抗的交易行为，大多数时候，逆势而为是指与市场普遍心理趋向相逆；还有一些时候，逆势而为是指处于趋势转化过程中，这时所谓的逆势正在或已经转化为顺势而为。顺水行舟形态和逆水行舟形态在实战中最显著的作用，就是能够提示交易者根据股价运行趋势选择做容易做的交易、赚容易赚的钱，追求交易中的难度，市场并不会给你特别加分。

第二节　基本形态就是关键形态

均线和 K 线之间匹配与契合的形态，是技术分析中的基本分析元素之一，二者之间的形态起伏、攻与守、支撑与压制存在于不断变化中，并由此构筑了股价循环往复的运行过程。

二者的契合与循环，是均线技术分析最原始的根源。从细节中探知和发现股价微妙变化的规律和逻辑，至少能够让交易者有一个清晰的战术思路。细节形态上的变化，虽然并不必然会引起趋势上的扭转，但是趋势的扭转，必然从细节处开始。

一、压线

压线，顾名思义，是指压制股价并向下运行的一种均线与 K 线的匹配与契合形态，如图 3-6 所示。

压线是较为常见的一种形态，其特征主要表现在：股价一直受到下行态势均线的压制，二者以几乎相同的角度匀速下行。

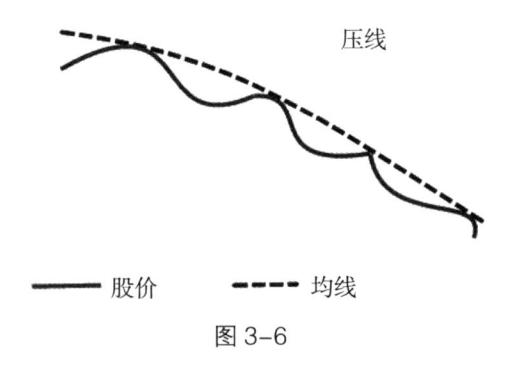

图 3-6

压线的技术含义如下。

第一，部分多方资金并未完全放弃向上攻击，但难以凝聚具有一定规模和较大级别的攻击能力,所以就处于"叫花子打狗,边打边走"的尴尬境地。空方在这种情况下也并未完全发力,所以股价触及均线后的下跌也并未远离均线,而是沉浮在均线之下不远处下行。

第二,压线形态下的弱弹,只会消耗多方的上攻能量,大多数情况下,不但无法突破均线,还会在多方攻击能量消耗殆尽时,快速向下跌落。在行情整体处于下跌趋势的技术环境下,出现压线时,及时做空或减仓就是最佳选择,万不可心存侥幸与趋势对抗。

如图 3-7 所示,该股股价见顶回落形成压线形态,最终股价从最高点的 13 元多,一直跌至 6 元多才企稳反弹。

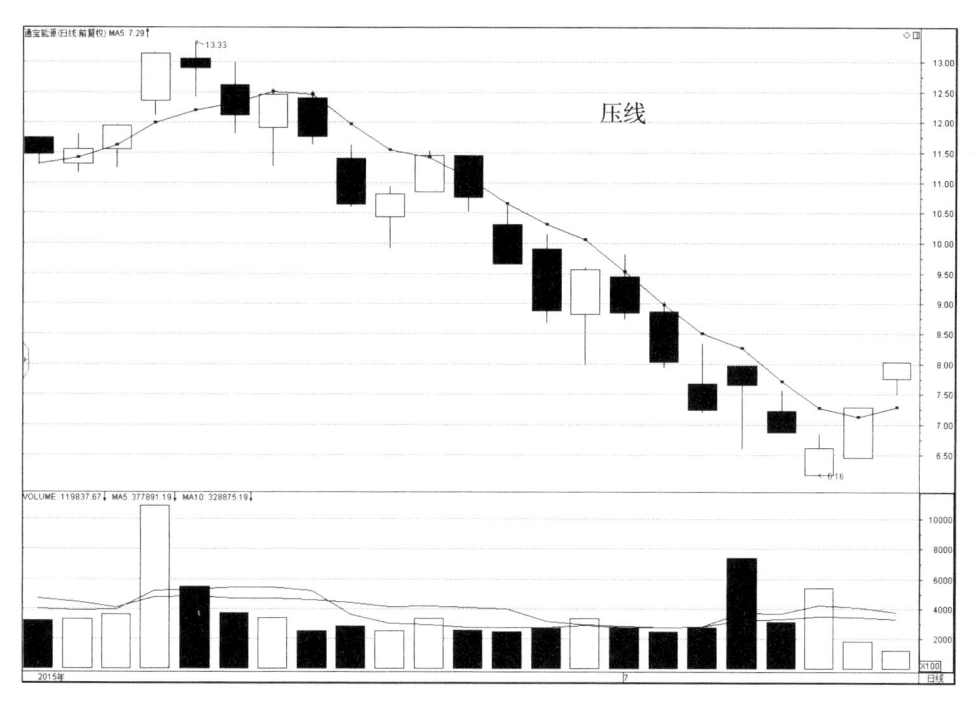

图 3-7

在行情整体处于上涨或横盘趋势的技术环境下,部分主力资金会利用压线形态洗盘,然后出人意料地突然拉升。如图 3-8 所示,该股股价运行于上涨趋势中,于图中 A 处出现压线形态,但这种洗盘性质的压线毕竟不能与图 3-7 中趋势性压线相比,所以股价很快就扭转了均线的压制。B 处在测试均线由压制转化支撑的有效性后，股价继续上涨。

实战中判别压线的性质有两个条件：一是通过技术环境分析认定；二是压线能否被扭转，包括如下两个方面。

（1）方向上的扭转，即均线与股价运行方向不再呈明显的下行态势，而是转为上行或横向态势。

（2）压制转化支撑的扭转，即均线对于股价的压制不再发挥作用，而是反转为对于股价的支撑。压制与支撑的互为转化具有多种形式。

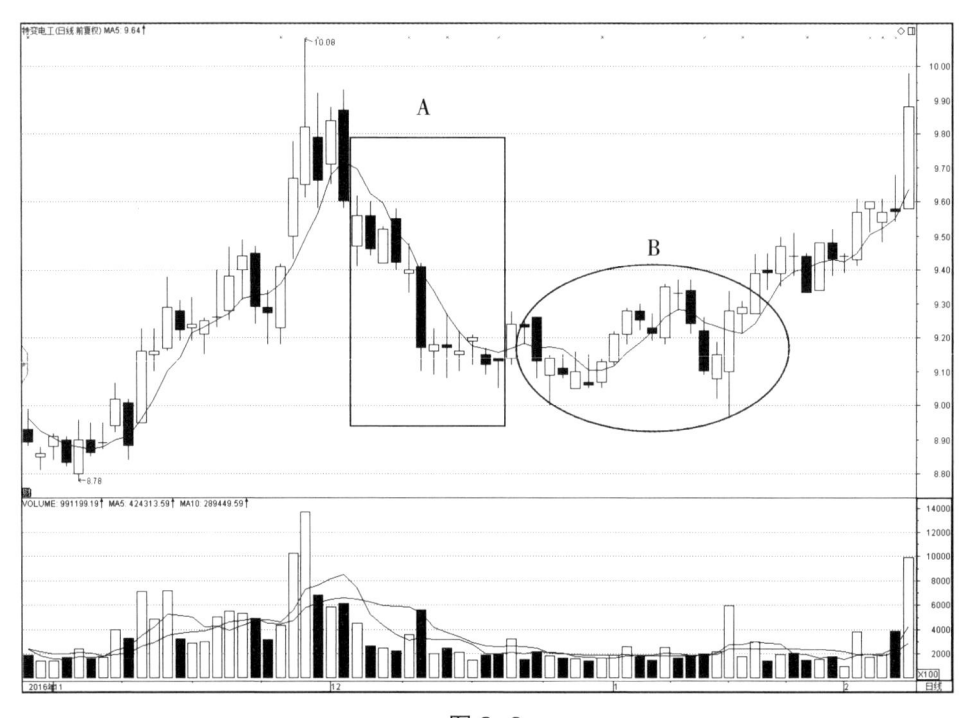

图 3-8

二、托线

托线是指股价依托均线并向上运行的一种均线与 K 线的契合形态，如图 3-9 所示。

托线同样也是较为常见的一种契合形态，其特征主要表现在：股价一直得到上行态势均线的支撑，二者以几乎相同的角度匀速上行。托线形态下，

第三章　均线与K线实战攻守技术

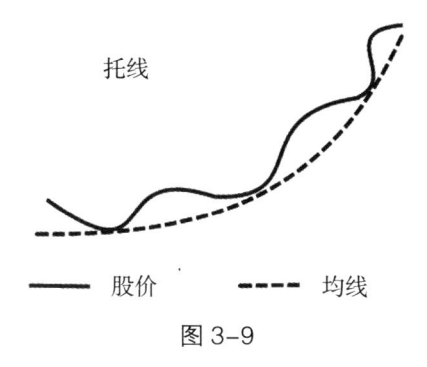

托线

—— 股价　---- 均线

图 3-9

股价依附在均线之上匀速上涨，这种上涨并非没有回落调整，但都能在下方均线上得到较强的支撑，不会出现方向上的明显改变。

托线形态下的K线实体大多以中阳或小阳的形式出现，形态维持期间通常不会出现大阳线，这种形态有利于将缺乏耐心的持仓者清除出局，也不会过度吸引场外资金的攻击，从而能够积蓄足够的上涨动能。如图3-10所示，股价依托均线稳步上涨，这种形态下交易者耐心持仓就是最好的选择。

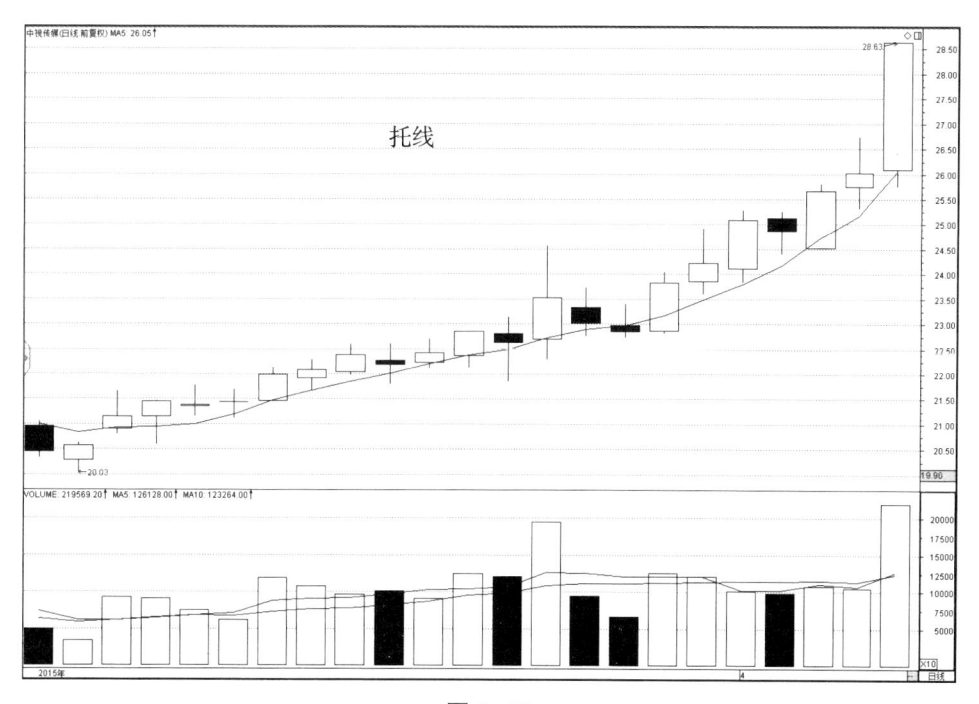

图 3-10

三、盘线

盘线是指股价来回盘绕均线折返运行，多数时间处于"跌破—收复"循环中的一种契合形态，如图 3-11 所示。盘线也是一种常见的均线与 K 线的契合形态，既可见于上涨趋势，也可见于下跌趋势和横向盘整阶段。

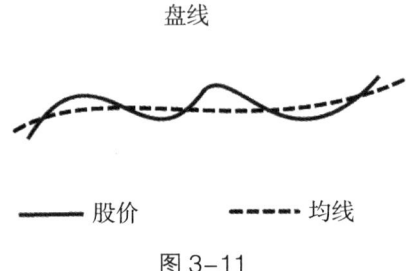

图 3-11

盘线形态在实战中出现时，因其走势较为纠结，即使在上涨趋向中，也会让持仓者感觉度日如年，往往很难稳定持仓。盘线形态出现最多的是横向盘整阶段，如图 3-12 所示，该股短线上涨后出现盘线形态，之后均线下行，股价也结束盘整继续下跌。

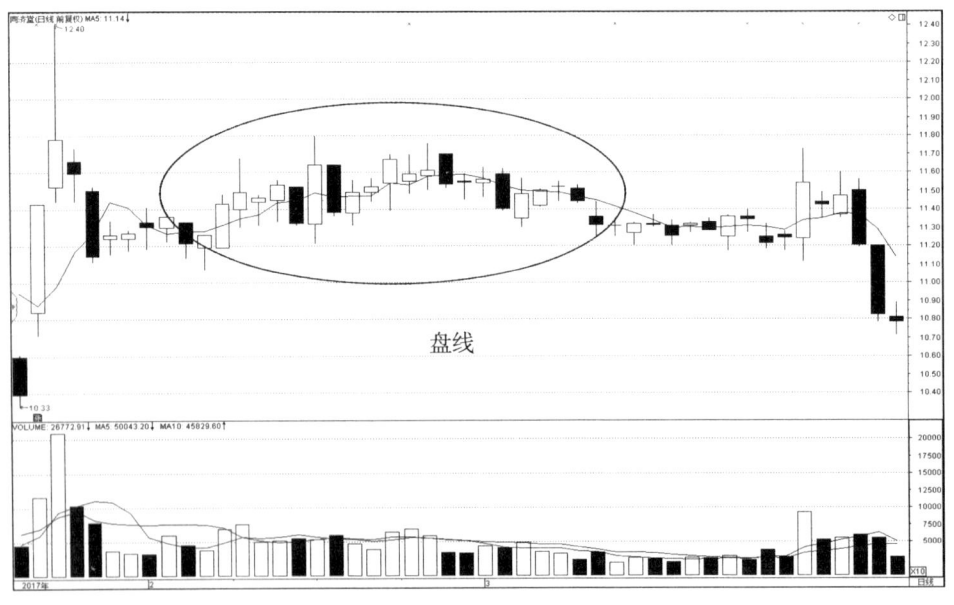

图 3-12

盘线形态经常出现于诱多、诱空或者盘底、盘顶的过程中。通常具有盘线形态的个股并不是最佳的交易对象，至少在盘线形态尚未结束之前应以跟踪观察为主。盘线形态不论是在上涨趋向还是下跌趋向出现，其所代表的短期方向性都不如压线或托线明确，它的存在告诉我们需要等待。

四、跳线

跳线是指股价突然向上或者向下跳离所依附的均线，但很快又回归均线的一种契合形态，如图 3-13 所示。

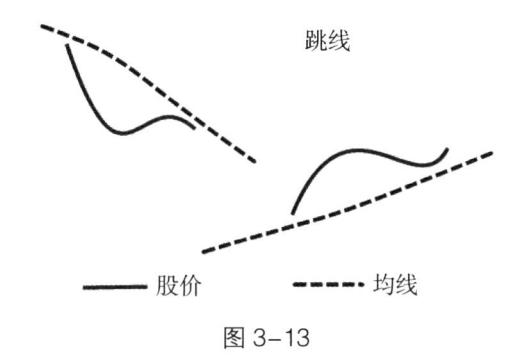

图 3-13

无论是向上还是向下跳线，都说明当前价格运行节奏正在发生变化，虽然这个变化可能不是趋势上的，但对于短期价格的活跃度还是会带来一定的影响。如图 3-14 所示，A 处该股股价仍处于盘线形态中，至 B 处、C 处出现跳线后，股价改变之前的盘整节奏，开始进入快速上升阶段。

跳线是一种打破目前节奏或局面的形态，有激活趋向或趋势的技术性特点。但有些时候，也要注意提防主力可能借用跳线形态来实施迷惑和引诱。

判断跳线的技术要件有以下几点。

（1）跳线的第一根较大 K 线，并无跳空缺口或缺口空间很小。

（2）跳线的第一根较大 K 线出现后，升势中要注意观察均线的支撑是否显现出来，支撑无力度的要警惕骗线。

（3）跌势中则要注意观察均线的压制是否显现出来，压制不明显且均线向上拐头，可能会出现短线反弹。

（4）趋向或趋势末端出现跳线，注意出现拐点。

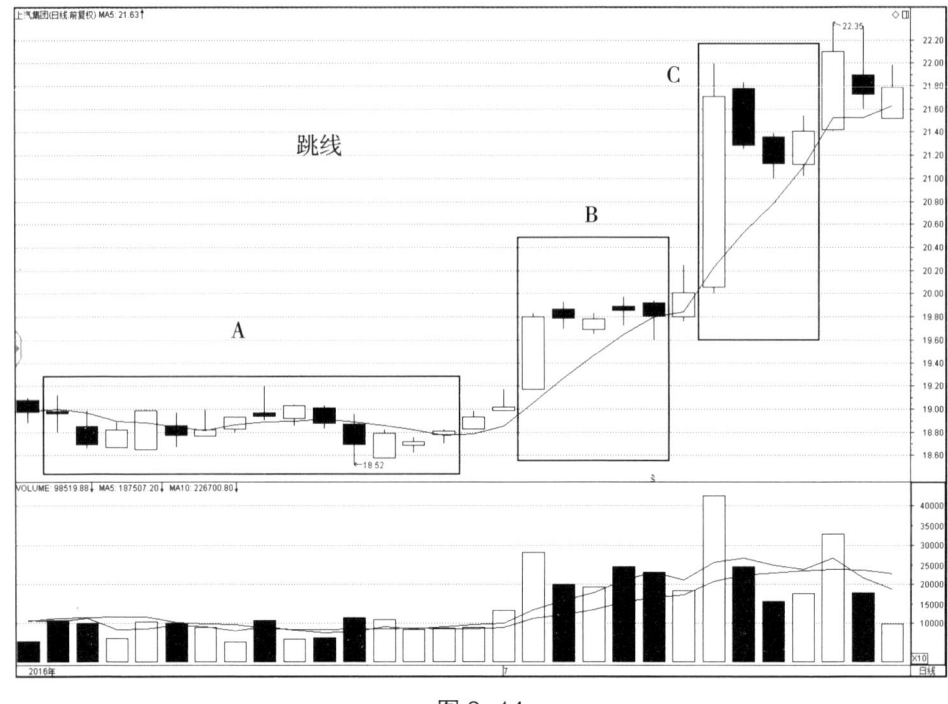

图 3-14

（5）连续出现跳线时，注意趋向可能临近拐点。

五、脱线

脱线是指股价脱离均线快速运行的一种契合形态，如图 3-15 所示。脱线是股价高速运行的一种极端模式。如葛兰威尔法则中的"法则三""法则四"一样，股价过快、过急地脱离均线，必然产生较大的乖离率，导致股价产生拐点。

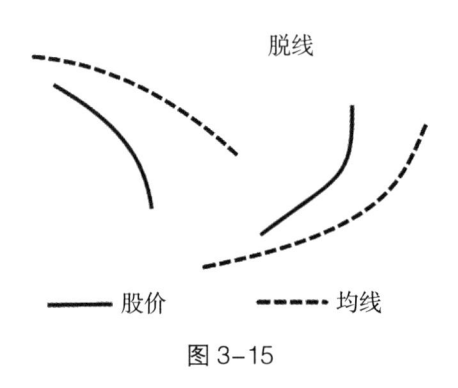

图 3-15

脱线形态在涨升行情中容易造成超涨或超买,这会带来卖出或做空的机会;在下跌行情中则容易出现超跌或超卖,则会带来买入时机。如图 3-16 所示,该股股价连续飙升,和均线之间的空间越来越大,最终大阴线灌顶而下,结束一轮急升行情。图 3-17 是股价连续下跌,脱离均线过远后结束下跌的走势情况。

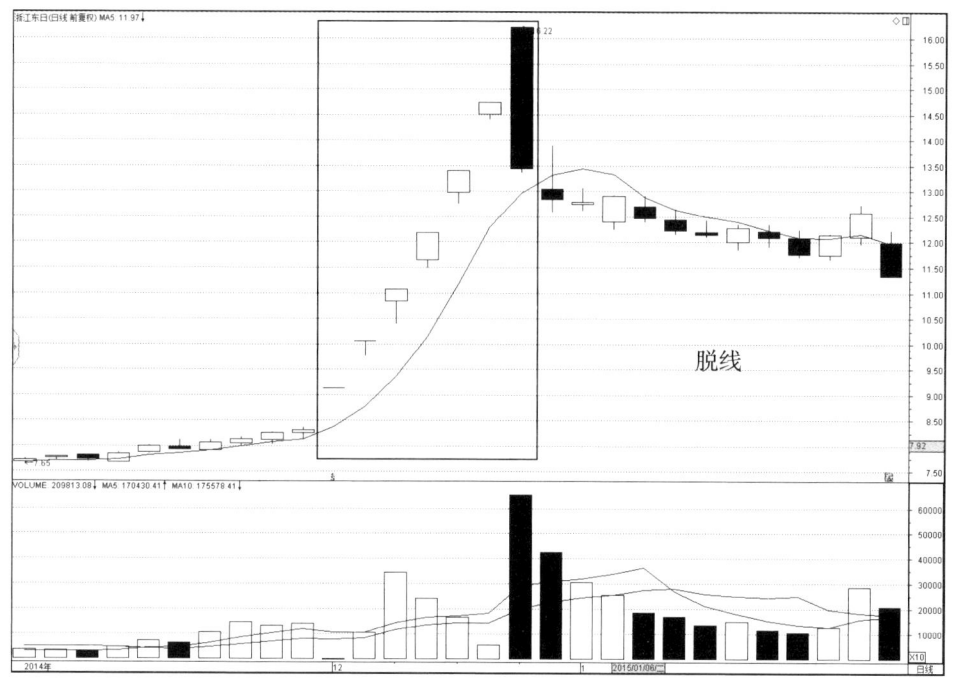

图 3-16

脱线形态的结束形式是回归均线。涨势中,脱线形态结束回归均线后,多会是趋势的拐点,即使只是趋向的拐点,若想再启升势,也需要较长一段时间的盘整过程。跌势中,脱线形态结束回归均线后,多会引发反弹行情,至于是否会形成趋势拐点,还需要技术环境分析来综合认定。

六、回抽

回抽是指股价向上突破均线后,回落到均线附近确认支撑的一种契合形态,如图 3-18 所示。回抽的主要技术效用在于确认股价对均线突破的有效性。

均线技术分析与实战

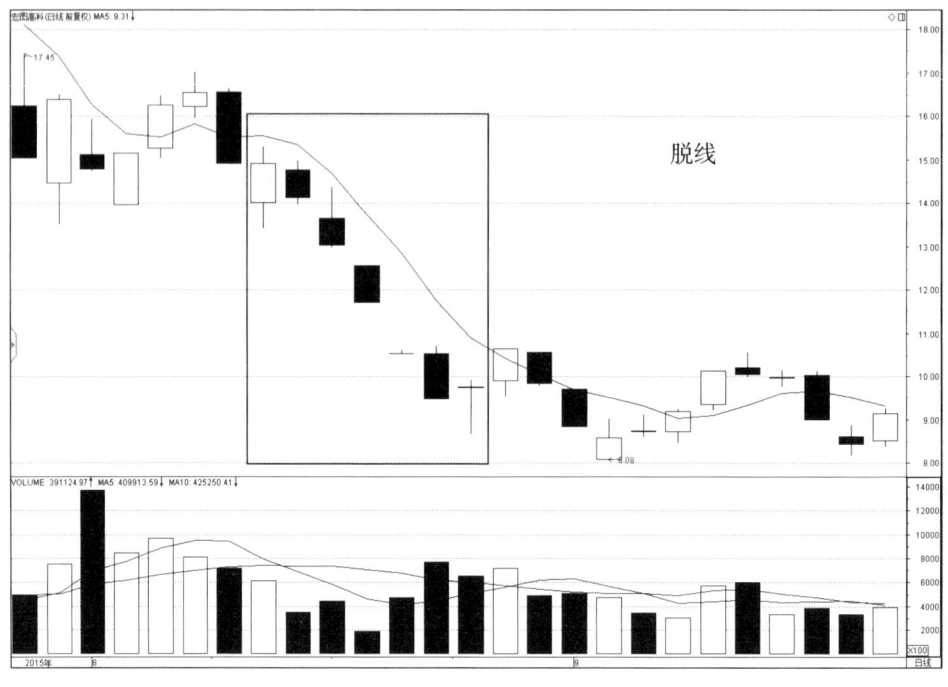

图 3-17

股价是由此开始一波具有连续性的上涨,还是虚晃一枪掉头再下,就在于回抽时能否得到均线的支撑。

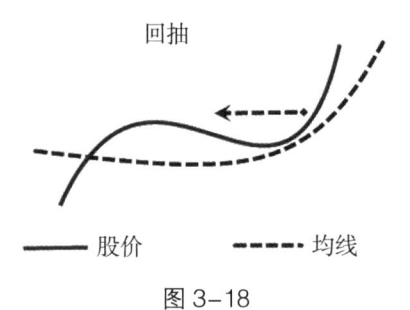

图 3-18

当股价向上突破均线的压制时,穿越均线并不是重点,重点在于突破后这条均线的压制是否能够转化为对股价的支撑,如果支撑存在,才可以说突破成功。如图 3-19 所示,该股股价突破均线后,出现一波回抽确认。在回抽过程中,股价低点甚至未触及下方的均线,显示出极强的支撑力和多方动能。

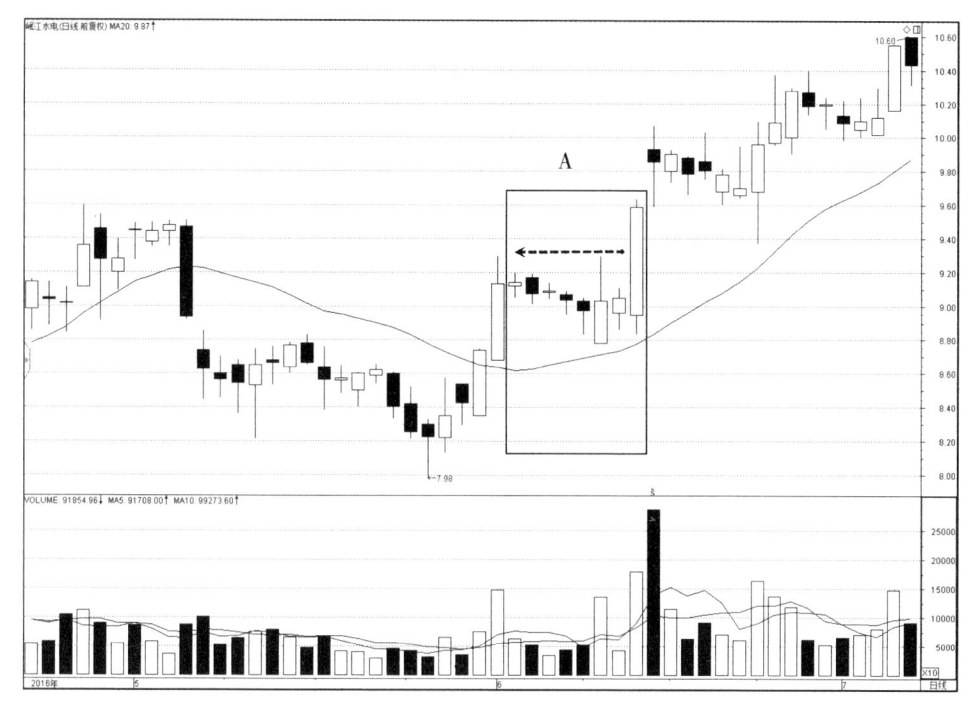

图 3-19

并不是所有的突破都必然存在回抽,有些个股在突破后直接开始进入拉升阶段,直至涨升结束,也没有回抽形态出现。还有些个股只是在遭遇更为重要的技术关口,才以较大级别如次级回落的方式进行整体确认。回抽形态的结束形式,是股价再次起涨并越过突破均线时的股价高点。

回抽形态有两个较为适宜的买点。

其一是股价突破后的回落过程中,均线已明显转向上行,股价能够得到相应支撑;回落过程中,成交量表现为跌时量小、涨时量大;盘口上能够感觉到,虽然处于回落,但多方似有抑制不住的攻击力:下挂的买单较小,却能抵御住抛单打压;上挂的卖单虽大,真正打下来成交的却很少。这种情况下可以用适当仓位参与低吸,提前打埋伏。

其二是股价再次起涨,并越过突破均线时的股价高点,这种情况下可以用适当仓位参与追涨。追涨不是追高,具有很强的技术性要件,比如成交量具有聚量攻击的形态等。

七、反抽

反抽是指股价向下突破均线后，反弹到均线附近确认压制的一种契合形态，如图 3-20 所示。

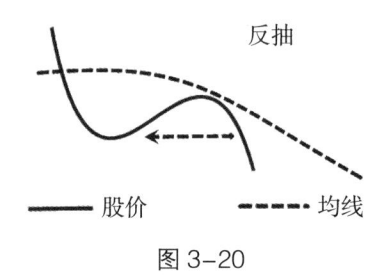

图 3-20

反抽的技术效用，主要是股价向下突破后确认均线压制，进一步明确跌势的开始。如图 3-21 所示，股价跌破均线后并未直接展开下跌，而是向上弱势反弹，但在接触到上方均线后，便明显受到均线压制，随后进入跌势。反抽并非仅是图中所示的这一种形态，有的个股还会穿越均线之上，但很难持久便再度跌破均线。

图 3-21

和回抽一样，反抽也并非是所有向下突破都具有的形态。有些个股在突破后直接开始进入下跌阶段，直至跌势结束，也没有反抽形态出现。还有些个股只是在遭遇更为重要的技术关口，才以较大级别如次级反弹的方式进行整体确认。

反抽形态出现时，股价无论穿越均线与否，只要均线开始出现下行，同时股价在反弹中缺少必要的强度，成交量不能配合出现聚量攻击，那么减仓或做空应是上佳的选择。反抽和回抽虽然都不是必然具有的突破后形态，但无疑都是极为常见的技术形态。排除突然性暴涨、暴跌，反抽和回抽在多数行情中具有重要的技术分析意义。

八、基本形态的往复循环

以上解析了股价与均线的几种契合形态，都来自实战的总结，认识这些形态、熟悉其技术意义，对于培养良好的盘感颇有益处。有人粗略看一眼盘面，便能对股价趋向有一个大致正确的判断，其实这并无任何神奇之处，就是因为基本功掌握得较为扎实。所谓底蕴决定高度。

股价与均线的契合形态是最基本、最原始的变化，均线与K线技术分析理论多脱胎于这种形态的变化。股价在实战中复杂、多样的变化形式，其技术原理仍旧脱不开这些最基本的契合形态，即所谓万变不离其宗。

股价与均线的契合形态并非恒定不变，这些形态之间的关系既非对立，也非有序排列，而是处于不断转化与循环之中。行情变化的复杂性也由此延伸开来。

这些契合形态中，托线、回抽具有多方倾向；压线、反抽具有空方倾向；跳线、脱线、盘线则多空兼具。如图3-22所示。

图3-22是一个模拟的契合与循环过程（限于空间，图示每个形态不可能标示的过长）。我们通过分析这个循环过程，来进一步讲解实战中股价与均线七种形态的循环与转化。

1. 盘线的循环与转化

在股价与均线起伏循环过程中，盘线出现在趋势高点或低点的技术意义

图 3-22

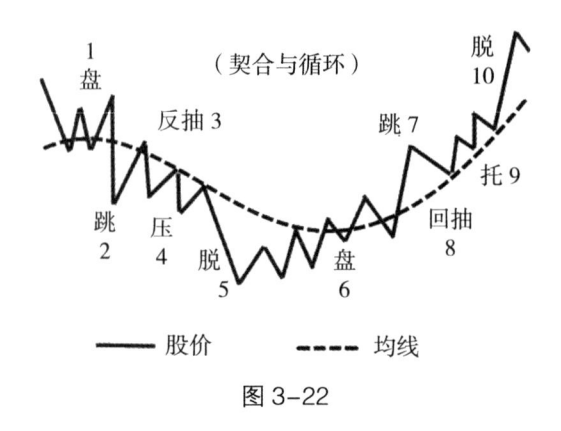

极为重大,远不止趋势中途出现的盘整等待的意义可比拟。图 3-22 中出现在趋势高点的盘线 1(高点盘线),可以把它看成是脱线 10 回落后的股价后续表现。

盘线 1 在实战中出现时,仍然会给市场以盘整等待的含义,并使交易者产生盘整后再度起涨的幻觉。此处的盘线诱多色彩很浓重,而股价在来回穿越均线中的每一次冲高,都会被短线追高资金误以为是再次起涨的开始。

实战中,不起眼的高点盘线所套住的资金,有时并不少于拉高冲顶阶段,如图 3-23 所示。

而盘线 6(低点盘线,见图 3-23)在实战中出现时,市场会普遍认为只是短期超跌带来的弱性反弹,不久仍旧会再度下跌。这里的盘线具有诱空作用,股价在来回穿越均线中的每一次跌落,也都会被市场误以为是回归下跌趋势的开始。实战中,被低点盘线清理出来的,往往都是"带血"的筹码。

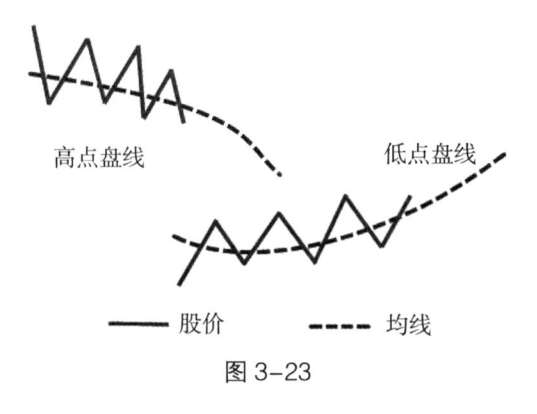

图 3-23

通过技术环境分析，我们可以判别趋势或趋向的高与低，当盘线出现在相对位置时，技术意义就很明确了。实战中变化的复杂性，来源于行情发展的未知属性，如果你未卜先知行情将如何衍变，那么复杂性在你眼里就不会存在。

我们没有未卜先知的神奇本领，那么即使在趋势或趋向相对明确的高点与低点上，仍然需要技术上的一些细节来帮助我们把握方向。如图3-23所示，高点盘线出现时，均线多数时候呈横向或小角度向下倾斜，而股价在整个盘整过程中其运行重心也会出现向下倾斜。当这个技术细节出现时，持仓的交易者至少应该知道自己面临的是风险，而不是机遇，即使不降低仓位，也要控制住不能在这里加重仓位。

图3-23中的低点盘线出现时，均线多会呈横向或小角度向上倾斜，而股价在整个盘整过程中其运行重心也会出现向上倾斜。当这个技术细节出现时，大多数持仓的交易者可能都处于被套的状况，但这个时候应该告诉自己"忍不住了，也要再忍一下"，即使不加大仓位，也尽量不要在此时减仓。

高点盘线结束时，多数会出现跳线然后反抽（见图3-22），但如市场整体不好时，也会采取直接压线下跌或脱线暴跌。

低点盘线结束时，会出现跳线然后回抽（见图3-22）或者托线上攻，直接出现脱线暴涨的不会太多。在趋势级别行情的初始阶段，更是很少会采取直接脱线暴涨，反而是低级别短弹行情中，容易出现这种快进快出性质的暴涨。

2. 跳线的循环与转化

跳线具有激活趋向或趋势的技术性特点。原本并不明朗的局面或较慢的节奏，在出现跳线之后可能都会出现较大的改变。

图3-22中跳线2（下跳线）的出现，就打破了之前盘线较为胶着、慢节奏的运行方式，使股价趋向相对明朗。但下跳线和反抽的连接，还是会使交易者产生很大的疑惑，不敢确定是跌势已经开启还是主力的空头陷阱。

解决这个疑点的应该是反抽的最终结束，但到时股价的跌幅应该已经不小，所以最佳方案还是应该在反抽中降低仓位。这就需要交易者将这些基本功掌握得足够扎实。

下跳线有时也会直接转化为脱线暴跌。

如图 3-24 所示，A 处出现为时较短的盘线，之后股价大阴线下跳，但连续的两根阳 K 线实体极小，难以达到反抽的目的，由此跳线转化为脱线开始急速下跌。跳线的转化，通常都是股价加速的开始，实战中对此要注意观察分析。

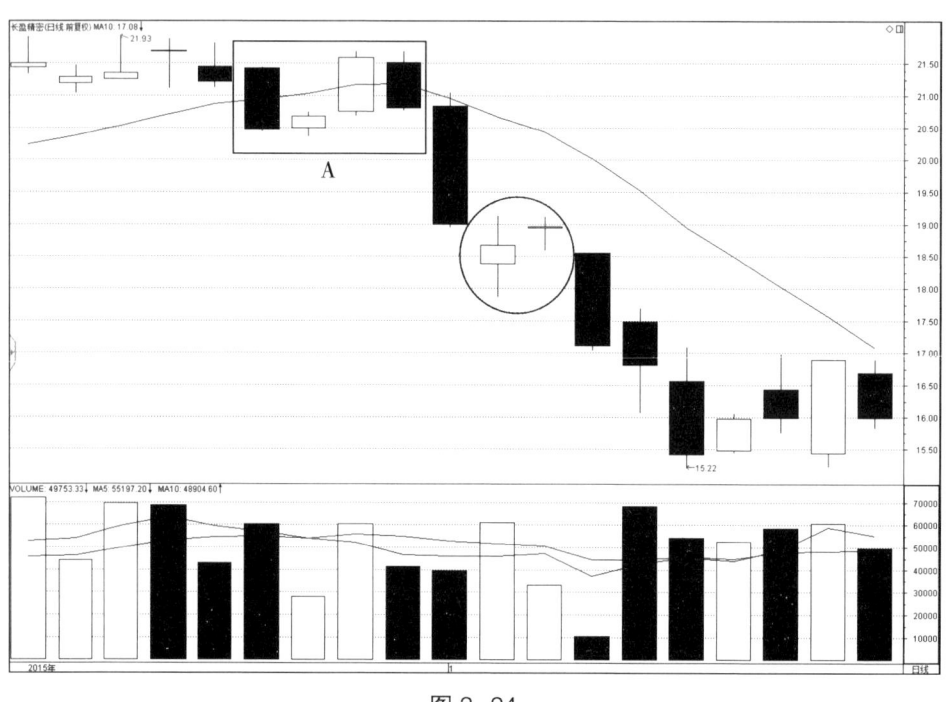

图 3-24

图 3-22 中跳线 7（上跳线）的出现，同样是打破之前节奏的开始。跳线出现后，交易者应立即改变前期采取的模式，尽快适应行情的最新变化。上跳线后的回抽通常都是较为适宜的买点，有些个股也会出现跳线直接转化脱线的情况，也就没有回抽的环节。

3. 脱线的循环与转化

脱线的出现，无论是图 3-22 中的脱线 5（下脱线）还是脱线 10（上脱线），都意味着股价正处于急速运行中。股价过急过快的运行很难持久,所以脱线之后往往会迎来趋势或者趋向的转折。

如果经过技术环境分析,发现下脱线出现在长期大幅下跌之后,那么极有可能会带来下跌趋势的拐点。即使不是在长期大幅下跌之后,下脱线出现之后也多数会带来一波级别不等的反弹行情。下脱线在整个下跌趋势中会多次出现。

下脱线结束后,并不一定就会连接图 3-22 中的盘线,股性较强的个股会直接跳线、回抽,再走托线上升。极端情况下也会有下脱线和上脱线直接连接的暴烈走势,不过极为少见。

弱势行情下,也会出现下脱线后连接盘线,之后再度出现下脱线的恶劣情况,如图 3-25 所示,该股在下跌趋势中连续出现"脱线—盘线—脱线"的极端循环模式。这种极端情况下,任何买入都等同于资金的自杀。

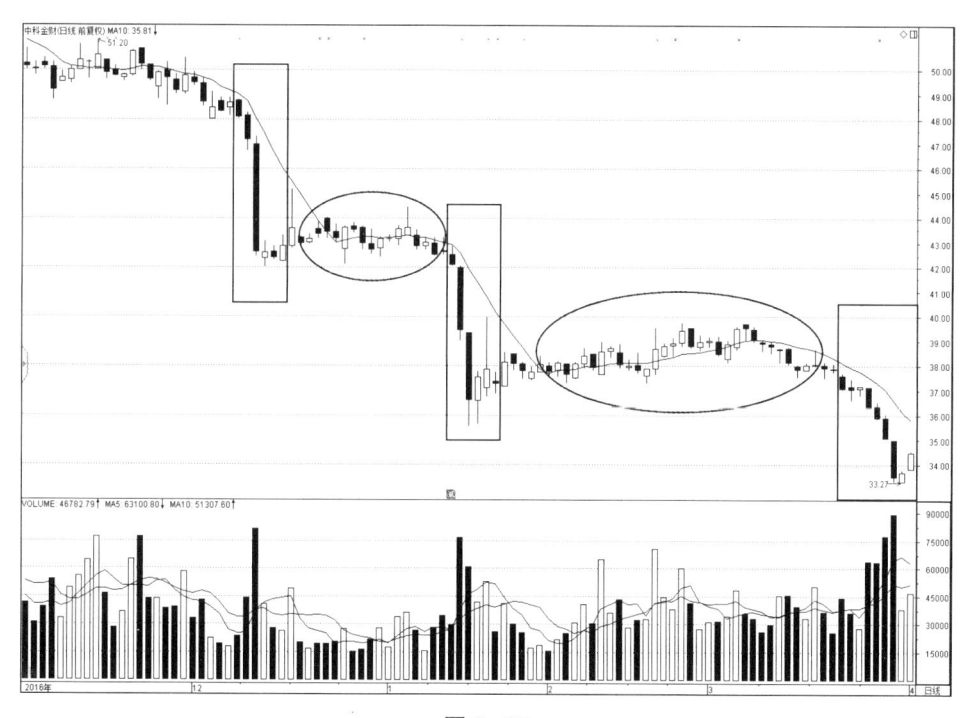

图 3-25

如果上脱线出现在长期大幅上涨之后，那么有可能带来上涨趋势的拐点。即使不是在长期大幅上涨之后，上脱线出现也多数会带来级别不等的回落调整。上脱线在整个上涨趋势中也会多次出现。上脱线结束后，也同样不一定都会出现盘线，有些个股连接回抽后会再度出现脱线等。

总之，实战中循环和转化模式千姿百态，不一而足，很难将其一一列举出来，但只要掌握了契合形态的本质关系，循环模式总会有迹可循。

第三节　支撑与压制的真实含义

一、什么是支撑

支撑与压制，可以说是均线理论的重中之重，理解了支撑与压制的要义，均线理论的枝枝蔓蔓便可迎刃而解。价格和均线之间，不是处在支撑之上，便是处于压制之下，如果还有第三种状态，那就是正处于压制与支撑的转化测试过程中。

简单地从形态表象上说，当价格于均线之上运行，理论上可以认为价格得到均线的支撑。当然，这是一种形态上或理论上的描述方式，它涵盖了大部分支撑外在形态，但并不是全部。

如果从交易实战的角度来解读支撑，那么理论上有些所谓的支撑，可能只是一个假象，甚至是陷阱。当价格处于一条由上而下运行中的均线上方时，理论上支撑是存在的，但实战中这条均线是否具有对价格的真正支撑，则并不确定，甚至在一定程度上，这是一种更倾向于空头的形态。

1. 实战中如何认定均线是否对价格具有支撑

价格处于均线之上时，有如下几种不同情况。

（1）均线运行方向与价格运行方向一致向上，即同向运行时，支撑稳定存在，如图3-26中1号同向。

（2）价格向上，而均线由上而下运行时，支撑产生于该条均线扭转向上，即牵引形态发生时，如图 3-26 中 2 号牵引。

（3）均线与价格横向运行时，支撑产生于价格脱离横盘向上运行时，如脱线、托线等形态的出现，如图 3-26 中 3 号脱离。

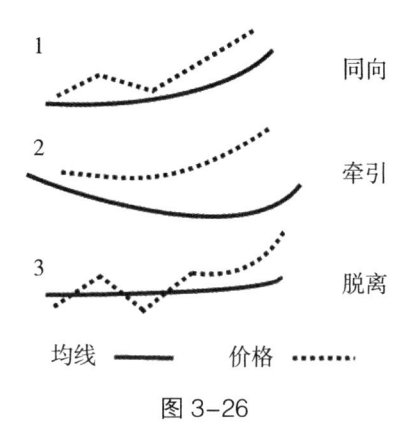

图 3-26

实战中的细节变化可能会更复杂，但大体会涵盖在这几种形态之内。

第一种是均线和价格的同向形态，这种支撑最为常见，也较为稳定。

第二种是牵引形态，即价格的上涨牵引下行的均线转为上行，均线也由此具有支撑。

第三种是横向脱离形态，是指股价与均线从横向盘整波动中脱离出来。这种形态会带来一个问题，在未脱离出来之前的盘整波动过程中，均线有没有支撑？

如果认为盘整波动中均线无支撑，那么盘整波动应无以维持；如果认为盘整波动中均线有支撑，那么也就无须脱离形态来确认了。横向盘整波动中的均线具有理论上的支撑，或者说具有市场心理上的支撑。大多数人会认为一个横向小幅度的波动是安全的，而没有明显的向上或向下的方向，反而给市场以充分发挥想象的空间。

市场资金并不愿意深究实际走势和自身的主观愿望是否会一致，而只需要有一个可供想象的空间和看上去暂时安全的环境，至于后市出错怎么办，市场资金往往会将这个问题推向自己并不能坚决执行的止损纠错。有时候主力资金会借用市场资金普遍具有的这种心理，来完成自己的任务，并尽可能烘托出市场资金希望见到的技术环境。

如图 3-27 所示，A 处是股价与均线一个盘整波动的状态（盘线）。现在来看这张静态的图形，当然满眼都是不利于做多的技术因素，但是身处 A 处的动态行情进行中时，可能不少交易者的看法会大不相同。A 处股价不时会有中阳甚至大阳线出现，即使阴线跌破均线也会很快回收，图中一根长上下影线的 K 线，下方是其当天的分时走势，这种带量突发性上涨，无疑非常吸引市场资金。

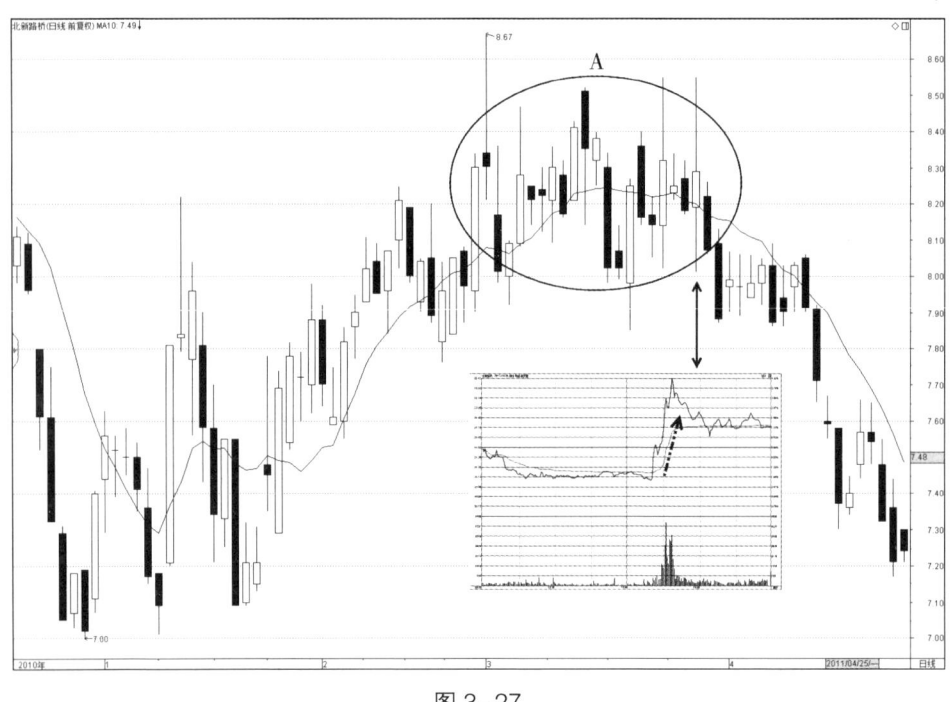

图 3-27

结合上述因素，A 处动态即时行情乍一看似乎均线的支撑力度还蛮强，不少市场资金会选择在这里进场做多，因为 A 处横向盘整波动能够满足买入待涨的期望，同时股价在一定空间内的波动，也能给予市场资金可以摸着边际的安全感。并不是所有的市场资金都预料不到后市可能会下跌，但他们会认为自己能够在下跌时及时减掉仓位。

盘整波动中均线的支撑就是这样形成的，市场心理会跟随股价的跳动来自设支撑或压制，而这种支撑或压制反过来会给其带来更大的迷惑性。盘整波动中的均线支撑，处于并不确定的状态，其一方面取决于主导资金的选择，另一方面则要看市场资金是后续乏力，还是汇聚成洪流。即使处在一个真正的底部构筑阶段，在振荡中股价反复地捶底，横向运行的均线也并不能就认为具有对价格的支撑。我们必须等待一些技术因素的出现，比如牵引、脱离等。

2. 支撑的确认

支撑的出现，并不意味着价格接下来就会飙升。支撑告诉我们的，其实是某一价位上持仓者惜售，而买入者增加。持仓者的惜售会令价格"跌不动"，但只有买入的多寡才能决定价格的涨升程度。

均线对于价格的支撑即使在技术上是成立的，实际运行中仍可能出现多次、不同级别的确认支撑存在的过程。如图3-28所示，A处均线与价格处于横向盘整波动，之后股价与均线以脱线的形态从横向盘整波动中脱离出来。

图 3-28

B处是脱离横向盘整后的第一次确认均线支撑，紧接着是C处确认和拉升阶段的D处再度确认支撑。

价格对于均线支撑的确认过程会贯穿始终。随着不同级别的回落调整，也会有从短期均线、中期均线到长期均线，测试不同级别支撑的过程。

二、什么是压制

从形态表象上说，当价格于均线之下运行，理论上可以认为价格受到均线的压制。同样，这仅是一种形态上或理论上的描述方式。从交易实战的角度来解读压制，当价格处于一条由上而下运行中的均线下方时，理论上压制是存在的，但实战中这条均线是否具有对价格的真正压制，则并不确定。

1. 实战中如何认定均线是否对价格具有压制

在价格处于均线之下时，有如下几种不同情况。

（1）均线运行方向与价格运行方向一致向下，即同向运行时，压制稳定存在。如图3-29中A处所示，均线与股价整体处于下行，这种状态下的压制是稳定存在的。

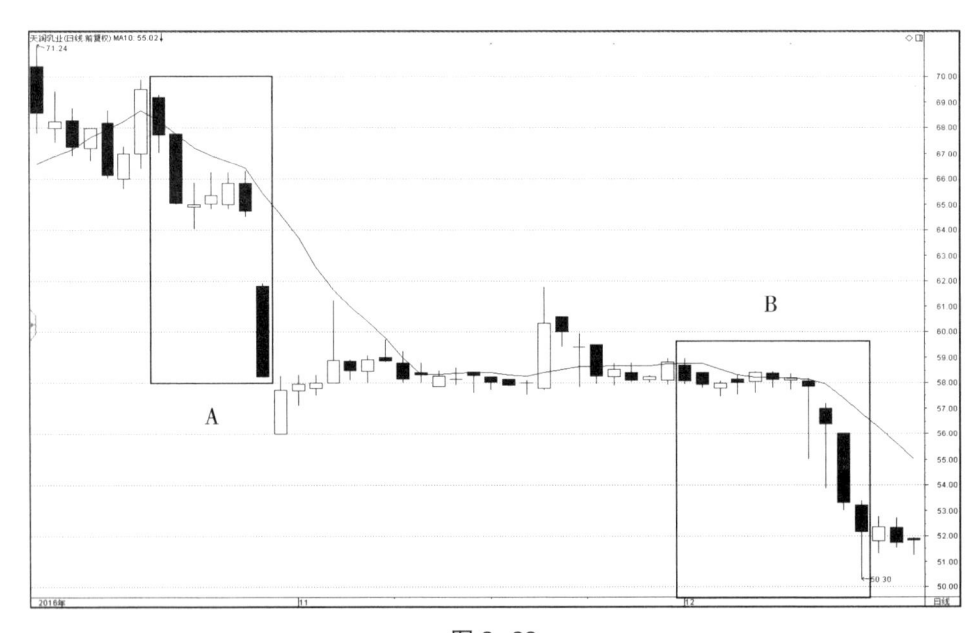

图3-29

（2）均线与价格横向运行时，压制产生于价格脱离横盘向下运行、均线也向下扭转时，如脱线、压线等形态的出现。如图3-29中B处所示，股价下跌，均线转向下行，先是出现压线，然后以脱线开始快速下跌。均线的转向，显示压制由此生成。

（3）价格向下，而均线向上运行时，压制产生于该条均线扭转向下，即牵引形态发生时。如图3-30所示，均线向上运行而股价下跌，当A处均线扭转向下时，显示压制生成，随后股价进入加速下跌阶段。

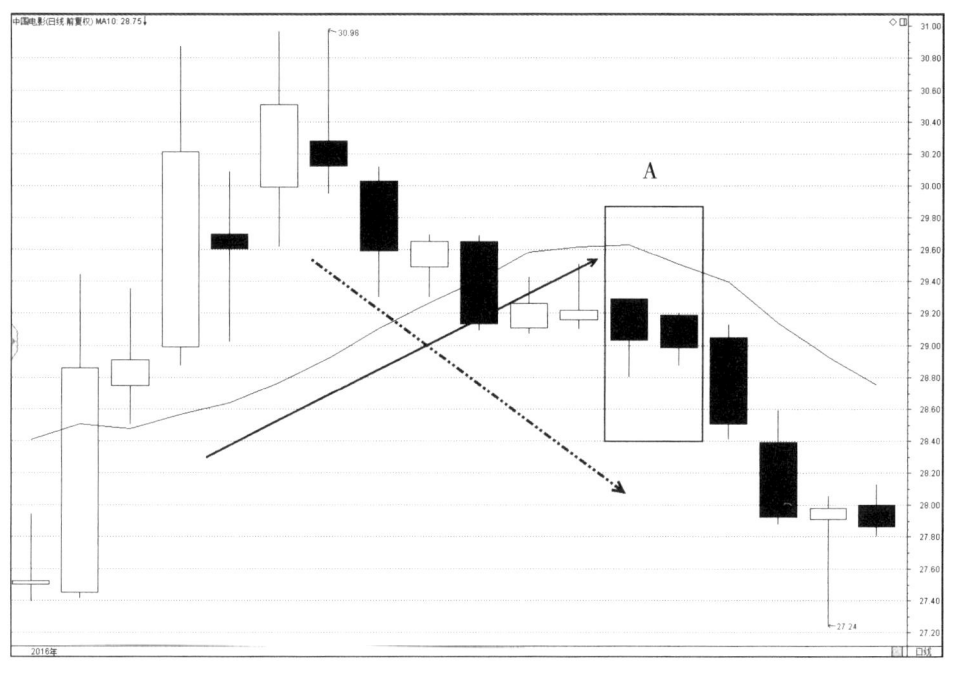

图3-30

2. 压制的确认

压制的出现，并不意味着价格接下来就一定会大跌。压制的存在，说明在某一价位上会引发持仓者抛售，但这种抛售行为并不一定都具有持续性。遇到压制，价格可能会出现回落、滞涨甚至是突破。

在价格开始下跌或下跌过程中，会出现多次、不同级别的确认压制存在的过程。攻击压制位，攻而不破再度下跌，就确认了压制的存在。不同时间周期均线的压制,对于价格具有不同级别上的技术含义。

如图 3-31 所示,A 处股价反弹,之后得到 10 日均线支撑继续上涨。至 B 处时,在下行态势中的 60 日均线附近受到压制开始回落。B 处是股价对 60 日中期均线压制进行测试和确认的过程,这种级别上的确认,提示出未来股价在短中期走势上的大概方向。之后的 C 处和 D 处,是股价对 10 日短期均线压制的测试和确认过程,而这种级别上的确认,只能提示股价在短期走势上的大概方向。

图 3-31

三、如何判断突破和转化

支撑与压制总是处于转化之中,支撑可以在一定条件下转化为压制,压制也可以转化为支撑。支撑与压制的互为转化具有多种形式:其一直接转化,即由压制状态直接转化为支撑状态,或反之;其二,转化具有一个有效性测试区域。

如图 3-32 所示，A 处均线由支撑直接转为对股价的压制，这种情况多发生在突然性的急跌、急涨状态下。当然，案例中所选用的是 10 日短期均线，意味着仅是一个短期内支撑与压制的转化形态。均线周期不同，所引发的转化也会有趋向或趋势上的不同。

图 3-33 中，A 处股价跌破均线，而均线仍保持上行，股价在均线附近的盘整即为测试支撑转化为压制的区域，之后在牵引形态下压制形成。图中 B 处是压制转化为支撑的测试区域，最终在托线形态出现后支撑显现。

压制转化为支撑，也有直接转化的情况，就不再列举案例进行说明了，根据图 3-32 反向理解即可。

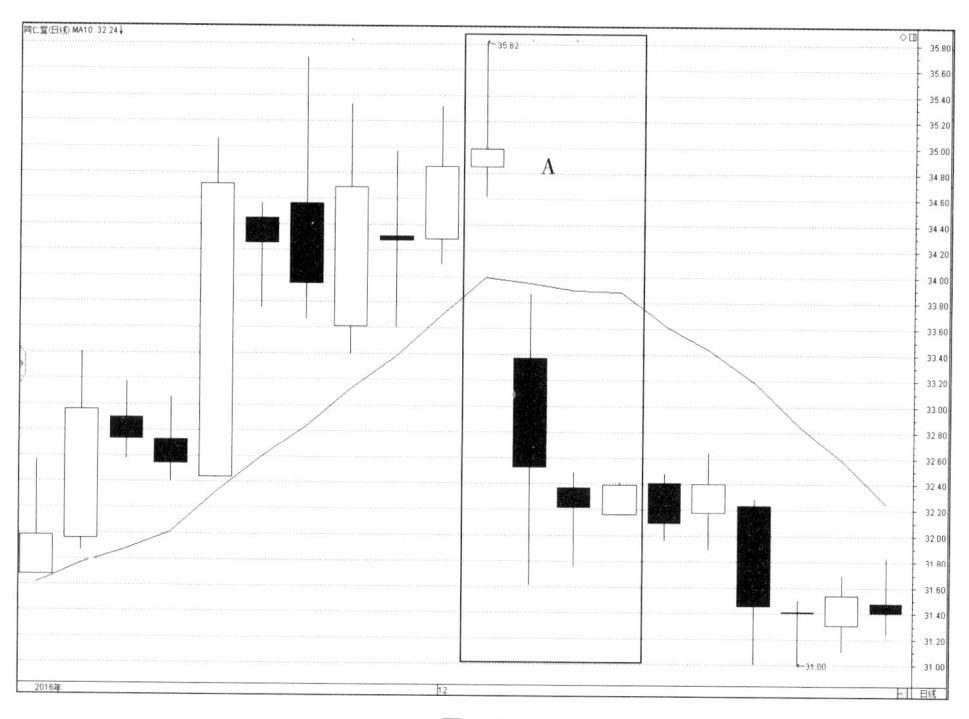

图 3-32

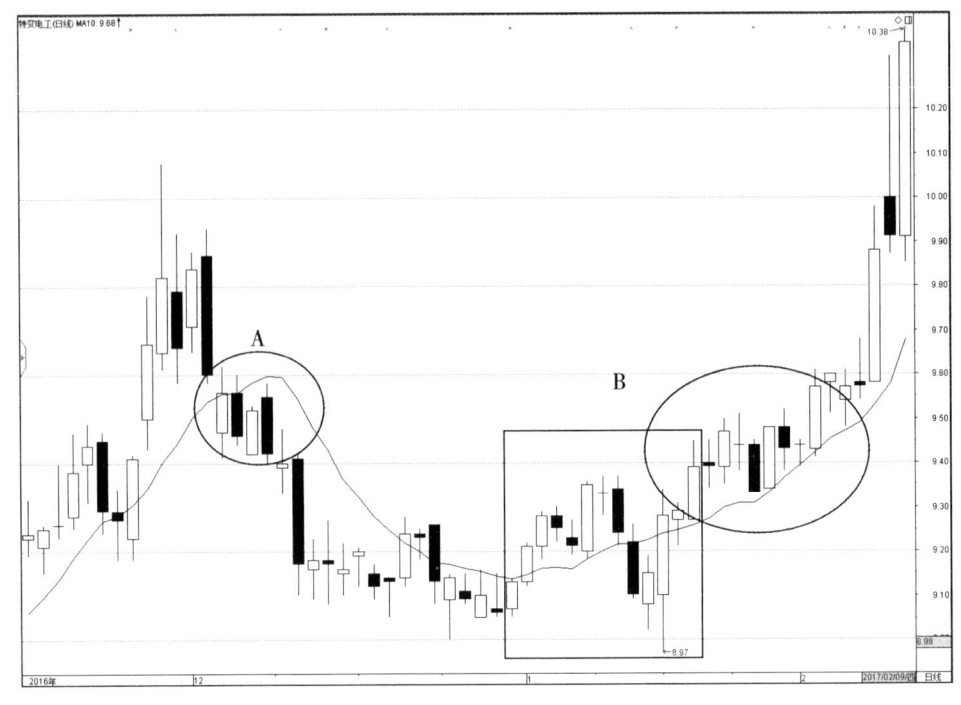

图 3-33

无论哪一种转化，都会在技术上形成突破。突破是一个双向概念，既包括向上突破，也包括向下突破。突破的判定标准，传统理论认为要具备3%以上的空间和3个交易日。

从实战和不同突破级别的角度来看，突破成功与否的判定标准应该是：价格从被压制态势发生突破之后，必须具备之后的运行受到均线支撑这个条件；而价格从得到支撑态势发生突破之后，必须具备之后的运行受到均线压制这个条件。

如图 3-34 所示，A 处股价突破均线压制开始上涨，B 处股价回落得到了均线的支撑，这就是一个突破成功的案例。其实突破成功与否的判定标准，也就是支撑或压制的确认过程，只不过支撑和压制的确认会在运行过程中多次出现，而突破只是在二者发生转化时，需要通过确认过程来鉴定。

支撑与压制的转化关系，会在均线系统也就是不同周期均线之间，形成并不统一的技术意义，但是当不同周期均线之间的技术意义归于统一时，也

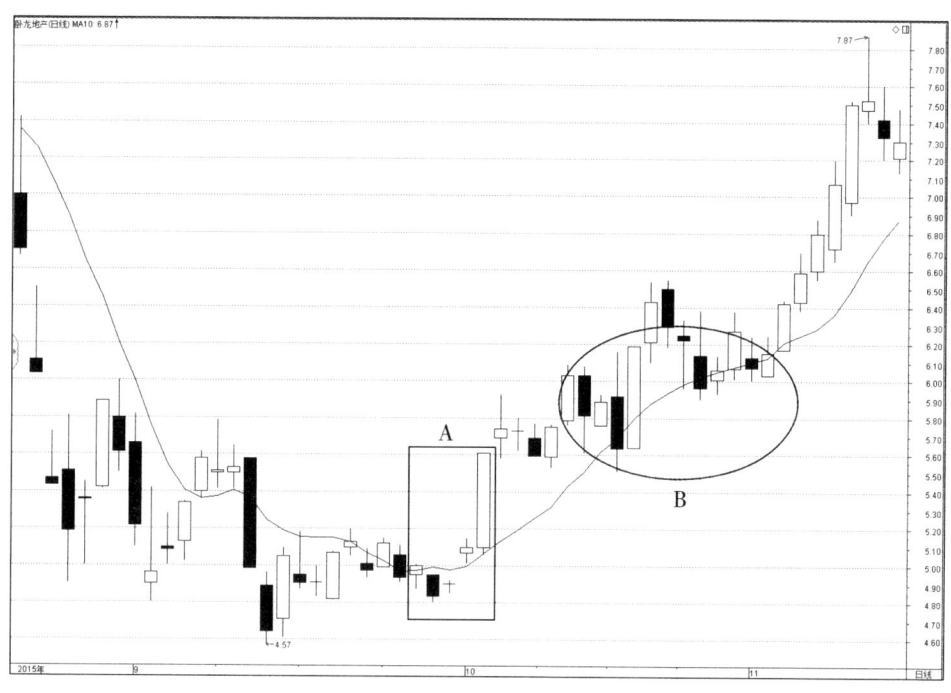

就意味着转化或突破得到强化和级别的上升。

图 3-34

如图 3-35 所示，A 处 5 日均线由压制转化为对股价的支撑，B 处可以视为股价对 5 日均线支撑的回落确认，也可以看作股价受到 20 日均线的压制而出现的回落。C 处可以视为股价确认 5 日均线具有支撑后的上涨，也可以看作股价尝试对 20 日均线压制的直接转化。

D 处 5 日均线由支撑转化为压制，而股价之前对 20 日均线压制的直接转化明显失败。这种技术条件下，股价理应继续下跌，但我们发现在 D 处 20 日均线转为上行，支撑悄然出现。5 日均线和 20 日均线之间，对于多空倾向性不统一，所显示的是股价短期的频繁振荡，技术上长时间周期均线比短周期均线更具有可信度。

E 处，5 日均线和 20 日均线之间一度形成非交叉相逆形态，随后股价突破两条均线的压制，选择了由压制直接转化为支撑状态。E 处两条均线的技术意义归于统一，也对股价的急速上升具有一定的强化作用。

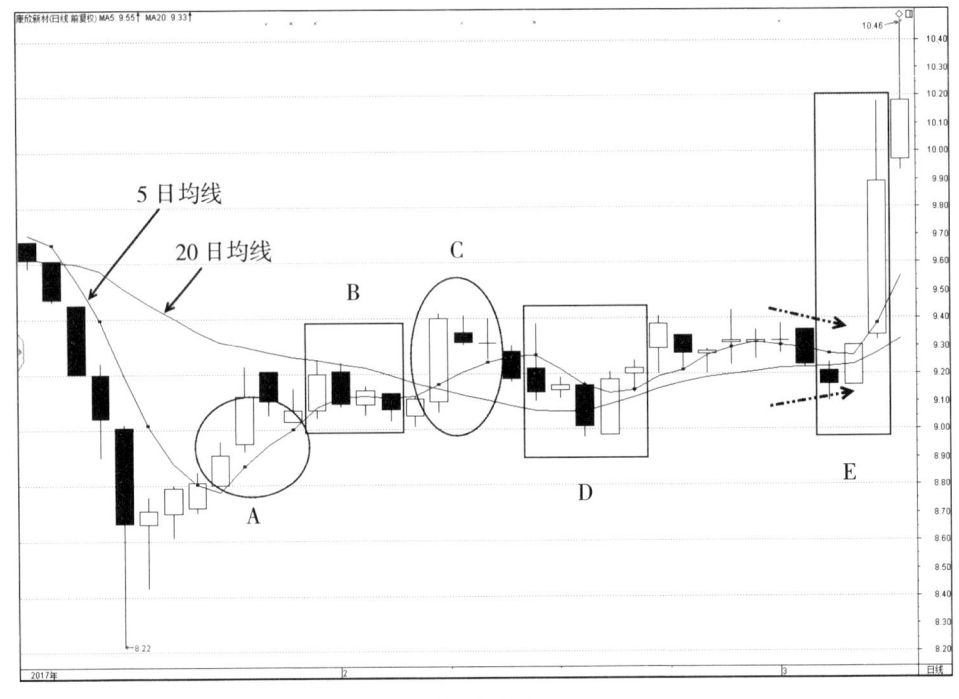

图 3-35

第四节 背离关系与均线修复

一、背离及其分类

所谓背离,可以理解为在同一时间周期内,两种或两种以上的技术分析对象,彼此之间从统一走向分离。分析背离关系,是研判价格运行的一种独特的技术手段。

背离的分类大致有以下几种。

1. 价格与均线之间的背离

价格与均线之间的背离,种类形式繁多,不一而足,总体来说仍然在顺逆关系的范畴之内。

逆水行舟形态下就是价格与均线之间的背离。当然,逆水行舟形态是价格相对较长时间内形成的背离关系。其实在短线波动中,价格和均线之间的背离更是频繁发生,只是多数情况下这种短线背离甚至是日间波动形成的背离,都会在均线的支撑或者压制下失去具体的分析意义。

在价格出现暴涨、暴跌的情况下,也容易和中长期均线之间形成背离,这种背离部分会引发趋势扭转,即逆水行舟形态的转化,还有部分仍然未脱出次级趋向波动的范畴。

2. 均线之间的背离

均线之间的背离,比如非交叉相逆形态等。均线之间的背离,意味着均线系统的稳定性存在问题,这就提示我们要对价格振荡做好准备,并密切关注背离所引发的是价格短期振荡,还是趋向以上级别的扭转。

3. 价格与量能的背离

从供求关系上来说,买入的量多,则价格会上涨,如果价格不涨,就是量价背离;卖出的量多,则价格应下跌,如果价格不跌,也是量价背离。

量价背离往往预示着价格将会遇到某一级别上的拐点,也就可能出现通常所说的底背离或顶背离。如图3-36所示,一波短线急速上升后,于A处放量收阴,股价未能延续连续大涨的势头,此后量能逐渐消散,股价也随之下跌。A处即为一个短期或阶段性的顶背离。

必须注意一点:实战中出现顶背离并不必然就是股价的阶段性高点,尤其是市场处于资金接力热炒个股阶段时。某个大资金在阶段性高点上退出,形成顶背离,但还有其他大资金进场接力,所以被炒个股不跌反涨的情况就会出现。遇到这种情况,除非交易者解读资金逃逸与回归的能力特别突出,可以参与短线交易,否则的话,应以"吃瓜看戏"为上。

4. 人气背离及技术指标背离

牛市在悲观中诞生,在怀疑中成长,在乐观中成熟,在兴奋中死亡。最悲观的时刻正是买进的最佳时机,最乐观的时刻正是卖出的最佳时机。这段

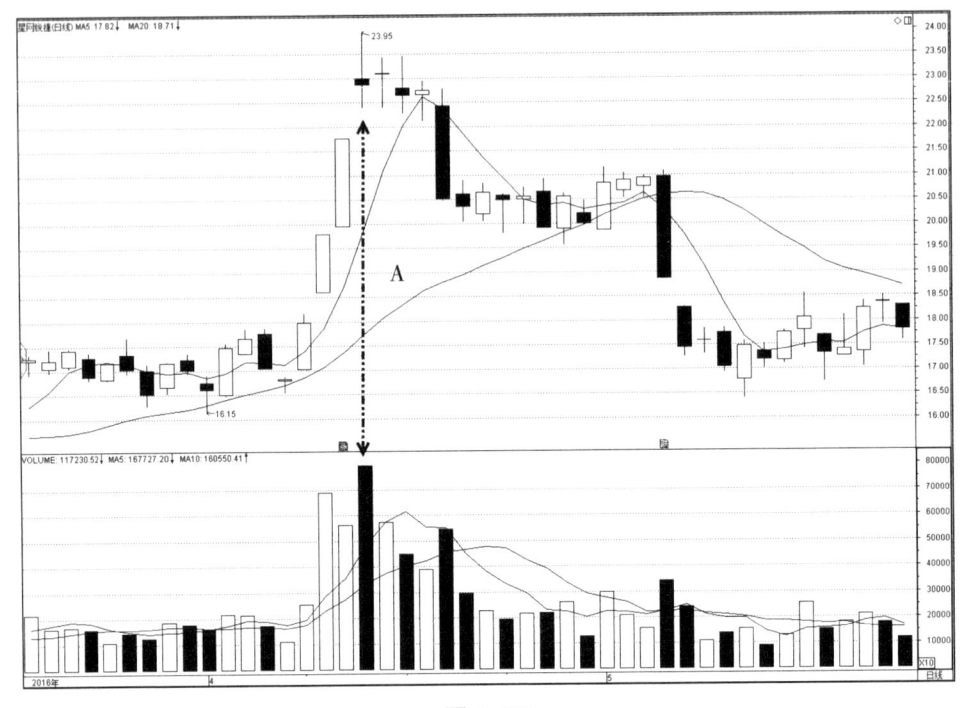

图 3-36

交易名言所说的，其实就是人气与行情的背离关系。当大多数人都不愿意参与交易的时候，就是行情最佳的买入点；当大多数人在兴奋中疯狂进场的时候，就是行情最佳的卖出点。

技术指标作为一种技术分析的辅助性工具，与价格之间也存在背离关系，并且这种背离关系分析，对于判断价格后期走势具有非常重要的作用。

以常用的 MACD 指标为例，如图 3-37 所示，从 A 处、B 处到 C 处，股价不断创出新低，而 MACD 指标在 A 处与股价同步创出新低后，B 处和 C 处的 MACD 指标却逐渐呈上行态势，与股价之间形成背离，之后股价见底回升。

二、均线修复类型和修复空间评估

具有明显运行趋势的均线或均线系统，基本会处于顺滑、稳定运行的状态中，而当均线出现波动、折返等较为复杂的变化时，就说明均线或均线系

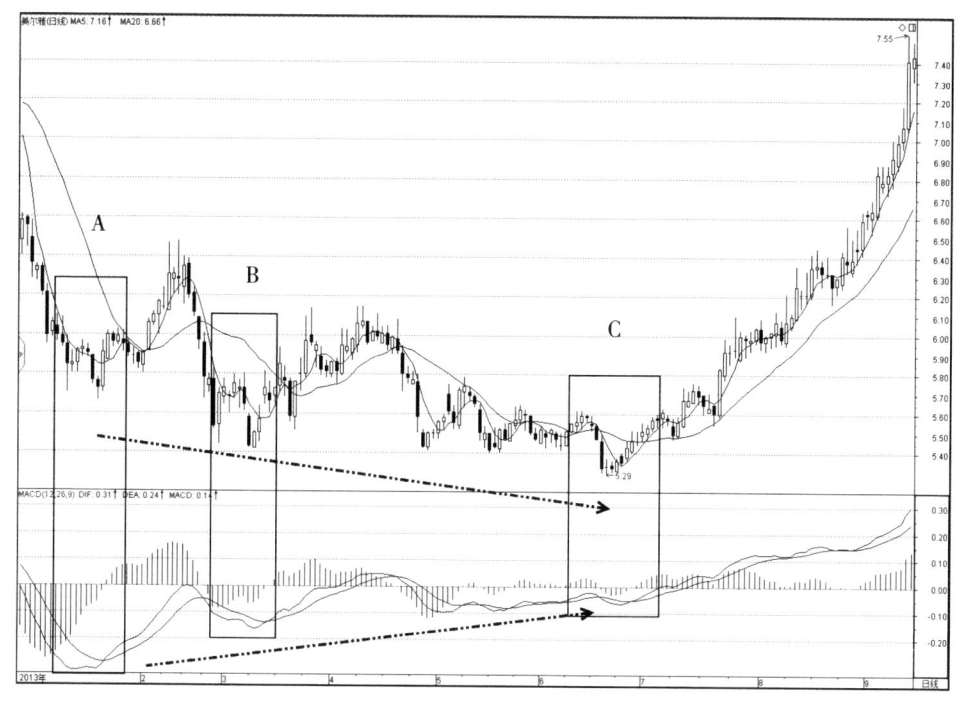

图 3-37

统到了需要修复的时候。均线或均线系统的修复，大多源于价格趋向或趋势性变化。过急的涨或跌，都会使原有速率发生突变，从而产生乖离或者背离等反常现象，而这些反常的技术现象出现后，均线就需要一个修复到正常状态的过程。

均线修复，大多是不同时间周期（级别）的均线趋向修复，而不同级别的趋向修复，其实也是不断确认支撑或压制的过程。当这个过程确认失败，则进入趋势修复，也可能是趋势扭转的范围内。

1. 趋向性修复与空间评估

如图 3-38 所示，A 处股价快速上涨，5 日均线呈突变形态，在接下来股价回落时，5 日均线就需要有一个修复的过程。通常来说，5 日短期均线的修复时长相对较短，而其修复的空间则有几种选择：或是在短期均线上得到支撑完成修复，或是在中期均线上得到支撑完成修复。

实战中如何区分短期均线修复的空间？以上行态势的均线为例，观测所

均线技术分析与实战

图 3-38

设置的离 5 日均线最近的中短期均线，是否能够起到支撑作用，并且两条均线之间能否由此拉开上行的厚度空间。这个设定是有前提的，首先交易者必须明确自身的交易特点，比如是短线交易还是波段交易、长线交易；其次，根据交易特点来设定观测目标，比如短线交易者以 10 日均线为修复目标位，那么修复空间就在 10 日均线附近；波段交易者以 20 日或 30 日均线为修复目标位，那么修复空间就在这些均线附近。

图 3-38 中 A 处之后，5 日均线进入修复状态，在 20 日均线上虽止住下行，但两条均线未能向上拉开空间，显示修复过程并未结束。直至 B 处，两条均线才拉开厚度空间并形成多头排列，均线修复宣告终结。

短期均线修复的时间与空间，主要还是看其遇到支撑或压制时的表现。

如图 3-39 所示，A 处连续下行的 5 日均线开始向上修复，这个修复过程至 B 处触及下行态势中的 20 日均线，随后两条均线向下拉开空间，宣告修复结束。如果 B 处 20 日均线开始转向上行，就意味着均线修复的时间和空间都会得到相应的延长，修复的级别在上升。在跌势中，价格的反弹并不必然会使均线进入修复期，如图中 C 处，股价反弹而 5 日均线仍旧维持下行。

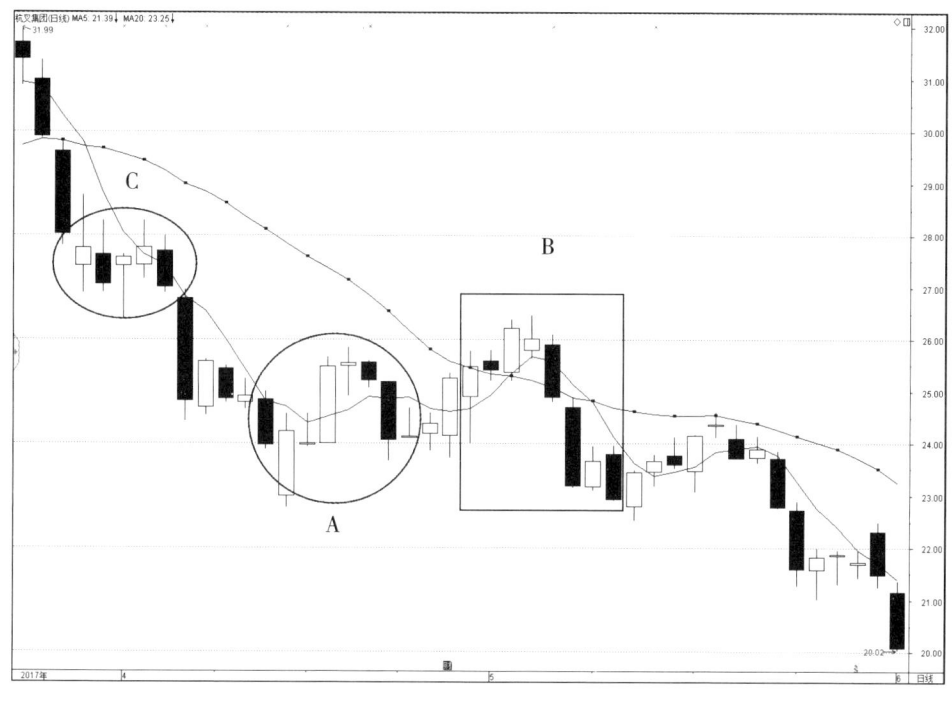

图 3-39

实战中，某些个股的修复过程较为复杂难辨，如图 3-39 中 B 处，可能有些个股的股价并不像图中那样直接下跌，两条均线也并不拉开向下空间，而是股价依附在下行的 20 日均线上小幅盘落，5 日均线盘绕其间。这样的形态持续一段时间后，股价突然暴起，牵引 20 日均线逐渐转向，随之引发次级或以上级别行情；或者股价再度向下，两条均线拉开向下空间，行情继续回归跌势，则修复过程结束。

2. 趋势性修复与空间评估

短期均线进入修复、中期均线加入修复，随后长期均线也加入修复过程，这就是趋势性修复。趋势性修复运行到最后阶段，也就是前面讲过的聚拢和黏合状态，到了这一阶段，趋势性修复的空间大多接近终点。

如图 3-40 所示，短期、中期均线会在跌势中多次出现修复过程，主要用于修复过大过急下跌所带来的乖离等。反映到价格走势上，则是短期或次级反弹的发生，如图中 A 处、B 处。

长期均线如 250 日均线在跌势中，对于短中期均线的修复主要起到压制作用。当长期均线的压制不再生效，或其逐渐加入最后的修复过程中时，从形态上看，也就是聚拢或黏合的出现，则趋势性修复来到了最后阶段，如图中 C 处。

趋势性修复，仅就跌势的形式来说，从顶部开始向下发散的各周期均线，短中期均线不断尝试修复下跌，以回归升势，但多会在长期均线附近受压，从而结束修复回归跌势。长期均线经过长时间持续下行，本身的压制力也会逐步降低，并不断积蓄修复过度下跌的动力。趋势性修复以长期均线与其他周期均线最终形成多头排列、向上发散为标志，意味着修复过程转化为趋势上的扭转。

图 3-40

交易者通过分析不同时间周期均线之间的修复过程，可以提前预判行情将于何处止跌或止涨，也就是下跌或上涨的空间评估过程。实盘中，这种预判的成功率比较高，但是预判成功并不等于交易就会成功。因为均线修复尤其是趋势性均线修复具有复杂性，比如根据均线修复理论，交易者预判股价将会于 10 元止跌，实盘中股价确实在 10 元止住跌势，于是交易者买入待涨，但是股价虽然止跌，反弹却非常孱弱，根本不具有获利空间，最终交易者还是亏损卖出。

通过这个例子可以明白一点：股价止跌并不等于都会大幅起涨，根据均线修复理论，我们可以预估股价止跌位，为交易提前做好准备。接下来继续分析均线系统的变化，辨析股价是将要发生趋势性转折，还是将要继续加大修复级别，做好多空两手准备，而不是孤注一掷只想着买入。

第五节　攻守技术的核心

一、厚度不封强势在

短线交易以强势股为主要选择对象，而强势股并不意味着不会下跌，学会辨别其中哪些下跌是机会，哪些下跌是风险，是短线交易的基础和根本。

不少短线交易者喜欢追涨强势股，却往往会追在短线高点上，一旦强势股回调，便仓皇止损，而止损后却又发现该股已峰回路转、扶摇直上。其实强势股也存在低吸的机会，但这个机会出现时，多数人却不敢买。强势股的回调，多采用日间强势振荡或空间换时间的方式，这种方式必然如惊涛骇浪，让人避之唯恐不及，但难得的低吸机会偏偏隐藏在其中。

操作强势股，可关注 5 日均线、10 日均线之间的厚度变化。通常来说，能称得上强势股的，必然以大角度保持上涨，脱线是常见形态。如图 3-41 中 A 处之前，这种状态下，一旦连续性涨停板打开，当天不能再封住，也就是强势个股展开回调的时候到了。

图中 A 处，第一根阴线是当天的跌停板，这就是强势股以空间换时间的回调方式，当然这只是方式之一，并不是所有的强势股都会采用这种方式。被资金狂买的个别强势股，也会采用回调略探 5 日均线便再度起涨的方式，但连续采用这种方式调整的个股，一旦资金失去追涨的欲望，就会直接进入大级别下跌，常说的"断崖式下跌"往往就发生在这种个股上。

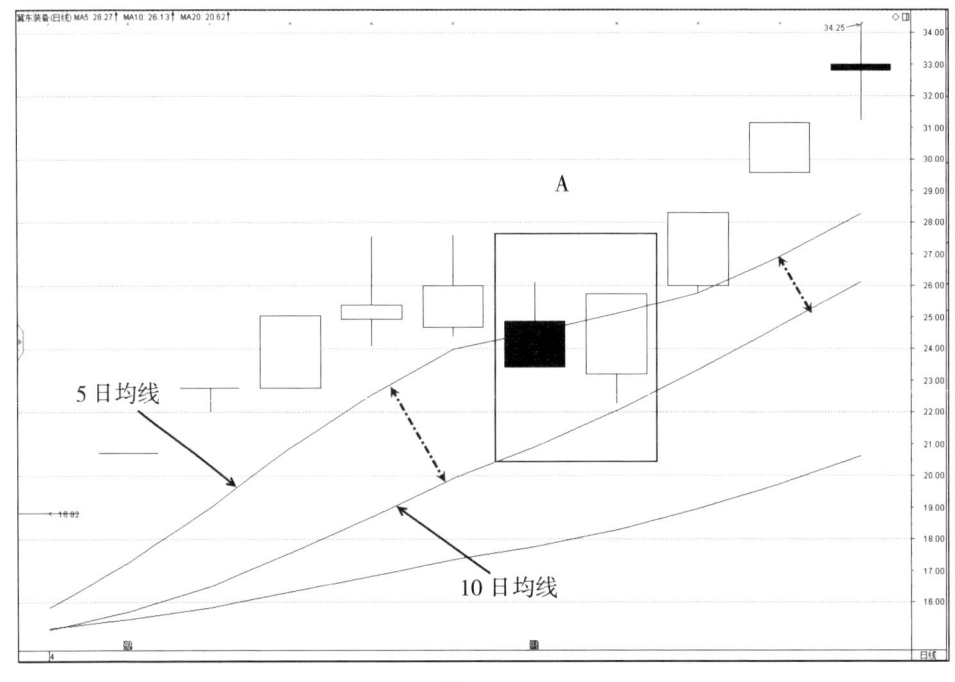

图 3-41

图 3-41 中 A 处，第二根是低开高走的阳线，其低点接近 10 日均线，而高点已收复 5 日均线。我们说过，厚度空间由均线构成，而不是股价。A 处 5 日均线和 10 日均线仍具有相对较大的厚度空间，更为重要的是，代表价格强度的 5 日均线仍旧维持上行态势。

这就说明 A 处第一根阴线的跌停板并未消耗掉股价上升的强度，探底回升的阳线就是较为适宜的低吸点。类似于案例中的强势股操作上，即使股价跌破 10 日均线，只要 5 日均线未转向，厚度空间并未封闭，就说明短线涨升强度并未完全消失，仍可寻机介入。实战中，如果5日均线交叉10日均线、封闭厚度空间，则说明该股调整的空间和时间都会出现相应的延长，甚至是扭转。

二、最忌逆势孤军深入

上涨趋势中，有时会突然遭遇大幅度的暴跌行情，价格短期内连续突破中长期均线系统，如60日均线、120日均线、250日均线等；下跌趋势中也有类似的情况，比如突如其来的暴涨，连续突破中长期均线。

逆势出现的暴涨、暴跌行情必然不可持久，即使这种暴涨、暴跌行情最终改变了运行趋势，也存在着一个较长的修复过程。但在其急速运行阶段，普通交易者如果没有在最初阶段介入，后面很难捕捉到适宜的介入点。

如图3-42所示，A处股价以60度角急速上涨，一度穿越下行态势中的60日、120日、250日均线，但是这种孤军深入式的逆势急升很难持久，股价很快便回归下跌。在A处涨势中追高的人，很难从中赚取稳定的收益。

图3-42

当中长期均线呈空头排列向下运行时，股价短期暴涨，如同过度冒进、孤军深入的部队，短期的强势难掩之后大概率的颓然败退。对于股价短时间内突起的逆向行情，如果技术环境上并不具备趋势改变的基本条件，那么多数都会在急速运行阶段结束后略作盘整，或直接回归原有趋势。

如图 3-43 所示，A 处股价突然大幅下跌，连续跌破中长期均线，但不久股价便迅速回升并创出新高。追随股价短期波动，会使交易者的心态越来越脆弱，难以承受股价来回的折返，更难以看清本来并不复杂的趋势。

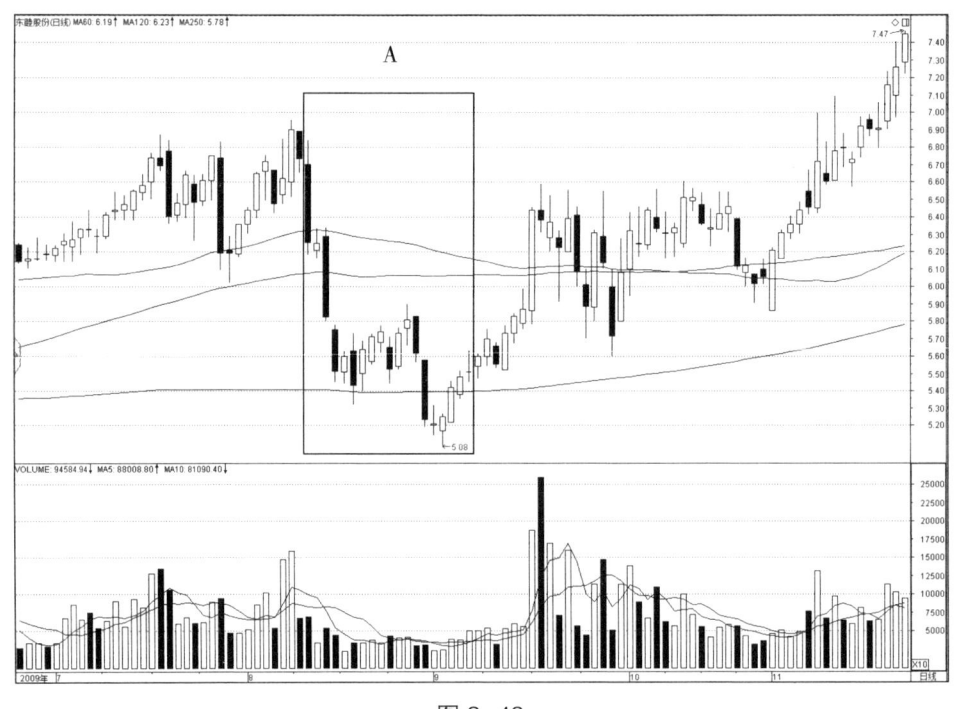

图 3-43

三、起飞跑道

上涨趋势的初期阶段，或者是涨势中级别较大的调整之后，部分个股股价恢复上涨的过程是以较小的倾角来运行，通常较少有大阳、大阴线，而是以中小 K 线居多。总体来说，这种走势的个股一段时间内的升幅很有限，所以不少持仓者耐不住股价磨磨蹭蹭的上涨，而选择卖出换股。

其实仔细分析这类个股的走势，会发现具有以下几个技术特点。

（1）短中期均线多头排列、稳定向上运行。

（2）量能逐步增加，接近滑行、起飞阶段时形成聚量攻击。

（3）股价极少会回落至中期均线之下，即使偶有发生，也会以下影线等方式快速回收。

具备这几个特点的个股形态，一般将其比喻成正在修建起飞跑道的潜力股。

如图3-44所示，该股于升势中出现调整后，A处短中期均线逐渐完成修复，进入多头排列中。之后股价多数时间在短期均线上运行，虽然K线实体以小阴小阳为主，偶有回落发生，但都很快回升，显示出下方均线系统具有强大的支撑。随着均线间的厚度慢慢拉开，跑道支撑强度也逐渐变大，股价起飞也就为时不远了。

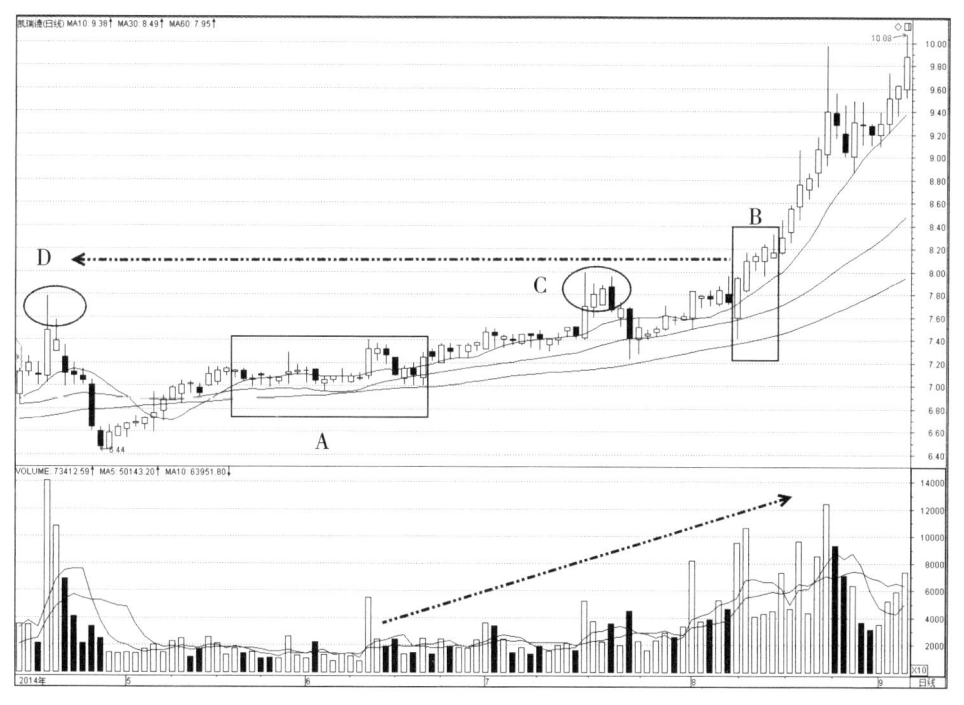

图 3-44

"修建起飞跑道"的个股，进入滑行、起飞阶段的标志，通常都是对于最近密集成交区的突破。如图 3-44 中 B 处，突破 C 处以及 D 处的密集成交区。其实案例中的 C 处，股价曾尝试突破 D 处的密集成交区，但这里的量能情况显示，主力资金并未倾力而为。C 处的量能对比 D 处的量能明显不在一个等级上，所以 C 处极有可能只是主力资金试盘和洗盘的一个点。

进入滑行和起飞之前，吓走不稳定的持仓者，引出 D 处的部分套牢盘割肉。这样做既可以减轻之后上涨的压力，也可以尽可能减少获利盘，为股价快速上涨铺平道路。图中 B 处及之后，股价脱离均线进入滑行、起飞阶段。

四、升势休整

上涨趋势中，30 日均线回落触及或向下交叉 60 日均线，随后又向上交叉 60 日均线。之前回落过程中无量运行的股价开始加大换手率，K 线的低点逐步抬高，此后均线系统形成多头排列，即为升势休整形态，也就是均线修复的过程，后市大多会有一轮强劲的上攻行情。

如图 3-45 中 A 处所示，30 日均线向下交叉 60 日均线，在这个过程中虽然股价不断振荡，但低点不断抬升，B 处时 30 日均线上穿 60 日均线，同时股价明显受到下方均线支撑，逐步回到均线系统上方。

升势休整其实也是均线修复的过程。当股价与均线上涨趋势运行一段时间后，会累积一定数量的不稳定因素，如随着股价越升越高，获利盘也会迅速扩大和增加，其兑现的欲望越来越强烈。

出现一段时间的回落修复期，既可以清理获利盘的数量，也可以借机提升市场的平均持仓成本。这个清理过程的长短，一般以 30 日均线向下交叉 60 日均线，随后又向上交叉 60 日均线为主要观测基准，之后当股价再度回归升势时，则意味着清理过程的结束。升势休整的出现，可以让日益躁动的市场心理平复下来，毕竟过早地让价格进入疯狂状态，对于主力来说并不一定是好事。

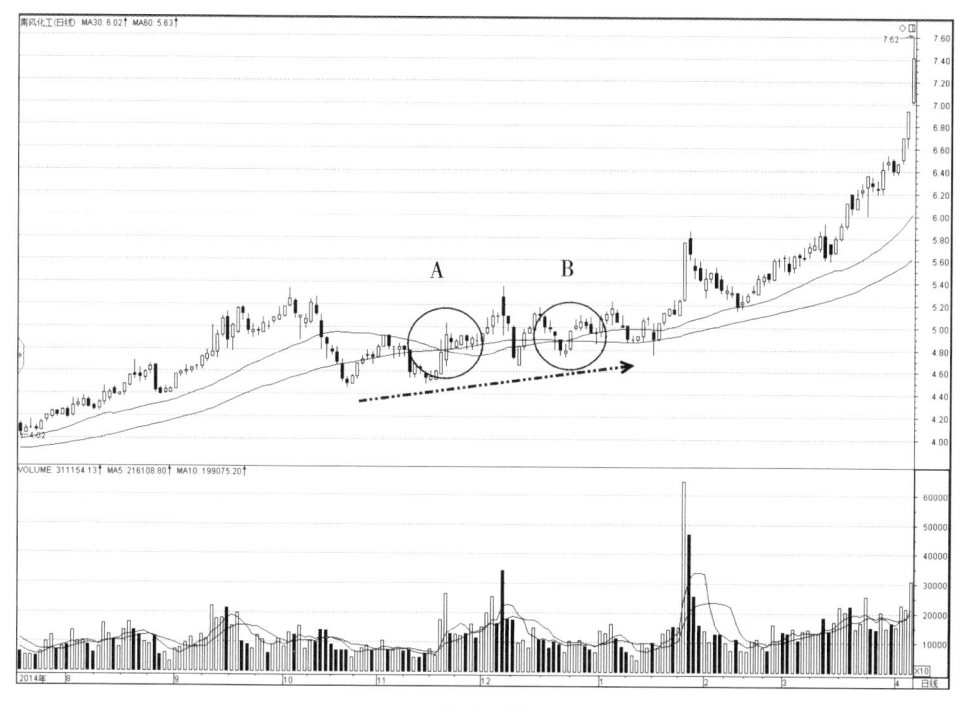

图 3-45

五、兜底坑

所谓兜底坑，是指股价经过大幅下跌后，有中长期均线加入的聚拢或黏合形态下，价格突然性向下快速跌落，但随后便开始回升，突破中长期均线，扭转趋势并启动第一波上涨。整个过程就像是在路面上挖出一个坑，这个坑会对后面跟来的人造成影响，但对价格前行的道路来说，崎岖不平就是一种正常状态。

兜底坑是趋势扭转阶段比较常见的现象。在聚拢或黏合形态渐渐得到市场认可的时候，突如其来的急速下跌并打破所有均线支撑，这种情况无疑会引发很大的恐慌。在上涨趋势并不明了，下跌趋势僵而不死的情况下，兜底坑会让多数持仓者失去信心、抛售筹码。在兜底坑右侧"填坑"的价格回升过程中，已经卖出的人很少会再买回来，而主力资金想要的就是这个效果。

如图 3-46 中 A 处所示，股价从黏合状态中突然下跌，打破了所有的均线支撑，似乎正要开启新的大跌。但出乎意料的是，股价很快止跌，在低位盘整后回升并成功突破 250 日均线压制。股价在 250 日均线上测试压制转化支撑后，随即开启新一轮升势。

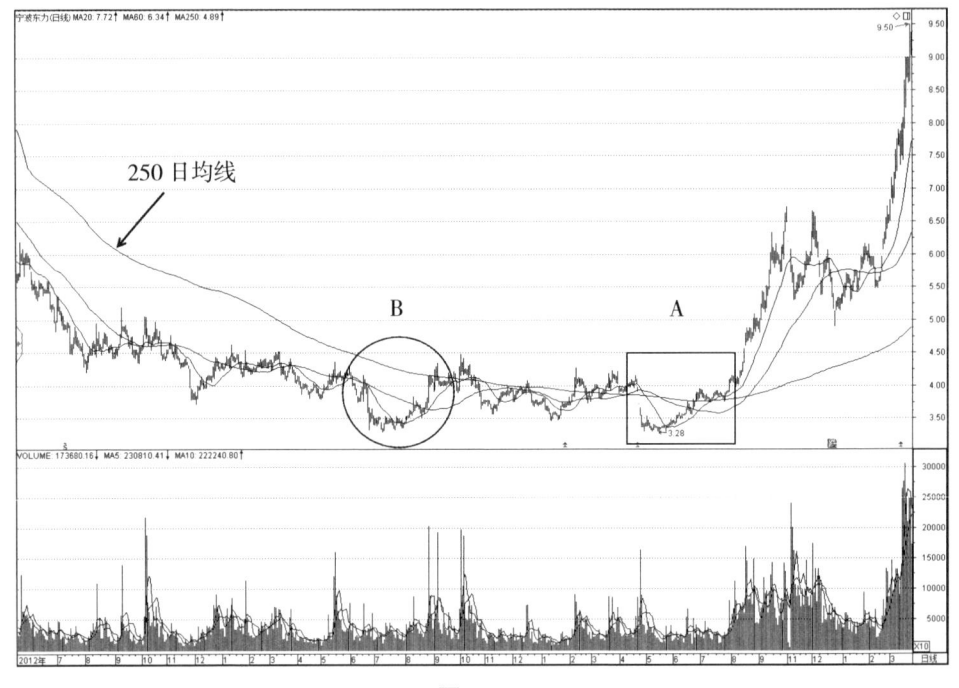

图 3-46

图 3-46 中 B 处的"坑"和 A 处的"兜底坑"很相像，但 B 处并不符合兜底坑的标准。B 处的"坑"缺少长期均线加入聚拢或黏合形态中的先期条件，前期只有短中期均线的一个常规盘整，更像是跌势末期为吸纳"带血"筹码而挖的坑。

从技术上来说，B 处"挖坑"的起涨和盘绕 250 日长期均线，对于这条长期均线最终的扭转向上，起到了一定的牵引作用。这也是很多个股在构筑底部过程中，为使长期均线尽快进入修复并完成扭转常出现的情况。

实战中，兜底坑形成过程中的"挖坑"阶段，并不都像图 3-46 中那样幅度相对较小，也有部分个股在"挖坑"阶段表现得穷凶极恶，以致会让持仓者开始怀疑人生。如图 3-47 中 A 处所示，股价以 60 度的角度下跌，下跌过程既快且急，股价从 16 元多一直跌至 10 元上方。幅度之大、过程之凶悍，可以看出该股主力无疑是个"狠"角色。

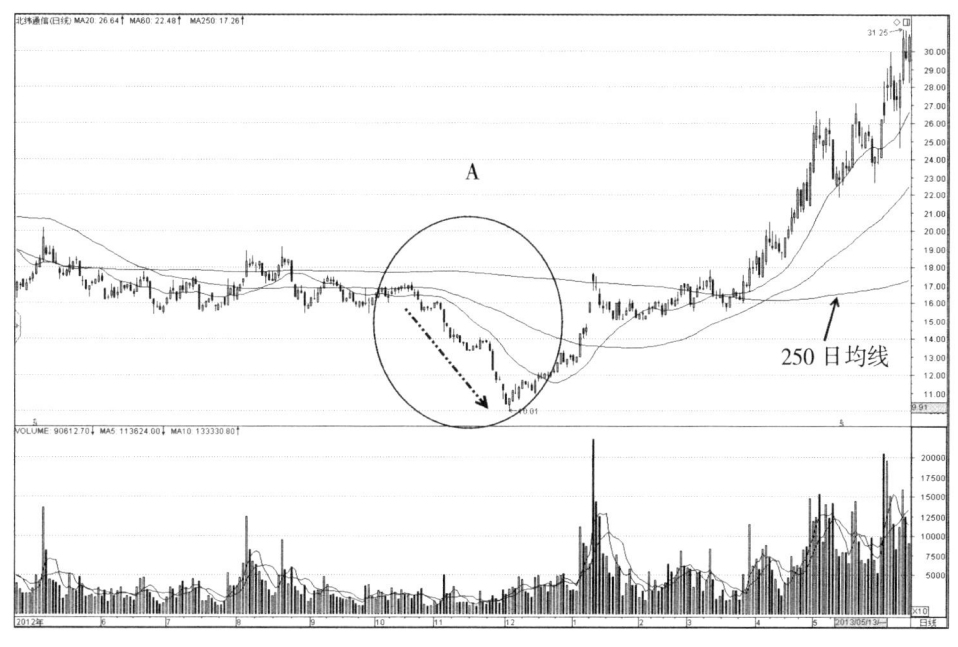

图 3-47

当然，兜底坑"挖坑"的深与浅，也与个股之前跌势中的整体下跌幅度有关。

经过长期大幅下跌的个股，即使想深"挖坑"恐怕也很难做到，因为没有那么多的套牢筹码还愿意在此时割肉，多数被套牢的人早已看破红尘、不看盘了。跌势中相对跌幅不大或刚经过一波次级反弹的个股，如果出现兜底坑，多数"挖坑"的深度很可观。有时候兜底坑挖的深，也并不是全无好处，主力之所以"狠"，是因为意图长远，想把底部锤炼得更结实，为之后的"远大钱景"打好基础。

六、长逆短顺

长逆短顺是下跌趋势中的逆水行舟形态，这种形态并不一定都能达到次级反弹的级别，也包括价格的短期反弹。在研判长逆短顺形态时，可以参考涟漪效应的内容。

长期均线保持下行的态势，对于股价的反弹具有强大的压制，多数反弹都会终止于压制之下。即使某些个股后市发生趋势扭转，第一次反弹到下行的长期均线附近时，也会出现回落。如图3-48所示，股价在连续下跌后企稳反弹，在A处上攻至下行态势的120日长期均线时遇阻回落。如果是短期反弹，这个回落基本就宣告了反弹的结束。图中个股在回落至20日均线附近得到支撑，在量能的支持下再度上涨。

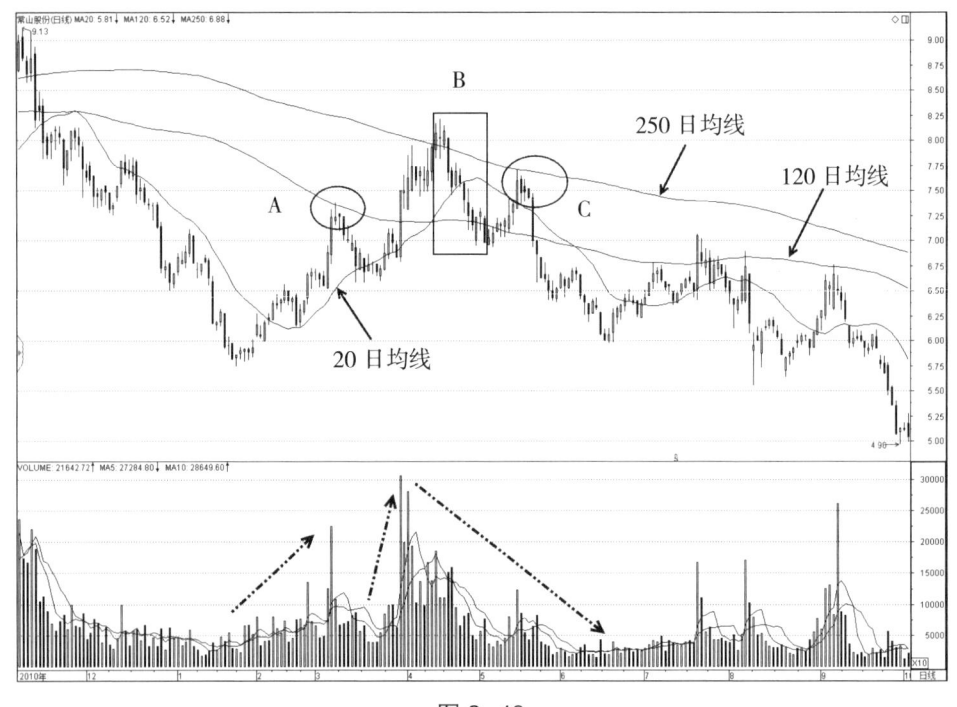

图3-48

B处，再度上涨的股价不能得到250日长期均线的支撑，反而在其压制下迅速回落。可以看到，B处股价回落时，20日均线的支撑非常微弱，股价停留3个交易日后继续下跌至120日均线。在这个过程中，量能已经呈现出消散的态势。

下行态势中的均线，能够提供的支撑微乎其微，甚至更多地表现为市场心理上存在的支撑。图中 B 处，股价在 120 日均线上的止跌反弹，对于交易者来说，不用等到 C 处出现，也能大略测算出它的终点在哪里。

实战中，一些个股虽然突破长期均线，却不能牵引其发生扭转，同时出现放量滞涨或量能呈消散态势时，则意味着涨升强度正在快速减弱，股价回归跌势就是大概率。长逆短顺形态下，对于个股涨幅以及上涨持续时间不要抱有太大的希望。

七、回线不回价

回线不回价，是指在上涨趋势中出现一波回落调整后，价格从 60 日均线上得到支撑启动上涨，价格的下一次重要调整低点可能就在 60 日均线附近。回线不回价是一种良性调整，能够为我们提供一次较理想的短线介入机会，但需要注意两点。

（1）再次回到 60 日均线时的价格，不能接近于启动时的价格，否则就说明价格整体处于盘整阶段，并不一定就是合适的介入点。这也是回线不回价的含义所在。

（2）价格再次回到 60 日均线后，不能长时间呈盘线状态，否则很有可能会牵引 60 日均线走平，甚至向下扭转，从而使后市运行方向变得复杂难辨。如图 3-49 中 A 处所示，股价结束调整从 60 日均线上启动上涨，其后只在级别较大的一波调整中回到 60 日均线上，之后结束回落再次转升，见图中 B 处。

八、蛟龙出海

蛟龙出海形态是指在经过长期大幅下跌之后，均线系统呈现聚拢或黏合状态，价格突然打破底部沉闷的局面，就像一条冲出海面的蛟龙，如图 3-50 中 A 处所示。蛟龙出海形态是上涨趋势或趋向启动的最初阶段，意味着价格将脱离底部构筑阶段。但这种形态出现后，并不是所有个股都会立即进入图 3-50 中这种趋势明确的大涨中。

均线技术分析与实战

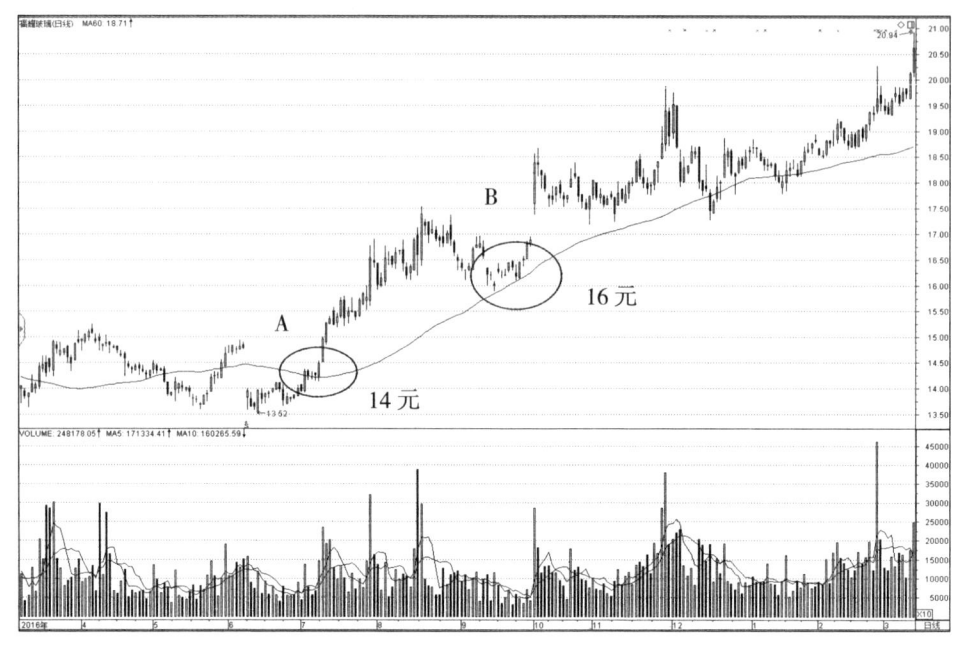

图 3-49

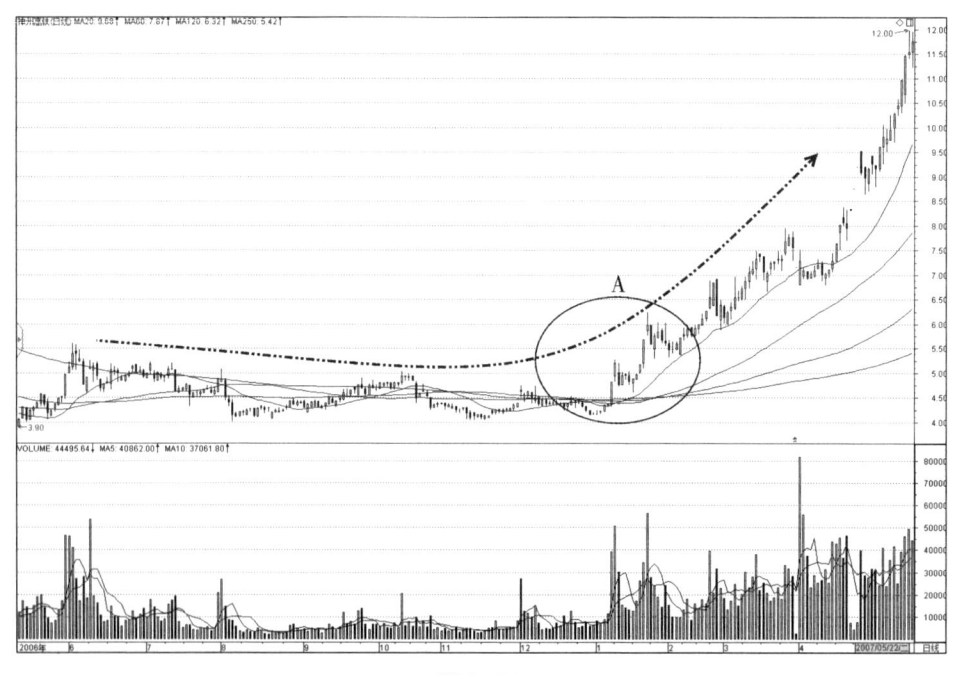

图 3-50

实战中，某些个股还会向下运行，形成一个"龙取水"的形态，其技术含义在于确认趋势扭转后能否得到支撑。如图3-51所示，A处形成蛟龙出海，随后股价快速回落，跌破20日均线后在B处出现回升。如果是级别较低的回落，那么这里的见底回升就不会再度跌破20日均线。

但图3-51中C处显示，股价不但跌破20日均线，甚至破掉了60日均线，说明本次回落应是一个次级调整。其实从B处股价回升但20日均线下行，也可以判断出此次回落的强度较高。之后股价继续回落，虽然一度破掉120日均线，但是最终未触及250日均线，还是在120日均线上得到支撑，止跌企稳并开始回升，见图中D处。

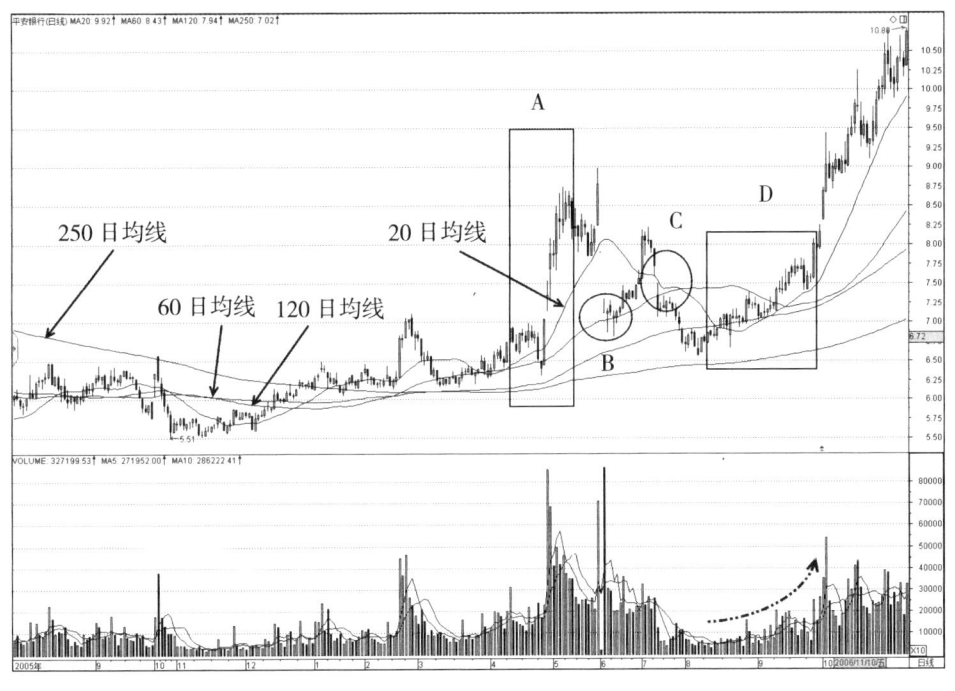

图 3-51

从B处到D处，即为"龙取水"的过程，其实也是趋势扭转、启动升势之前的确认过程。"龙取水"是否完成，主要是看价格回升中量能上的表现，如图中D处下方的成交量柱状图显示，量能已从前期回落时的消散态势，转为逐渐增加的聚量形态。

案例中的个股在蛟龙出海形态出现后的回落调整过程虽然凶悍，但仍不是最为穷凶极恶的那一种。还有些个股会跌破所有长期均线形成兜底坑后，再转头向上开始升势。

蛟龙出海形态应当具备一定的技术条件，才可予以进一步认定。通常来说，蛟龙出海形态的技术环境，应是下跌趋势末期、均线系统呈聚拢或黏合状态之时。技术环境不匹配，即使出现类似的形态，也不可轻易参与交易。

如图 3-52 所示，该股经过大幅下跌之后，也形成一个类似均线聚拢黏合的形态，而且长期均线也加入其中。A 处股价的突然上攻，必然会让部分人认为是蛟龙出海形态正在形成，如果匆忙追高，那么从图中可见，股价虚晃一枪却向下跌落。

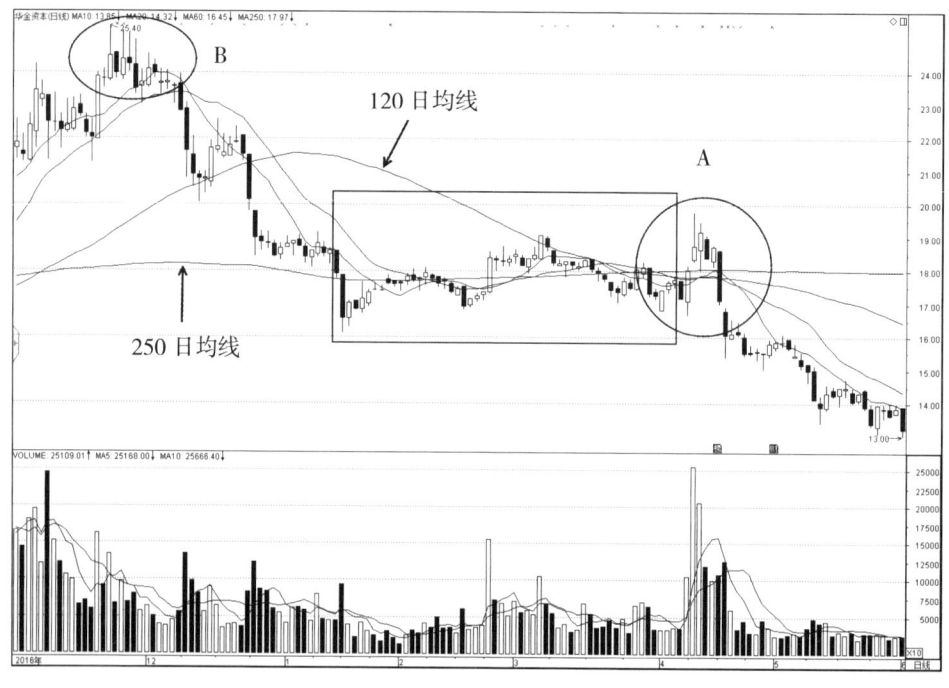

图 3-52

案例中的个股有哪些技术上的缺陷，可以让我们提前判别出即使股价上涨，也不可能是蛟龙出海呢？

其一，从技术环境分析上，该股趋势上处于下跌趋势的大幅振荡阶段，

图 3-52 中 B 处为一波次级反弹的高点。图中类似均线聚拢黏合形态,更合理的解释应当是:在回归下跌趋势途中,短期均线的修复过程。

其二,图中类似均线聚拢黏合形态中,120 日长期均线从上而下加入,而 250 日均线一直保持横向。从均线时间周期上来说,时间较长的均线其修复过程应晚于短期均线,而图中所表现的情况正相反。这就说明形态上该股仍处于紊乱期,多个周期的均线离进入修复过程的聚拢黏合状态还有很长的距离和时间。

仅以上述两点,至少可以得出以下结论:趋势上,均线系统不具备聚拢黏合的条件,图中类似形态仅是短期均线修复、股价休整的横向盘整阶段。长期均线的加入,也仅是均线系统紊乱的表现,并不会具有真正的支撑作用。图中 A 处股价只是以一次佯攻来吸引跟风资金的骗线行为,其突放的变量和滞涨的股价也提供了证明。

九、断头铡刀

断头铡刀是一种比喻性称谓,是指一根中大阴线将数条均线同时跌破,是一种空头提示信号较强的形态。如图 3-53 中 A 处所示,一根大阴线一举跌破 60 日、30 日、10 日均线,形成断头铡刀形态,发出强烈的做空提示信号。

案例中个股的技术环境处于下跌趋势运行过程中,所以三条均线呈空头排列。跌势途中反弹结束时以及趋势扭转向下时,出现断头铡刀形态,都是高度危险的形态,继续跌势绝对是大概率。当在升势初期或中期阶段出现断头铡刀形态时,可能是短期或次级调整的信号,短线交易者需要根据盘面具体变化来注意控制操作节奏。

判断断头铡刀形态时,在均线系统的配置上,应以采用短中期均线混合的方式。案例中选用的是 10 日、30 日、60 日均线,均线周期偏重稳定性,能够相对准确地提示形态的真实性。

如果均线系统的配置上都选用短期均线,则容易被价格的短期波动所误导。图 3-54 中的均线系统由三条短期均线构成,A 处一根大阴线跌破三条短期均线,形成断头铡刀形态,但股价并未继续跌势,而是低点略加盘整后

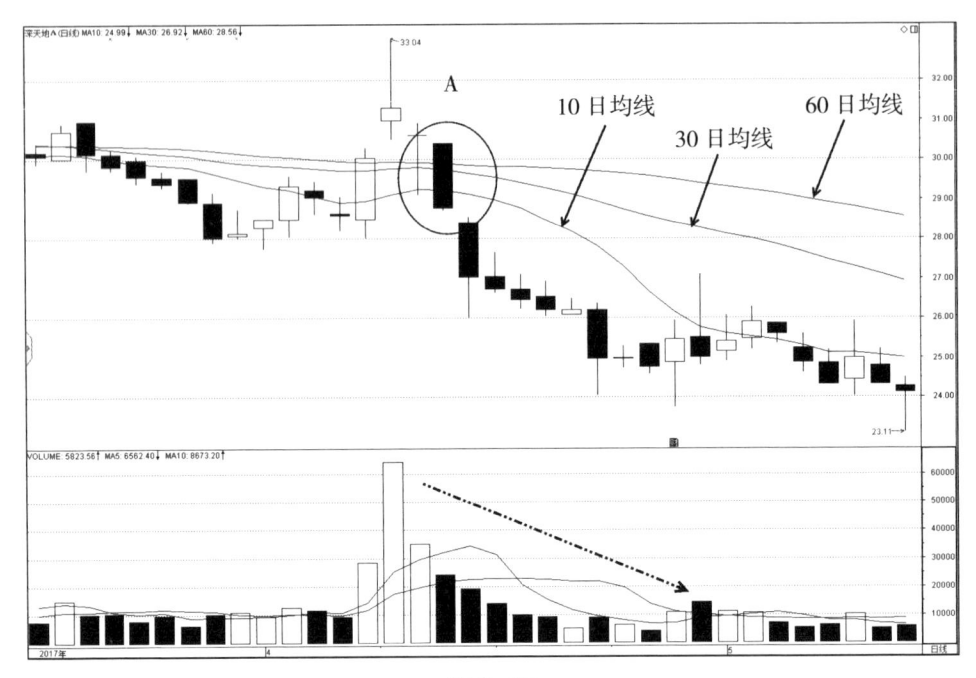

图 3-53

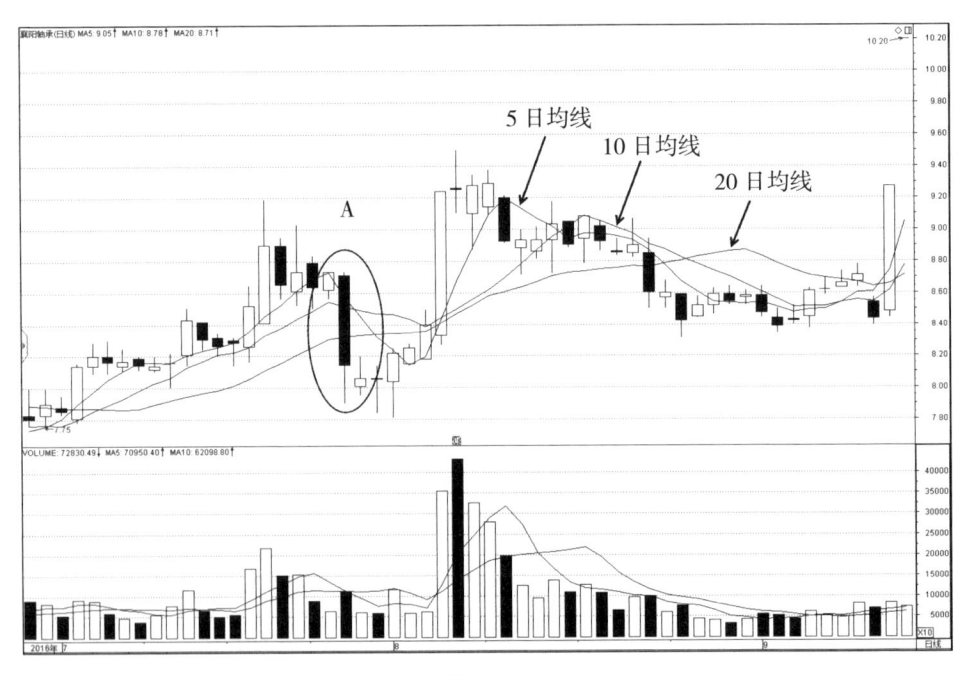

图 3-54

再次上涨。

之所以出现这种情况，一方面是因为案例中的断头铡刀形态是由大阴线跌破三条短期均线所形成，短期均线受限于时间周期，对价格反应灵敏，但缺乏稳定性上的优势；另一方面，该股运行于上涨趋势中，断头铡刀形态的空头提示强度要远低于跌势中。

十、回家与吻别

当股价过快、过多地远离均线之后，如果是上涨阶段，获利丰厚的人就会抛出，随即导致股价回归平均成本区。如果是下跌阶段，过于凶悍的跌势也必然会吸引抄底资金，所以股价会发生反弹或反转，这是引力交易的技术原理。

"回家"形态就是建立在引力交易基础上，以20日均线为目标，股价的基本折返时长法则：在下跌过程中，股价从跌破20日均线，到反弹回到20日均线的极限时长为50个交易日左右，平均时长是30个交易日左右，跌速较快的个股在20个交易日左右。

如图3-55所示，股价跌破20日均线后，再次反弹回到20日均线共用了25个交易日。如果以股价最低点计算下跌时长，则不足20个交易日。这是下跌速率相对较快的一种情况。在"回家"形态中，多数个股会在下跌初期出现反抽20日均线的动作，这个动作就是"吻别"形态。

无论是"回家"形态还是"吻别"形态，都是一种比喻性的说法。"回家"是指股价远离20日均线，终要以不同的反弹方式回到20日均线这个"家"；"吻别"是指股价告别20日均线这个"家"时，多数会反抽20日均线，以示告别。

"吻别"形态的出现，其实就是破位后的反抽确认，为交易者发出"波段高点已经出现，应该及时离场"的最后警示信号。

"回家"形态能让交易者估算下跌持续的大致时间和幅度。持仓者尽量不要因过度悲观而卖在最低点，买入者可以相对从容地等待波段低点的出现。当然，其低点也未必都是理想的介入点，但可以为我们从整体上分析某一目标个股时提供一个重要的技术参考。

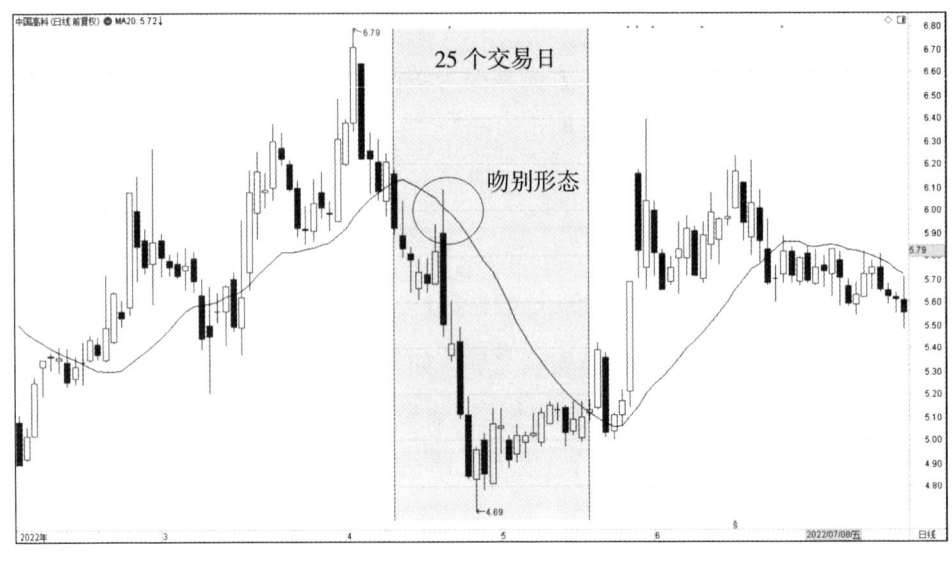

图 3-55

在应用"回家"形态估算下跌时长时,交易者不可刻舟求剑,比如下跌超过 20 个交易日就急匆匆买入待涨,这样的话,一旦出现误判,就有可能被深度套牢。"回家"形态的时长法则,列举了三种不同的时长,主要研判依据是个股不同的下跌速率、下跌方式,由此会让股价反弹出现的时间也各有不同。

如图 3-56 所示,该股在下跌过程中折返较多,虽有大阴线下跌,但也有大阳线反弹,如此折返之后,股价真正反弹到 20 日均线的时长就达到了 39 个交易日。对比图 3-55 中个股的下跌速率,则有明显区别。

还有些个股大部分时间处于阴跌过程中,下跌速率较缓慢,下跌时长就会相对延长。如图 3-57 所示,该股跌破 20 日均线,出现"吻别"形态后,在下跌过程中只出现一根大阴线,之后便以反复折返的盘跌方式运行。A 处最后触及 20 日均线用了 44 个交易日,仍未能站上这条均线。

图 3-57 中,A 处的"回家"形态比较牵强,因为股价始终未能突破均线。实战中遇到这种情况,从股价强弱分析上也可以看出反弹之势极弱,切不可因为时长达到 44 个交易日,就认为该股股价跌无可跌,而贸然进场博反弹。一切要以盘口的实际表现出发,不可主观认定,从愿望的角度决定交易。

第三章 均线与K线实战攻守技术

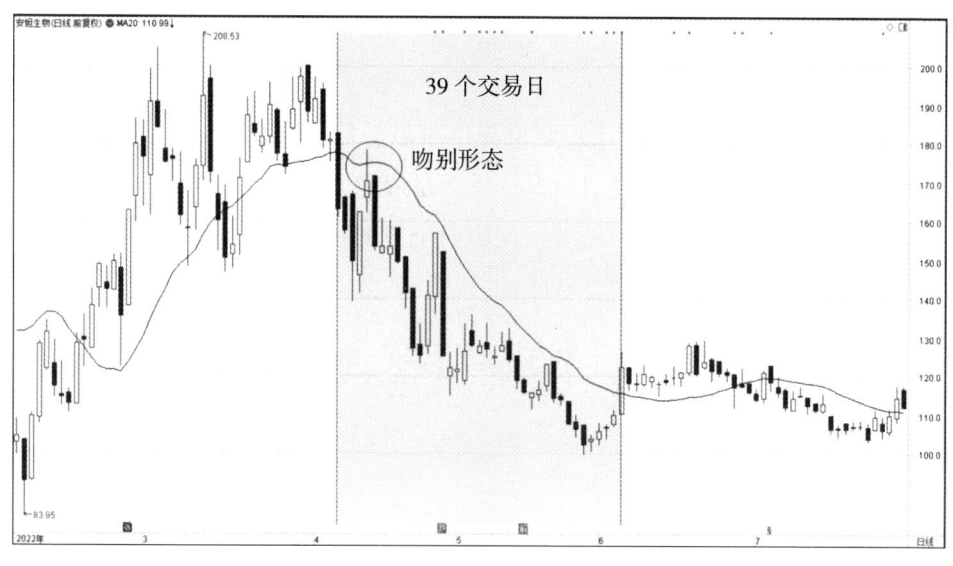

图 3-56

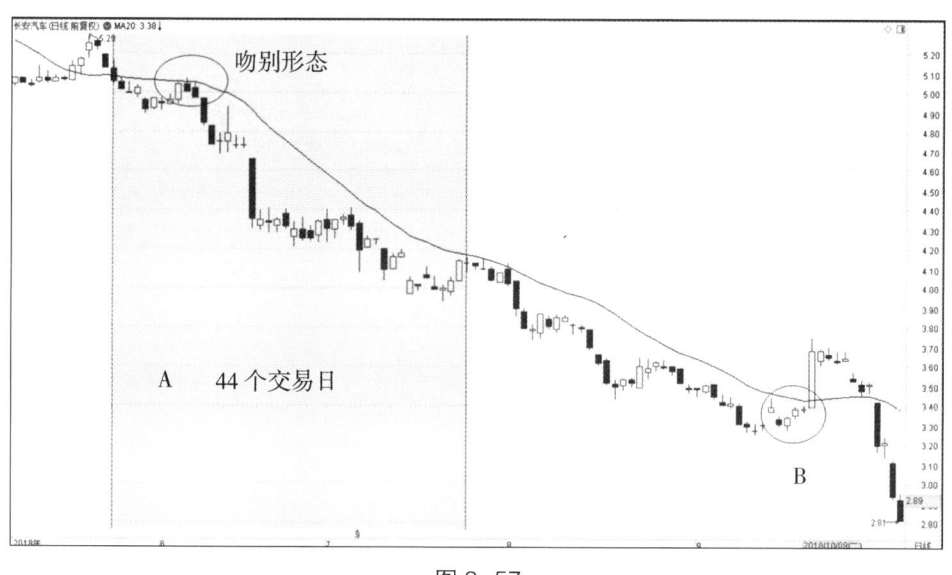

图 3-57

图 3-57 中，该股价在 A 处之后继续下跌，仍以阴跌的方式缓慢下行。直至 B 处，股价反弹突破 20 日均线，这个过程的时长如果加上 A 处的时长，共计 80 多个交易日才算完成"回家"形态。当然，这个案例有一定的特殊性，A 处结束处也触及了 20 日均线，并未超过时长法则。但在实盘中，如果出

现类似案例中 A 处股价孱弱反弹触及 20 日均线的情况，仍然需要警惕跌势还未结束，下跌还将继续。

由图 3-57 中可见，B 处短暂反弹结束后，股价进入快速下跌过程中，这种打破之前下跌速率的盘口情况，反而是股价真正接近底部的技术信号。下跌时长分析是动态分析，需要根据不同个股的技术环境来分别估算，并根据盘口的实际情况及时调整交易计划，以保证交易策略不出现重大误判。

第四章
上涨行情中的均线应用

第一节　均线启动上涨的角度和强度

启动与攻击是均线分析中的两个技术点。

启动泛指均线运行指向，交叉、发散等都属于启动的基本形式之一；攻击则是均线运行方向中的强度和持续性，包括向上的涨升和向下的跌落。

实战中，有人认为只有明确的上涨或下跌过程才是启动与攻击的体现，这是一种偏颇的看法。实际上，只要行情在延续运行中，均线的启动与攻击始终存在，只不过在强度和持续性上的表现大相径庭。

均线启动与攻击的强度和持续性在实战中如何判别？

比如，均线交叉中的普通交叉也具有一定程度的启动与攻击特征，不然交叉也就不会发生。但普通交叉无论是形成之前还是交叉之后，均线强度都存在重要瑕疵，这也导致这种交叉的攻击多数都不具有持续性。

在前面的章节中，我们仅是就具体形态来分析其独有的特质，很多技术因素也仅仅适用于这个形态本身，是一种个性分析。而接下来所要讲述的，是大多数形态在启动与攻击中具有的共有特征，是一种共性分析。

一、均线向上攻击的强度与角度

均线启动与攻击的强度，在实战中最明显的显示方式，就是启动与发起攻击时的角度。不同的角度不但对于之后运行过程有较大的影响，也对我们分析具体个股启动前所处的阶段有较强的提示作用。

比如，一个采取陡直角度的上涨，可能意味着涨势并不能持久；而一个采取过于平缓角度的上涨，可能意味着涨势随时会出现反复。均线在启动与攻击中的角度，绝大多数都不是市场资金率性而为的结果，而是主力资金有预谋、有计划的行为。通过分析均线在启动与攻击中的角度，再有效结合技术环境分析，我们就既可以预估发起攻击的资金性质，还可以对后期上涨的持续性有一个客观的分析与评价。

均线向上启动与攻击的角度，通常可以分为三种。

（1）30度角，是指以30度为中心的波动区域，这种平缓角度的启动与攻击，也称为缓速上攻。

（2）45度角，是指以45度为中心的波动区域，这种不急不缓、相对适中角度的启动与攻击，也称为匀速上攻。

（3）60度角，是指以60度为中心的波动区域，这种较大角度的启动与攻击，也称为急速上攻。如图4-1所示。

在理解和应用技术分析时必须要有严谨的态度，但是不能有呆板的思维。这里提到的角度，并不需要精确到丝毫不差，只要大致运行在这个区域即可。

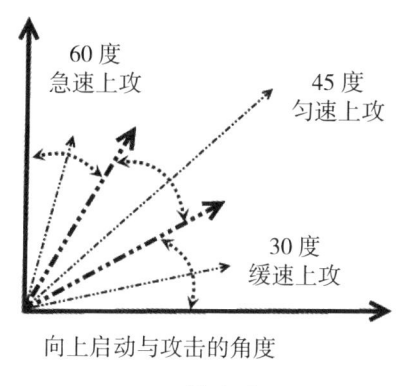

图 4-1

二、30度角缓攻

30度角的启动与攻击模式，由于角度运行平缓、强度不足，往往会使运行趋向或趋势具有不确定性，容易让交易者在判断上产生较大的迷惑。尤其是在启动阶段时，30度的启动角度在实战中失败的案例较多，很多个股会出现二次启动的情况。

上攻阶段，30度攻击角度在行情的各个阶段都有可能出现，尤其在底部构筑阶段较为常见，它的出现往往会使行情运行趋向变得扑朔迷离，较难预判。

通常来说,采取30度启动与攻击,多是市场资金(非主力资金)的行为或者是主力资金潜伏的一种行情运行模式。30度的启动与攻击,显示多空双方处于胶着状态,多方并不具备明显的优势地位,获利盘沉浮不定而亏损盘仍旧沉重,行情随时可能倒向空方。

30度的启动与攻击角度不会长久延续,会在波动逐渐加大、加快中改变原有运行角度,我们把这种改变称为波动变轨。

当价格和均线从30度的启动与攻击角度,变轨为向上的45度角或60度角,意味着主力资金放弃掩饰,露出真实的面目。当价格和均线从30度的启动与攻击角度变轨为向下,则是市场资金对于后市不再抱有希望,于是选择反向操作的结果。当然,这两种情况也都存在主力资金故意诱多或诱空的行为。

实战中,均线和价格也不可能始终以同一角度运行,必然会在各个阶段在多个角度间转化,这既是由博弈特性所决定,也是均线与价格调适和修复的需要。图4-2中,A处价格与均线以30度启动,虽然启动并未立即走出失败形态并维持了一段时间这种小角度上攻,但还是未能延续过久。B处出现了二次启动,并改变了上行角度。向上的启动与攻击到了B处,才算正式拉开大幕。

30度的启动与攻击,因其角度平缓和略显绵软的走势,会使市场资金心存疑虑,不敢确信行情趋势正在发生变化,甚至会误判行情随时发生折返。这可能也是主力资金希望在这一阶段达到的效果。在个股构筑底部阶段,如果30度的启动与攻击能够维持较长时间,倒是可以追踪关注。

三、45度角匀速上攻

交易大师江恩(William D.Gann)认为,45度角能够反映出价格随着时间上升或下降的速率,在这个角度上,价格、时间两个方面处于完美与平衡之中。在上升趋势中,只要价格维持在上升45度角,则趋势持续有效;而在下跌趋势中,只要价格维持在下降45度角,则趋势持续有效。

第四章 上涨行情中的均线应用

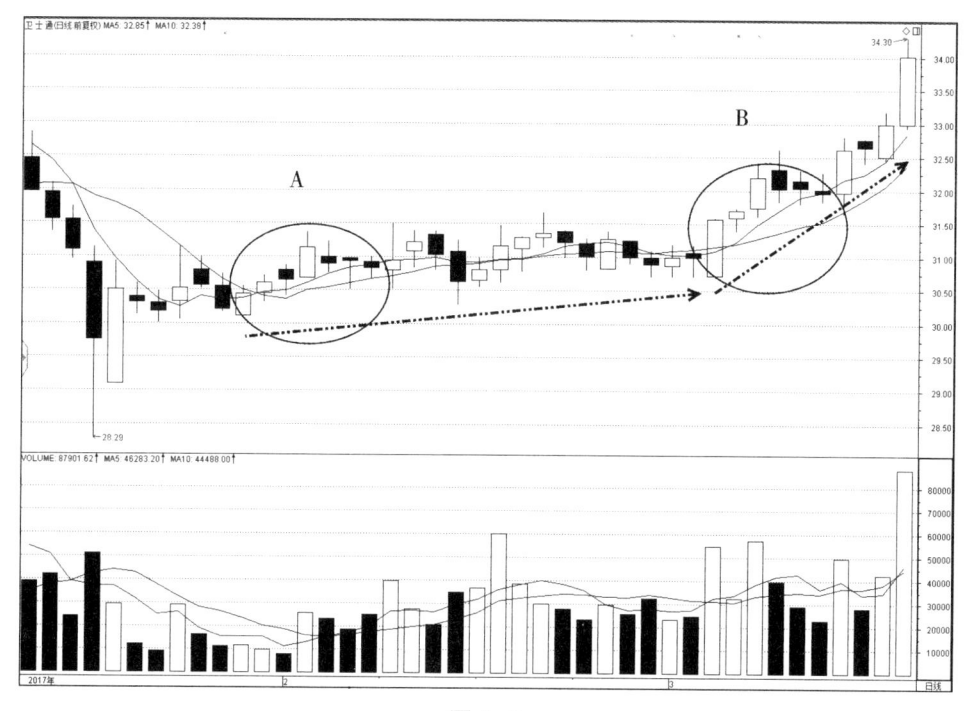

图 4-2

研究实战案例也可以发现，启动与攻击成功率比较高且强度较为理想的个股中，多数都是以 45 度的角度展开攻势。过大的启动与攻击角度，攻势强度虽高却很难持久；而过小的角度，攻势则显绵软无力，存在折返的可能性。均线在上行中保持 45 度是一种较为理想的向上启动和攻击形态。

45 度在角度上不急不缓，处于一种匀速上攻的状态。技术意义上，虽然显示多方具有主导性，但空方显然并未放弃而是不停反击。正因为有多空双方激烈博弈，使行情的运行处于一个获利盘与亏损盘不停转化，成本不断垫高的具有较强支撑力度的状态中，均线与股价的运行相对稳定、易判。

图 4-3 中 A 处，均线以 45 度角启动并展开攻势，途中经过一波次级调整后，均线以强度更高的超 45 度角继续上行。在整个升势中，股价涨势量增、跌势量减，显示多方对于升势主导处于良好的状态中。多方往往会以 45 度角上行来消耗空方能量，当 45 度的上攻状态保持一段时间后，空方被拖的有气无力时，多方则会开始波动变轨，彻底打垮空方的意志，使其绝望，

行情则可能由此进入最为强势的拉升阶段。

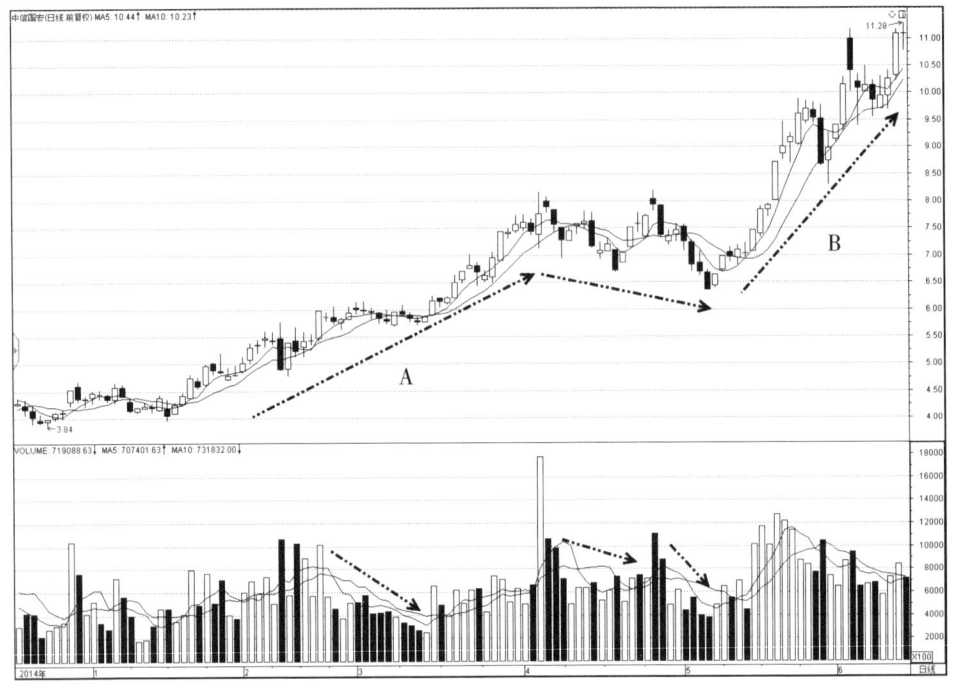

图 4-3

股价的小幅调整和次级调整，反映了空方不停反击的过程。需要注意的是，升势途中的次级调整过后，均线与股价均应出现波动变轨，即加大上涨角度或至少不小于之前的上涨角度，这一点非常重要。

因为一个重要的价格回落调整结束后，被削弱的理应是空方，此消彼长，多方应变得更强大。如果多方在一个重要的调整过后并没有变轨加速，反而走势绵软，小于之前的上涨角度，那么我们就需要留心，这个价格回落调整的性质可能会发生改变，行情趋向有可能转向更为胶着的盘整状态或是发生趋向向下的扭转。

如图 4-4 所示，A 处股价和均线以 45 度角启动并展开攻势，之后股价出现一波较大幅度的回落后，再度回升时，均线并没有变轨加速，反而出现变轨减速并以 30 度角开始攻势，但不久就出现趋向向下扭转。

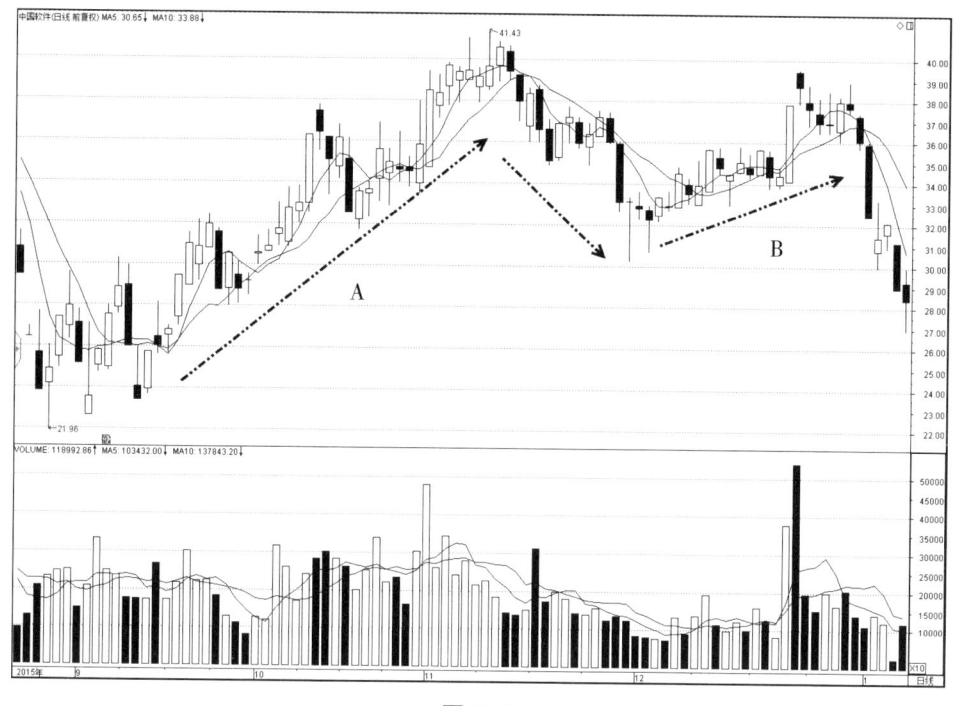

图 4-4

这个案例说明一个问题：价格出现重要的回落调整，被削弱的可能是空方，也有可能是多方。当之前占据升势主导的多方被削弱后，其所主导的升势必然受到影响，再次启动攻势时，则很难维持或增强原有的升势强度。实战中，以 45 度角启动并展开攻势的个股，一旦在调整后再次启动时，如果角度变小，则要留心趋向生变。

四、超 60 度角强攻

60 度是极为陡峭的启动和上攻角度，也称为急速上攻。采用这种启动和上攻方式的个股，无疑受到资金的高度追捧。这种强度最高的上攻模式，往往是主力资金的阶段性行为，上攻结束后多数都要面临着趋向或趋势转折或长时间休整。

技术意义上，当股价和均线以 60 度的角度上行时，说明空方已经基本放弃有力度的反击，行情处于多方全面掌控的单边运行节奏中。但是缺少空方的有力反击，对于行情的运行未必就是好事，过于集中的一致性观点必然导致单方向的急速冒进，物极必反的威力就将显现。

实战中，个股以60度的陡峭角度上攻，整个攻击上涨的幅度也许非常惊人，但是攻击持续的时间却相对较为短暂。这种过于极端的上攻模式，会在短时间内累积大量的获利筹码，筹码获利越丰厚，则兑现的欲望越强烈，这也是极易促使行情发生扭转的重要因素。

图4-5中，该股受政策性利好影响，以60度这种陡峭的启动和上攻角度展开上升行情。图中的成交量可以看出，此次急速上攻受到大批资金追捧。类似于案例中个股的情况，是资金之间的接力或者说博傻行为，大家都在赌自己接下的不是最后一棒，也不是最傻的那一个。

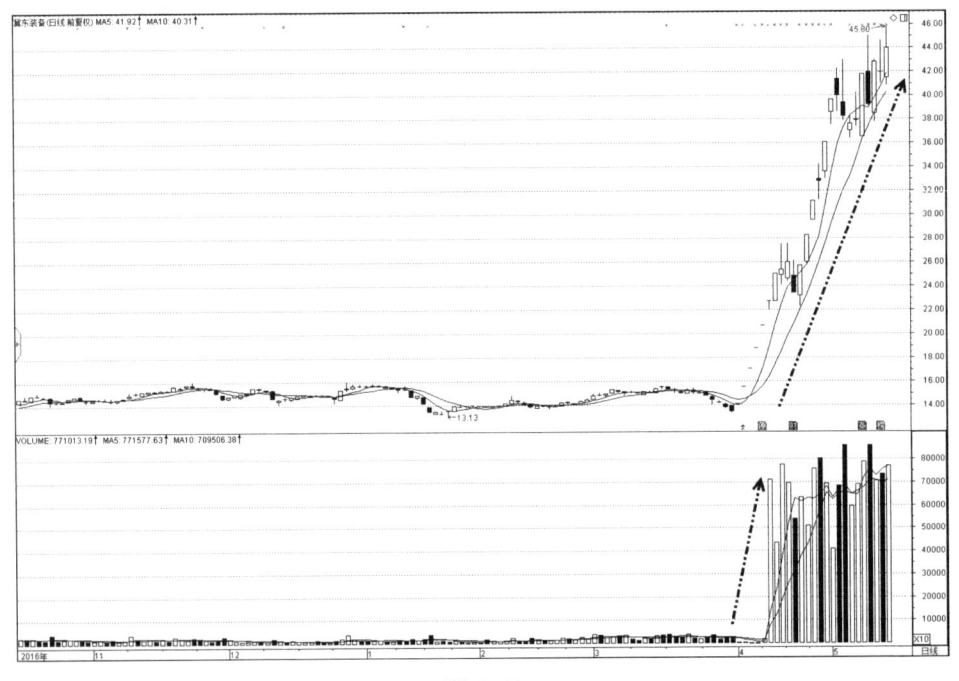

图 4-5

当60度角急速上攻结束后，如果回落至45度角附近能够止住跌势，说明涨升的强度仍在，那么经过盘整后仍有可能再启攻势；如果45度角被跌破，就表明至少短期内恢复升势的可能性几乎没有，甚至趋势或趋向可能会

第四章 上涨行情中的均线应用

由此发生扭转。

图 4-6 中，A 处股价和均线以 60 度角启动并急速上攻，股价由 22 元上涨至 40 元只用了短短 7 个交易日，之后股价出现回落。B 处，股价跌至 45 度角并没有能够止跌回升，仍旧继续下跌。这种情况就显示出该股涨升的强度已经基本消失殆尽，多方已经无力挽回失去的主导地位。

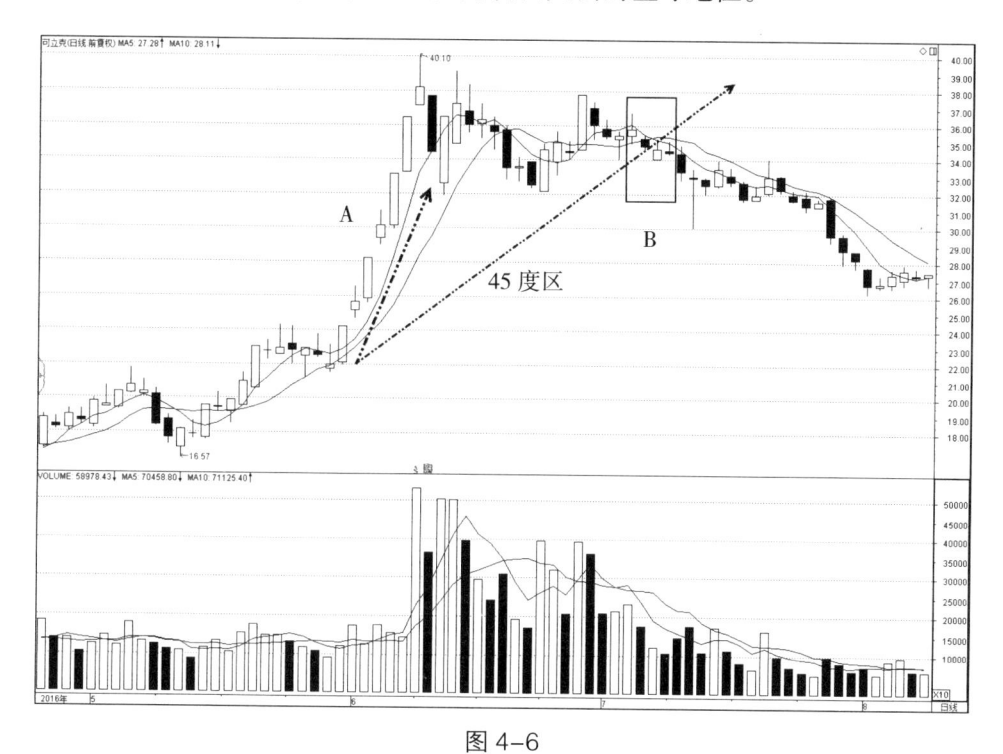

图 4-6

实战中，有很多种技术手段都可以判断出案例中股价即将见顶回落，比如股价运行重心下移，均线攻击性交叉，K 线量能分析等，而本节的 45 度角止跌也是其中一种。

第二节 反弹

一、反弹的启动

在下跌趋势运行过程中，总会有级别不等的反弹出现，而大多数都是短期反弹，其操作难度较高，获取利润很不容易。在熊市中做交易的人，大部分利润来源就是次级反弹行情，这也是比较适宜大多数交易者参与的反弹类型。

辨别短弹和次级反弹并不难，次级反弹也是由短弹构成的。如图4-7中A处所示，股价处于"短弹—回落—短弹"的循环中，正是由短弹和回落构成了对于均线系统支撑力度的测试，才为次级反弹的启动打下了基础。

图4-7中A处，股价与均线形成低点盘线，随后选择上行，均线系统于B处以45度角向上发散，拉开厚度空间，多头排列，次级反弹开始启动上攻。次级反弹不会像短弹一样来也匆匆、去也匆匆，通常具有一定幅度和时间的趋向行情，必然会有一个锤炼短期底部的过程。

实战中还要注意一点，即短期底部的构筑有可能成功，也可能会失败。如图中A处，在股价不断捶打均线系统支撑时，最终失去支撑再度启动下跌，这样的案例在下跌趋势中并不少见。

图中C处，股价急跌后急升，于相对高点和均线形成高点盘线。高点盘线并不是一个利于做多的形态，但是在实战中可能有人会认为，C处正在构筑短期底部，于是积极参与做多，结果当然不会好。对比图中A处和C处，不考虑价位高低的因素，其实有一点可以让我们更容易确认次级反弹的启动，那就是均线系统能否经受得住股价来回反复的锤炼，股价重心能否在振荡中逐渐上移。

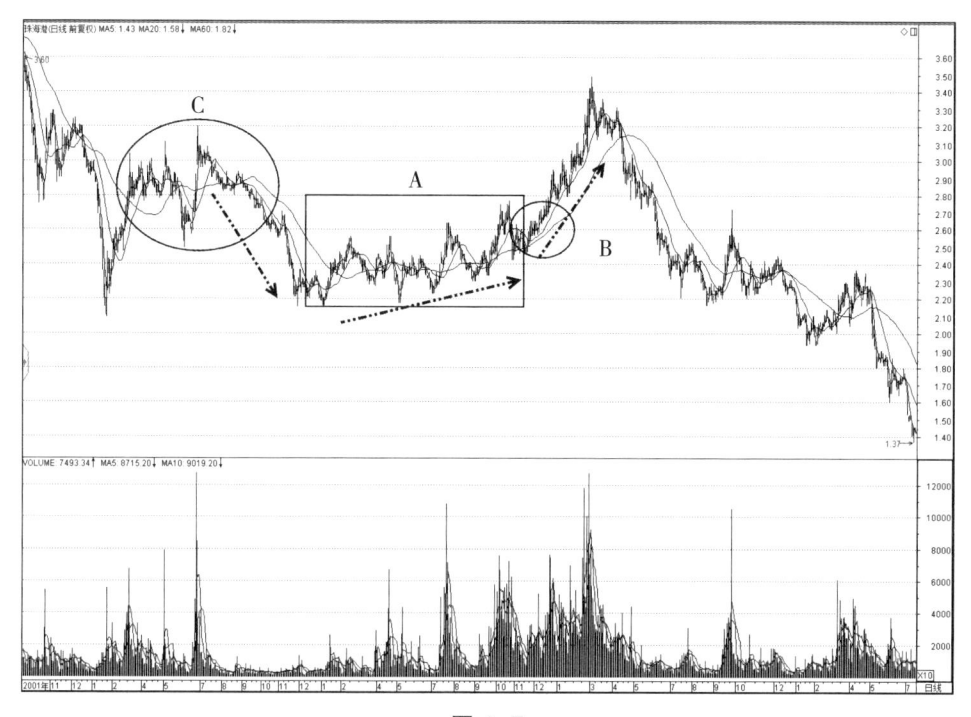

图 4-7

图 4-7 中 B 处，次级反弹以 45 度角启动并展开上攻，这是一种较为理想的上攻形态，这种上攻模式在主要下跌趋势的次级反弹行情中出现，至少说明这个次级反弹的力道不会太弱，且具有一定的持续性。如果次级反弹是以 60 度角启动，那么强度、幅度上会较为突出，但维持时间上可能会相对较为短暂。

如果次级反弹是以 30 度角启动，那么极有可能就是一个力道孱弱的反弹，则参与操作的难度较高。如图 4-8 所示，A 处是股价和短期均线之间反复振荡捶底的过程，B 处反弹启动。从 A 处到 B 处，整体上行角度处于 30 度左右。

在这个案例中，交易者较难选择介入点，如在 A 处振荡过程中介入，若出现捶底失败，则要承受亏损；如在 B 处介入，不能在启动低点介入的话，那么后面的利润空间并不大，同时因上涨倾角较小，在股价振荡盘升的过程中，交易者很难做到稳定持仓。

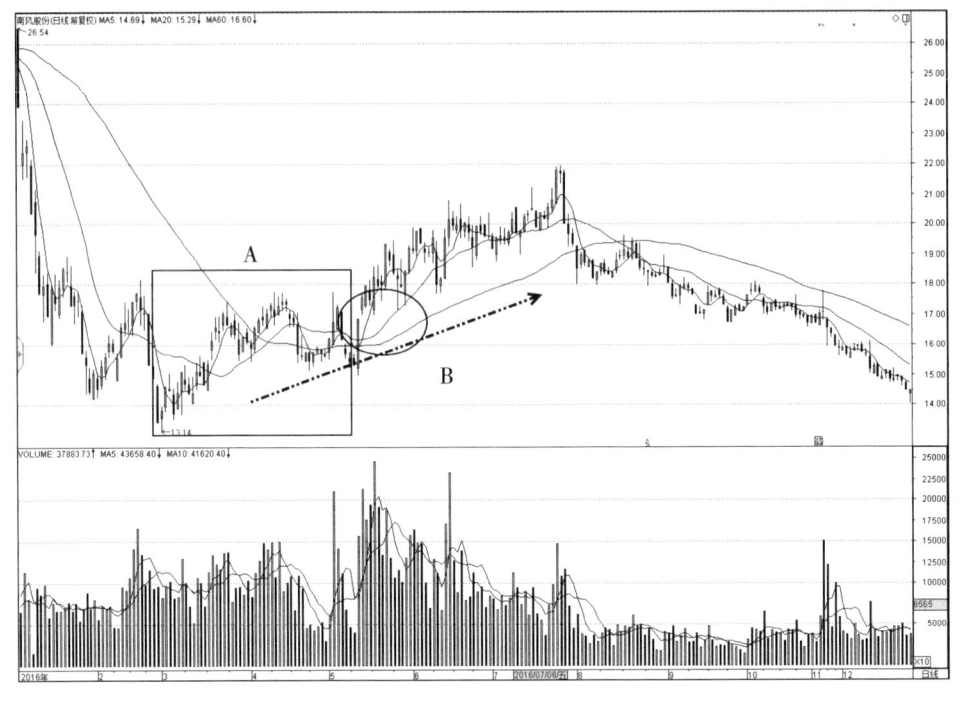

图 4-8

二、反弹的持续与终结

30度角的次级反弹,除非演化成趋势扭转或者加大上行角度,否则时间、空间不会太理想。一旦价格遇到较强的压制,则下方的支撑微乎其微,结束反弹几乎就是必然的选择。30度角的次级反弹,多会终结于均线系统中下行均线的压制,或者终结于均线之间的向下交叉、聚拢等形态上。

如图4-9所示,该股跌势中出现一个30度角的次级反弹,虽然在持续时间上尚可,但整体升幅很有限,如果交易者不能在相对低点介入,可能连是否盈利都难保证。这种类型的次级反弹并不具有参与价值。图中A处,股价跌破短期均线,以及随后出现的交叉、聚拢等形态,都比较明显地发出反弹结束的信号提示。在这个案例中,该股前期探底并不充分,股价与均线间缺少盘整过程,多条均线之间的聚拢显得过于仓促,见图中B处。这也是反弹强度不足的主要原因。

第四章 上涨行情中的均线应用

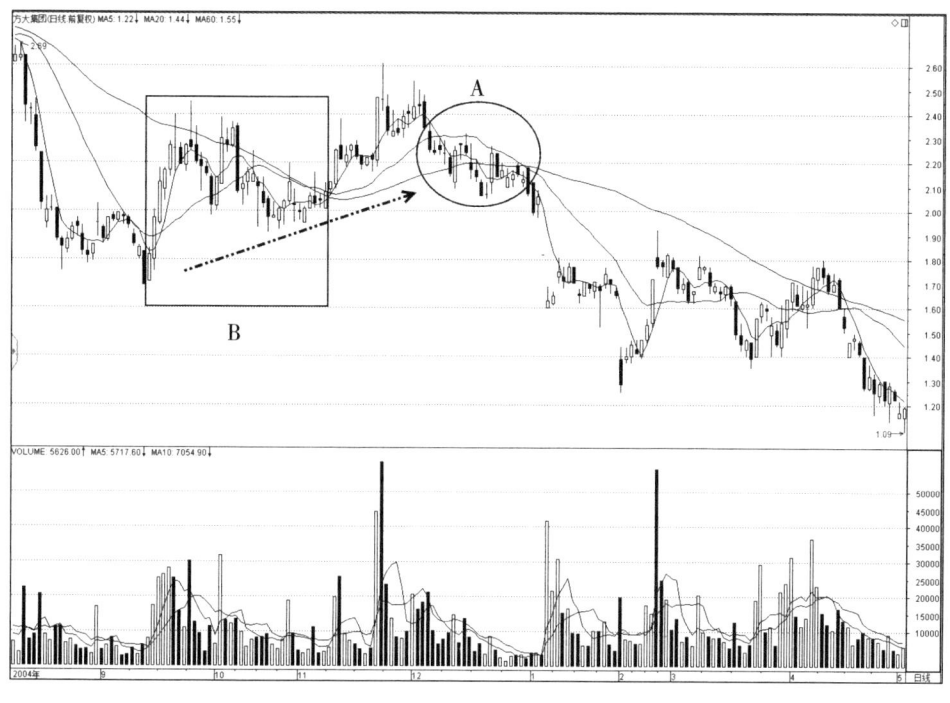

图 4-9

当个股在构筑短期底部的过程中，振荡盘整得不够充分，也就是捶底捶得不够结实就仓促起涨的话，那么后面的幅度多数并不理想。

有一种情况比较特殊，即经过连续大幅度急跌的个股，往往并没有捶底的过程，而是超跌后直接展开报复性上攻。如图 4-10 所示，该股从顶部高点的 22 元左右，一直跌至不足 9 元，A 处以 45 度角直接展开上攻，并没有反复捶底的过程。

但这种类型的次级反弹，通常都是第一波攻击的强度最高，随后渐渐减弱，除非在之后出现扭转趋势的情况。图 4-10 中 A 处的第一波上涨幅度最大，股价回落调整后，B 处的第二次启动攻击在幅度上则远不及 A 处。股价最后还是受制于 60 日均线，B 处虽然一度穿越 60 日均线，却不能得到支撑，则预示着次级反弹结束，跌破这条均线后继续下跌，也就不足为奇了。

实战中，还会遇到次级反弹在运行中改变角度的情况，比如，原本为 30 度角启动上攻，在运行过程中加大角度展开上攻；或原本为 60 度角启动上攻，

均线技术分析与实战

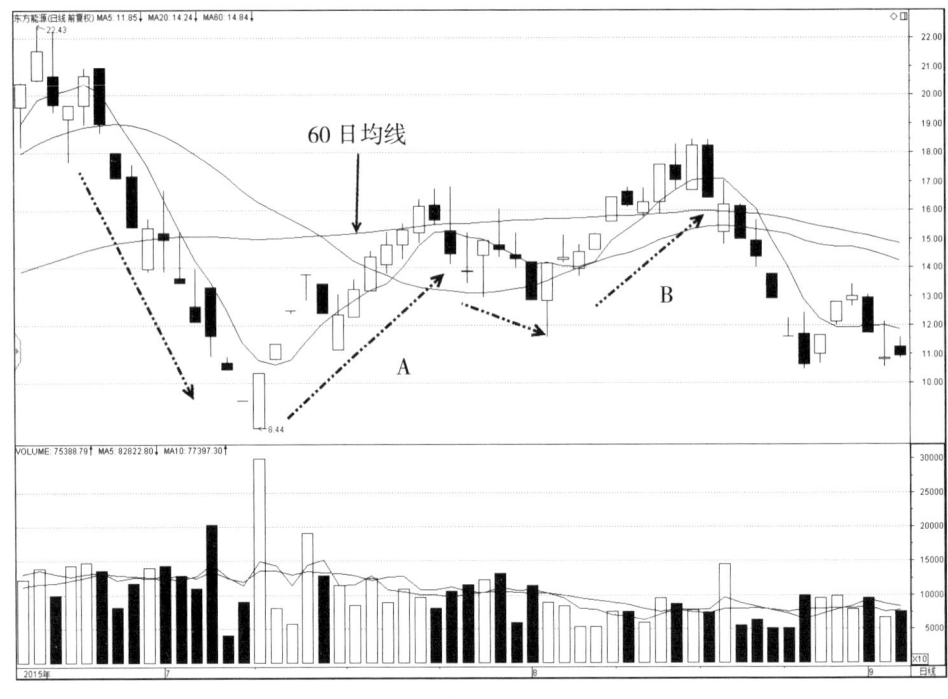

图 4-10

却在运行中转为 30 度角。这种波动变速，也可以称为次级反弹的结构。

次级反弹运行过程中，如果出现角度逐步减小，则反弹结束的可能性极大。但是也要注意均线系统在股价回落、角度减小的过程中能否起到支撑与保护作用。如果均线系统起到了支撑作用，之后 K 线迅速回归 45 度角继续上行，那么次级反弹仍将持续。如果均线已经不能起到支撑作用或已经转化为压制，则说明次级反弹已告终结。

（1）次级反弹中，小角度转换大角度，则加速开始。交易者在持仓的同时，注意分析上方存在的压制，当价格和短期均线在某一压制位失去上升角度，呈交叉、聚拢和量能消散时，可能就是反弹的结束点。

如图 4-11 所示，A 处股价与短期均线先以 45 度角启动，然后转为 30 度角。这种角度改变并不是好现象，通常意味着涨升强度的下降。但好在角度改变后，短期均线仍旧存在较强的支撑，量能上，启动时增量，在角度改变后量能整体并没出现消散的现象，这也是相对有利的现象。

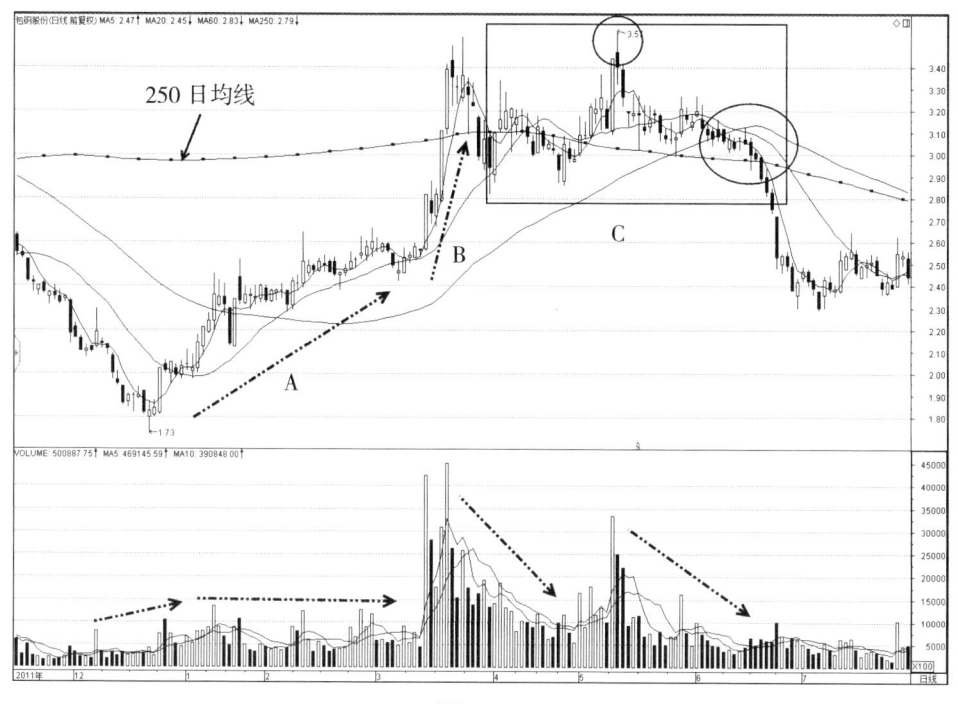

图 4-11

实战中遇到类似的情况,当短期均线间仍保持厚度并没有向下交叉之前,可暂时持仓。如果后市短期均线向下交叉且股价重心下移,就要警惕反弹可能结束。图中 B 处,股价与短期均线以 60 度角放量急攻。这就解决了 A 处的难题,A 处以 30 度角上升的阶段所欠缺的是涨升强度,而 B 处的强势补其不足。

B 处就成为小角度转为大角度的启动加速开始点,这时要着重分析的是上方存在的压制,并审视这种压制是否有转化为支撑的迹象。C 处,股价与短期均线在重要的压制——250 日均线上下盘整,均线间发生交叉、厚度封闭,250 日均线逐渐呈下行态势并最终与短中期均线聚拢,向下发散,反弹结束。

250 日均线的压制在这个案例中并没有转化为支撑,尽管股价在 C 处一度创出价格新高,但短期均线和股价运行重心在聚拢之前已经下移的态势,也显示出压制一直存在。实战中,小角度转为大角度启动加速后,上方重要的压制位往往就会成为次级反弹的结束点。

（2）次级反弹中，大角度转换小角度，尤其是转换为30度角时，如果技术环境分析上并没有可能发生趋势扭转的条件，同时短期均线支撑强度逐渐降低（股价重心下移），那么可能就是反弹即将结束的信号。

如图4-12所示，A处以60度角启动上攻，B处时转换为30度角运行，均线系统逐渐聚拢。至C处时，当股价在短期均线系统上不能得到相应的支撑，均线间发生向下交叉、发散时，也就到了次级反弹终结的时候。

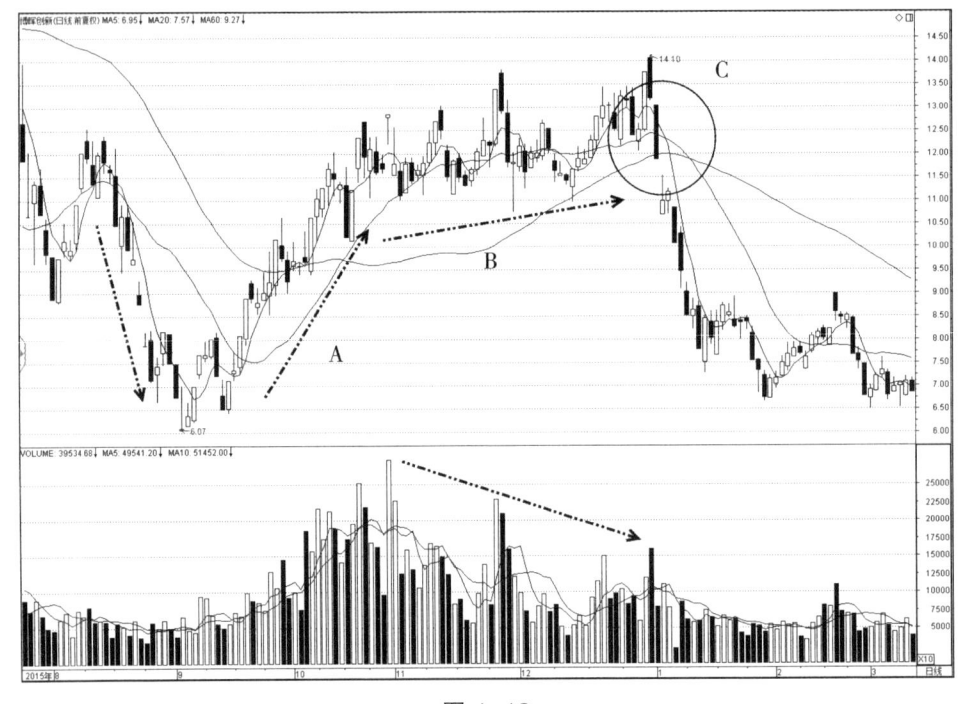

图 4-12

将图4-12中B处与图4-11中A处（转化角度后）对比：虽然同为30度角，但图4-11中A处短期均线系统厚度并未封闭，而图4-12中B处短期均线多次发生交叉，缺少了厚度空间对于价格的保护。成交量上，图4-11中A处的量能整体并没出现消散现象，而图4-12中B处已经呈现明显的量能消散形态。

失去厚度保护，角度降低，加上量能消散，都显示涨升强度大幅下降，这也是图4-12中的个股最终走向反弹结束的重要原因。

第三节　趋势突破

一、趋势向上扭转中的均线环境

趋势突破必然是对原趋势的扭转和新趋势的启动，但一个长时间形成的趋势，不会在朝夕之间就能被轻易扭转。俗语说：百足之虫，死而不僵。无论是上涨趋势的牛市，还是下跌趋势的熊市，在趋势的拐点上多空之间必然有一番恶斗。在这个过程中，均线系统的作用至关重要，可以说多空双方力量对比、主次变化，主要是通过均线系统来全面展示和反映的。

均线系统对于价格的支撑与压制，以及角度变化等方面的表现，就是我们判断趋势扭转所需要重点关注的关键环节。

在长期下跌趋势中，价格和短期均线会多次在短期反弹或次级反弹中启动上行，随着反弹的结束又会再次回落。在下跌趋势下所发生的任何级别的上涨行情，都不能随意猜测就是趋势扭转，在没有技术环境分析的前提下，只能暂时认为是反弹行情。

反弹行情是否会演化为趋势扭转，反应较为灵敏的短中期均线会率先告诉我们答案，这个答案就是均线分布。均线系统中不同时间周期的均线，分布在相应的位置上并能够对运行中的价格起到支撑作用，或者由压制转化为支撑，这就是研判趋势扭转中的均线分布。

用于研判趋势扭转的均线系统，主要由短中期均线构成，比如5日、20日、60日均线等，但仍需要加入一条中长期均线来对趋势进行确认，如120日、250日均线等，也可以参考加入长期均线系统。

图4-13中，均线系统由5日、20日、60日三条短中期均线和250日长

期均线构成。其中 5 日均线主要起到测试股价强度和反映运行角度的作用；20 日、60 日均线用于反映支撑与压制的作用；250 日均线的主要作用是确认趋势扭转成功与否。

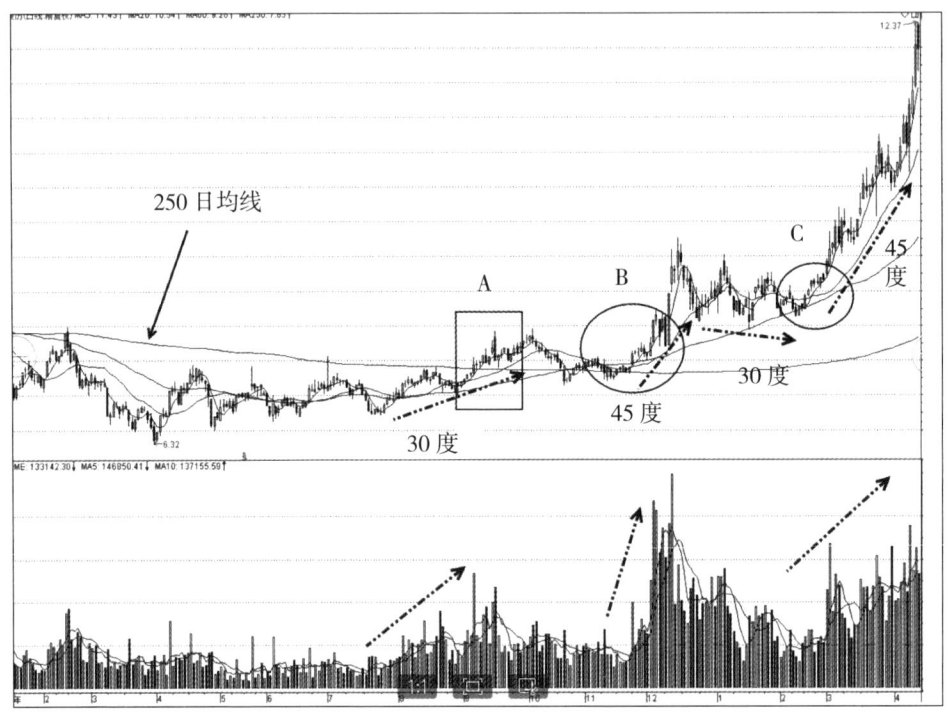

图 4-13

图中 A 处，股价与 5 日、20 日短期均线首次穿越 250 日均线，这次上攻有成交聚量的配合，但上攻角度为 30 度角，强度并不理想。在个股下跌途中或构筑底部的过程中，或有多次上穿或触及 250 日等长期均线的动作。下跌途中上穿或触及 250 日等长期均线，多为强力反弹所致，这时的 250 日均线应为角度较大的下行态势或由上转平、转下的态势。

股价在构筑底部的过程中上穿或触及 250 日长期均线，这时的 250 日均线应为由下转平或小角度下行态势。上述两种对于长期均线的挑战，其技术意义完全不同：下跌途中挑战长期均线，更多的是一种诱多行为；构筑底部过程中挑战长期均线，则是一种测试行为，意在测试长期均线所存在压力的大小，为趋势扭转做准备。

图中 A 处就是对 250 日均线的测试：穿越 250 日均线测试所存在压制的大小，而后的回落则是测试这条均线是否具有支撑，也就是压制是否能够随着价格的上涨而转化为支撑。这是趋势或趋向发生扭转的技术核心。

B 处，虽然股价和短期均线曾跌破 250 日均线，说明长期均线的压制并未在短期内转化为支撑，但也并没有因压制的存在和反弹汇聚的做空力量而出现迅速下跌，显示多方在潜移默化中消化了空方存在的能量。

B 处多条均线间发生聚拢，并与股价形成短暂的盘线形态，这种技术形态出现时，我们要为可能出现的向上发散做好准备。很快股价与短期均线以 45 度角放量上行，角度、聚量形态等都证明趋势在这里开始出现扭转。

B 处之后，股价与均线以 30 度角缓速下跌进行调整，并于 60 日均线上得到支撑，见图 4-13 中 C 处。这是对趋势扭转的最后一次确认。而后股价与短期均线以 45 度角上涨，是行情进入新的上涨趋势后的第一次启动加速。在趋势扭转的关口上，不同时间周期的均线分布，可以协助我们判断多空力量的对比关系，当大多数迹象都指向多方占优时，趋势的扭转必然水到渠成。

图 4-14 中 A 处，股价与短期均线以 60 度角急速上涨，股价穿越 250 日均线后便折返向下。图中可见，A 处一波反弹虽然迅疾，但只有 5 日均线同步，同为短期均线的 20 日均线却只是勉强上行，并未具有向上发散的力度，短期均线之间虽有厚度，却很明显无强度可言。

60 日中期均线更是保持着下行的态势，要求其对股价提供支撑只能是一种奢求；而 250 日均线在 A 处附近时，由上行转为走平，随后更是出现下行的态势。分析图中的均线分布，很难得出有利于多方的迹象，反而是倾向于空方的技术点比比皆是。由此也可以断定，这仅是一个下跌途中上穿长期均线的案例，和趋势扭转毫无关联。

当然，判别趋势扭转并不能仅仅依靠均线分布，还需要技术环境分析综合论证。比如，下跌趋势维持的时间周期、跌幅分析，可以让我们明了当前是底部构筑还是下跌途中。另外，在判断趋势时，趋势线也是分析中不可或缺的利器。

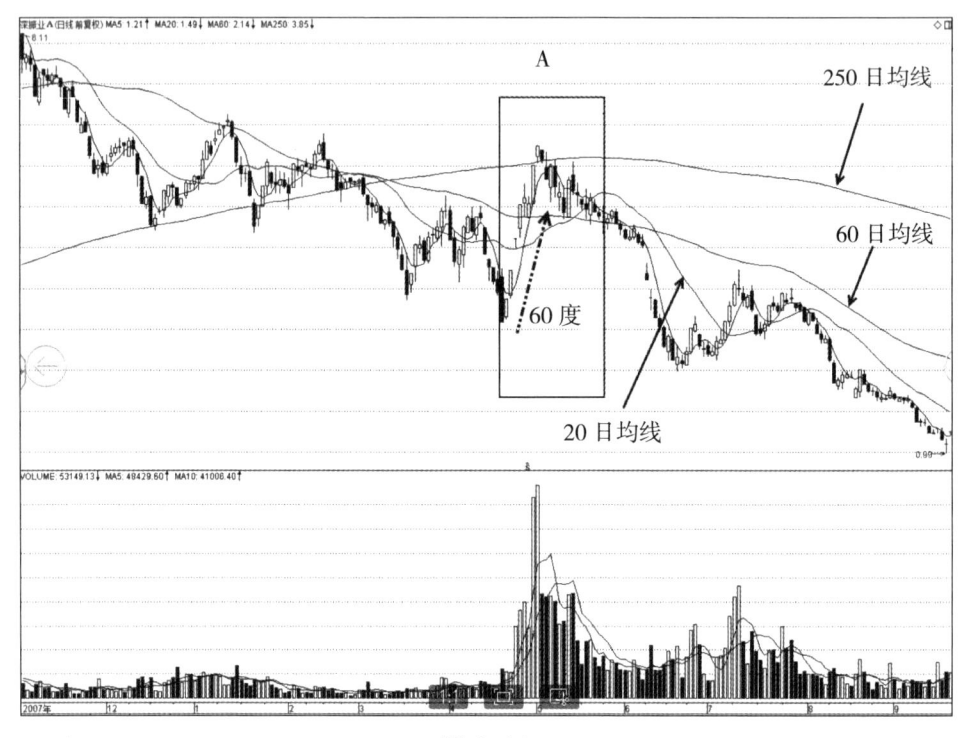

图 4-14

二、上涨趋势的启动加速

趋势扭转成功后，并不是所有个股都会立即进入启动和加速运行的阶段，有些个股仍旧会在较长的时间里和较大的幅度内反复振荡盘整，然后才会选择时机启动和加速。同时，在趋势运行过程中，因短期或次级调整、反弹的出现，会有多个启动加速点。

如图 4-15 所示，A 处多均线聚拢后趋势扭转成功，但之后股价短线上涨后很快就出现回落，B 处是该股长达 5 个月振荡盘整的过程。这个案例具有一定的典型性，在趋势从下跌扭转为上涨之后，很多人会选择第一时间买入做多，对于中长线交易者来说，这个选择并没有什么问题。但是对于短线交易者或者耐心不够的波段交易者来说，则并不一定就是适宜的买入点。

短线交易和波段交易选择交易时机，应是趋向明确的行情，而振荡盘整阶段明显不适合。即使行情的趋势是上涨，但时机选择上的错误，也会给短线交易者和波段交易者带来一定程度的亏损。

如何判断趋势扭转成功后，个股是进入第一阶段的启动和加速，还是进入振荡盘整？

这个问题的答案，可从以下两个方面来分析。

（1）目标个股在下跌过程中或底部构筑阶段，主力是否吸纳了足够的筹码。如果主力建仓比较顺利的话，随着趋势的扭转，第一波启动加速也就随之出现；反之，可能受到大环境的影响或其他因素，趋势虽然扭转，但主力仍旧需要继续吸筹或清理对手盘等，则会在扭转后进入振荡盘整。

某些个股甚至还会向下挖坑，通过较为极端的打破扭转趋势的方式，来完成清理或吸筹等任务。采用这种方式可以空间换时间，使振荡时间大为缩减。

（2）趋势扭转的角度为45度以上，并能够成功收复最近高点。这个条件能够显示出个股的强度，强度不够则趋势扭转后仍需要有一个整理和稳固的过程。如图4-15所示，A处趋势扭转后，虽然股价一度收复C处的最

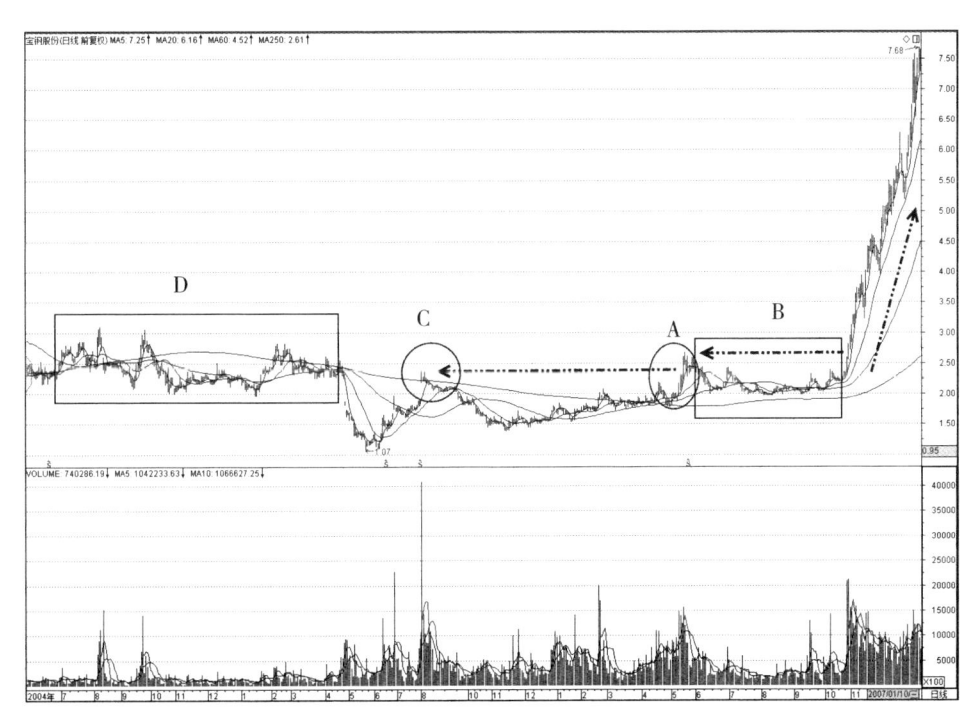

图 4-15

近高点,却不能站稳于高点之上,说明前期密集成交区的压力大过目前涨升的强度。

C 处的压力之所以大,是因为前期 D 处有一个较长时间周期的横盘整理区域,两点的价位非常接近,所以对 A 处扭转后的上冲形成了压制上的合力。对成交密集区的化解需要一个过程,在相近低点的振荡盘整,就极为有利上方筹码的松动并引发抛售。

B 处之后,股价强势收复最近高点 A 处。当前期密集成交区的压力在涨升强度下化于无形时,多方主导地位从幕后走向台前,也就意味着启动加速阶段的到来。

对于趋势扭转、启动、加速,可能有人希望给出一张标准图,可以按图对照。实战中趋势变化行如流水,并无一个标准的形态存在,任何一个曾经有效的启动形态,在今后都不能保证同样有效。静态的技术永远干不过动态的行情。应对千变万化的行情,唯一有效的,就是让技术处于动态之中。

无论是均线契合、交叉、厚度、分布还是角度,我们分析的其实都是价格的强与弱、支撑与压制的转换、多空力量的此消彼长。跟随动态、分析变化,才是技术之本,而不是根据已有的模式,按照自己希望的方向去分析和判断。

大部分个股在整个上涨趋势运行过程中,会出现两次或更多次的启动加速阶段。脱离底部构筑阶段并经过第一阶段的启动加速以后,长期均线系统对于趋势启动加速上的提示作用会变得越来越迟缓,甚至失去效用。只有在大级别、强度较高的次级回落调整阶段,部分长期均线也许会起到作用。

有鉴于此,可将均线系统中的长期均线调整为兼具中长均线性质特点的 120 日均线,甚或是以 60 日均线为验证线,大多数情况下都是适宜的选择。当然,并不排除在遇到走势怪异的个股时加入长期均线予以验证的选择。图 4-16 中,A 处趋势扭转之后第一阶段的启动加速出现,B 处加速阶段结束,股价回落调整。B 处回落调整的结束以及买点选择,可以运用契合、交叉等方面予以判别,此处不再深入分析。

第四章 上涨行情中的均线应用

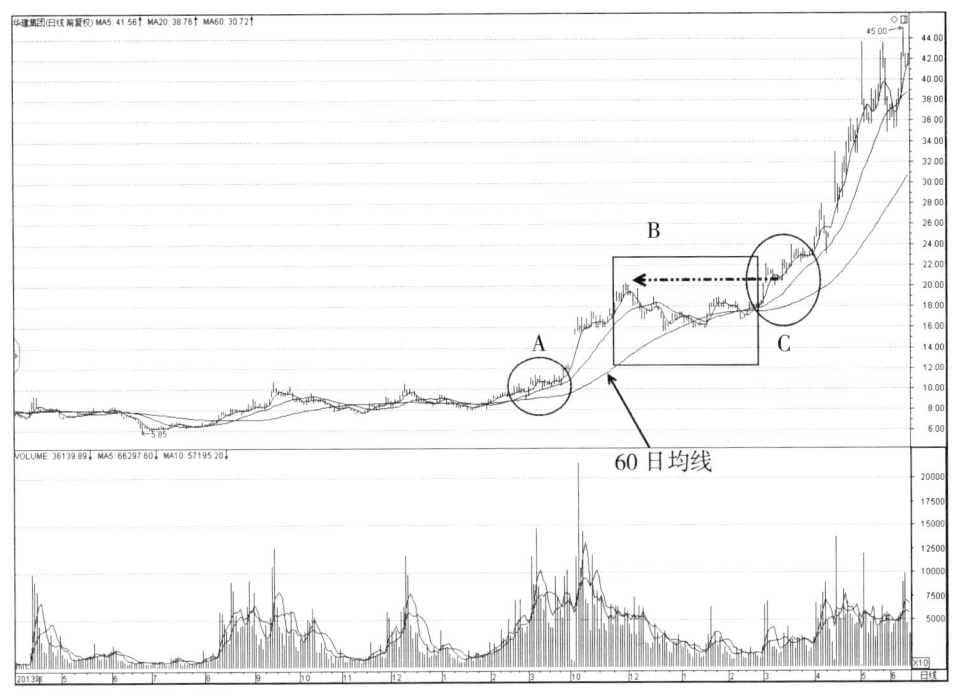

图 4-16

上涨趋势第一阶段的启动加速结束并进入回落时，因个股情况不同，这个调整阶段的时间并不固定，或以短调的形式，或者出现时间较长的次级调整。不论哪种级别的调整，我们可关注起到验证作用的中长期均线的变化。

起到验证作用的中长期均线会跟随短期均线的变化而变化，但时间周期的不同，会使中长期均线的变化反应有所滞后。这个滞后反应在趋势或趋向的判断中，却往往能够起到极为重要的验证作用。

例如，短期均线系统回落，而中长期均线仍在上行态势中，当短期均线回落到长期均线之上能够得到强力支撑时，至少说明下行的强度并不大于支撑的强度；另一方面，价格成本在此汇聚受到支撑甚或之后转为上行，则是市场惜售和价格具有吸引力的表现。

空方不强，至少告诉我们处于上涨大趋势之中的多方存在着较大的机会。图 4-16 中，在 B 处股价与短期均线的回落过程中，60 日均线由上行转为走平的态势，但无论是股价还是短期均线，都没有明显大幅偏离这条均线，而是在其上下反复盘整，这个盘整的过程就是确认 60 日均线支撑是否存在的过程。

C 处，当股价、短期均线与 60 日均线形成聚拢并向上发散时，则是再次启动上涨的开始，而 C 处股价突破最近高点后，则进入二次加速阶段。起到验证作用的中长期均线，与股价、短期均线聚拢或黏合后向上发散，一段时间后，股价、短期均线回落调整，此后再度与中长期均线聚拢或黏合后向上发散，则启动加速的成功概率极高，如图 4-17 所示。第二次聚拢或黏合的点位应明显高于前次点位，则加速的持续性更佳，如图 4-16 中的 A 处和 C 处。

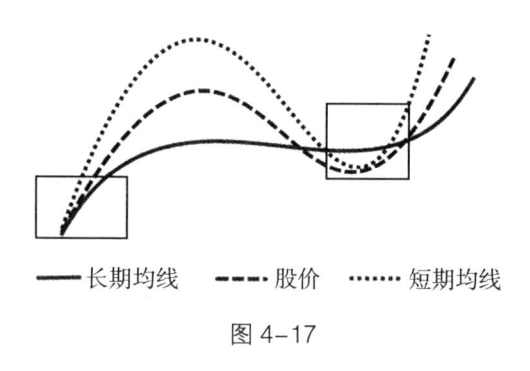

图 4-17

第四节　上涨时间与空间评估

均线对于行情时间与空间的评估，分为上涨趋势评估和下跌趋势评估两个部分；上涨趋势可以分为主要上涨趋势和次级反弹趋势。

一、反弹行情时间与空间评估

1. 时间评估

对于次级反弹时间的估算，主要是根据两个技术点。

其一是均线涟漪形态理论，以均线的波动变速情况进行估算：跌势初期并无大型的次级反弹，那么在之后出现的可能性较大；反之，跌势初期出现次级反弹，则短时间内再次出现大级别次级反弹的可能性较小。如图 4-18 所示，A 处出现次级反弹，之后 B 处的反弹级别明显减小，至 C 处出现的反弹虽然幅度较大但持续时间较短，D 处的反弹时间和幅度更是进一步减小。

其二是次级行情的运行角度，前面讲过，30 度角左右的反弹除非演化成为趋势扭转，否则时间与空间都不会太理想，一旦价格摆脱均线系统微弱的支撑，继续下跌就成为必然。60 度角左右的反弹存续时间比较短暂，一旦遭遇下行均线的压制，大多宣告结束。图 4-18 中，C 处 60 度强势反弹在临近上方下行的长期均线时，就结束反弹重回跌势。

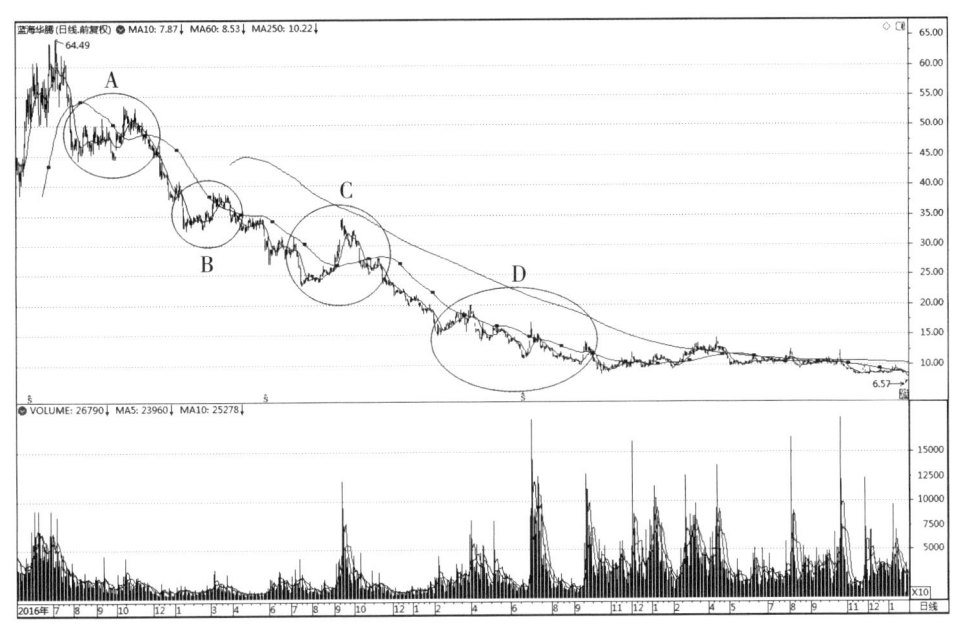

图 4-18

2. 空间评估

通常来说，短期反弹或小角度次级反弹往往会结束于 10 日、20 日、60 日均线附近；在下跌趋势的中后期，随着均线的逐步聚拢，也会出现终结于 120 日均线的情况；强势的大角度次级行情有些会越过 250 日均线，但是很难出现转压制为支撑的情况，最终还是会再度回到250日均线下。

在空间评估中，比较具有迷惑性的是大角度次级反弹，这种形式的反弹有些会出现对250日均线的"成功突破"，从而让交易者误以为是趋势转折的到来。如图4-19所示，A处和B处股价都出现了"突破"250日均线的情况，而且股价的短期涨幅一度远离250日均线，似乎佐证了"突破"的有效性。这两处对于250日均线的突破，股价都是以大角度强势急速上涨的方式，但很快就出现了回落。

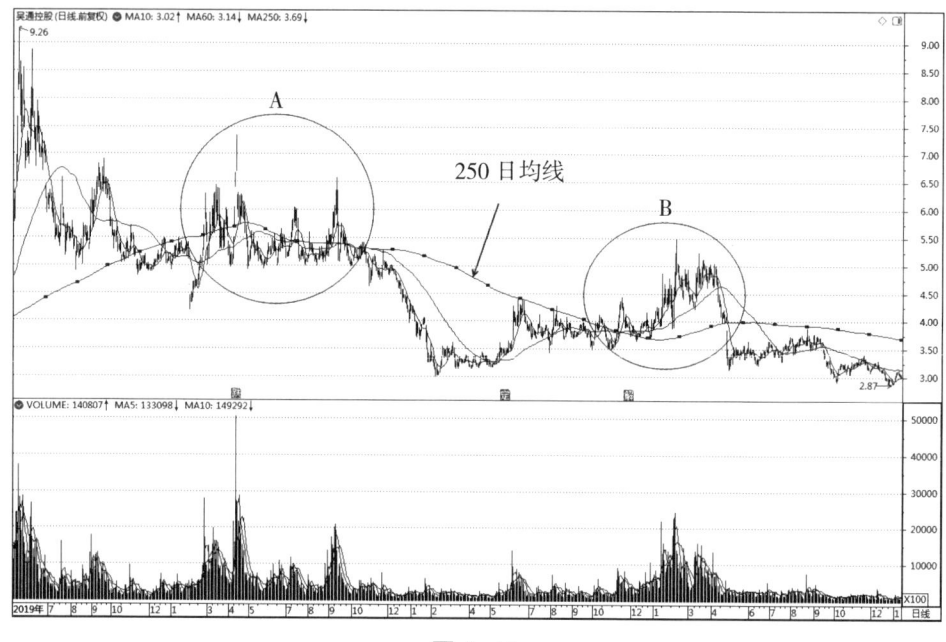

图 4-19

在这个案例中，凸显出在跌势的初中期阶段，股价在一些重要的技术关口会出现大幅度的折返，这也是未能完成出货的主力资金，或者短线炒作资金常规的炒作手法。交易者应保持技术上的清醒，明确认识到股价的上涨空间不能与趋势性上涨相比，而只是一个次级反弹，250日均线上下，大概率会成为强势次级反弹结束的位置。

二、上涨趋势时间与空间评估

1. 时间评估

上涨趋势的开始，也是下跌趋势的终结，估算上涨趋势开启的时间，也就是评估下跌趋势结束的时间。这其中下跌趋势与上涨趋势扭转之间的折返振荡，与均线系统的变化，是主要的分析点。

（1）技术环境上，越是到了趋势转折之际，市场上越是腥风血雨、动荡不安，很多下跌幅度巨大的个股，甚至开启了新一波急速下跌，让本以为见底在望的持仓者心态完全崩溃。市场不见集中杀跌，不论大底小底，多不稳妥。

（2）急跌过后，在一片看空声中，大盘却不再继续下跌，反而展开让人摸不着头脑的上涨，并很快将急跌出来的"坑"填上。

（3）大盘和越来越多的个股，均线系统逐渐形成聚拢、黏合形态，但整体行情仍旧不明朗。

（4）市场整体的成交量开始增加，越来越多的个股成交量形态上出现明显的聚量形态。

（5）均线系统开始体现出由压制转化为支撑的技术现象。

如图4-20所示，A处股价急速下跌后，又快速填坑，随后以45度角接连向上突破120日、250日均线。B处以250日均线为中心开始折返振荡，这是一个消化压制转化支撑的区间。最终股价得到均线系统的支撑开始上行，并使得均线系统在中长期均线加入的情况下，逐渐形成多头排列、向上发散的技术形态。案例中，B处之后，交易者应能发现趋势转折的技术点，这里也是趋势上涨的时间点。

2. 空间评估

上涨趋势的空间评估，主要运用的同样是涟漪理论、均线支撑与压制理论、厚度空间、角度分析、均线系统基本形态理论等。

（1）根据涟漪理论，以波动变速形态来估算每一次回调的级别以及是否存在转化现象。

图 4-20

（2）根据不同周期的均线对于股价的支撑进行分析，判断是否存在支撑转化压制的现象。

（3）根据均线之间的厚度空间是否存在封闭、过度拉大等现象，判断行情下一步走向。

（4）根据角度分析，具体认定行情的不同阶段和将要开始回落的性质。

（5）根据均线聚拢、黏合、发散等基本形态对行情进行判断。

如图 4-21 所示，在上涨趋势的发展过程中，股价整体保持着 30～45 度角的上行态势，其中角度陡峭的向上攻击波都会引发价格快速下跌，但是这些下跌都会在重要的均线关口得到有力的支撑，重回上涨趋势。

C 处之后，股价以超 60 度角强势上涨，最终形成趋势转折的顶部。在上涨趋势经过长期运行，有较大涨幅之后，如果发现价格大角度暴涨，就要警惕涨势的空间可能接近终点，应当及时调整交易策略。

图中 A 处，是涨势启动以来的第一波次级调整，随后 B 处、C 处的调整级别逐步加大，直至 C 处之后快速上涨见到大顶。根据涟漪理论，从均线波动变速形态的角度来分析，交易者可以预判出，逐步加大的调整级别必然会在 C 处之后到来。

图中均线系统的厚度空间，在整个上涨趋势运行期间的不同阶段，都存在过被封闭的情况。对于单一方向上运行时间较长的趋势来说，这是一个正常现象。但是我们可以发现，即便厚度空间被封闭，但体现趋势方向的 250 日均线一直保持着上行态势，并且能够在股价调整回落时给予强力的支撑，使股价从这条均线上止跌回升，重回上涨趋势，如图中 D 处所示。

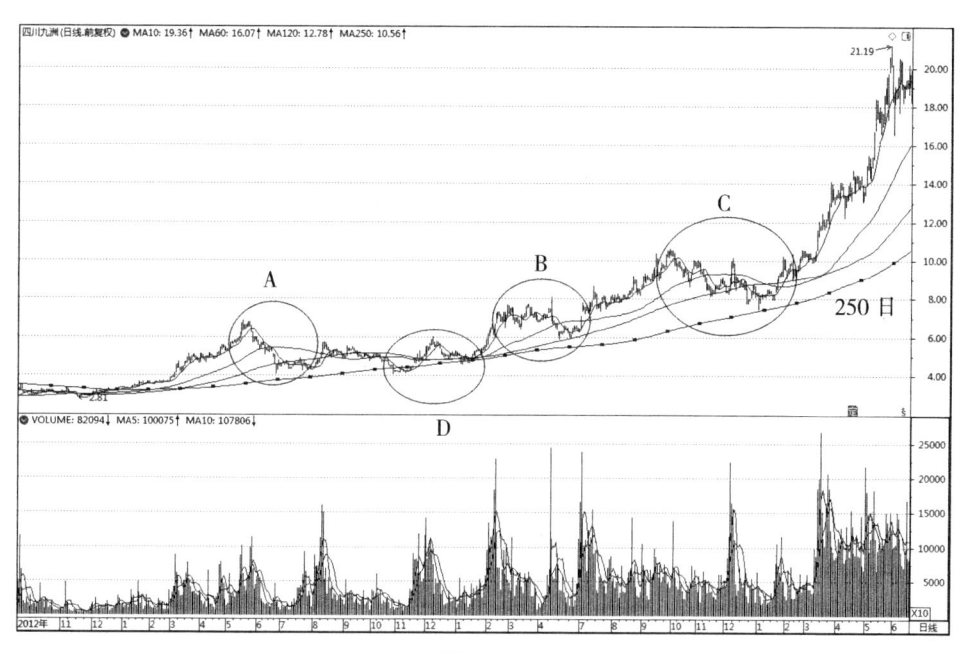

图 4-21

第五章
下跌行情中的均线应用

第一节　均线启动下跌的角度和强度

一、均线向下攻击的强度与角度

均线向下启动与攻击的角度，和向上启动与攻击一样，也大致分为三种。

（1）30度角，是指以30度为中心的波动区域，这种平缓角度的启动与攻击，也称为缓速下跌。

（2）45度角，是指以45度为中心的波动区域，这种不急不缓、相对适中的启动与攻击，也称为匀速下跌。

（3）60度角，是指以60度为中心的波动区域，这种较大角度的启动与攻击，也称为急速下跌。如图5-1所示。

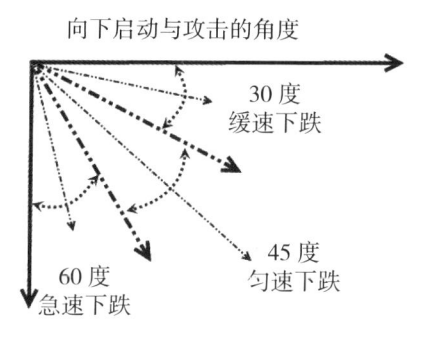

图 5-1

二、30度角缓速下跌

有时候趋势明确的下跌并不可怕，可怕的是趋势捉摸不定，股价欲涨还跌、折返频繁的局面。交易者面临两难选择，既怕错失买入时机，又怕买入后遭遇亏损，买后跌、卖后涨，是这个时期最常见的现象。

30度角下跌就是这样一种容易让交易者犹豫不决、难以决断的下跌走势。这个角度的下跌和盘整形态非常容易混淆，只不过30度角的下跌还是具有角度上的特征，虽然这个特征因角度较小而不明显。

30度角的下跌，表面上看起来似乎很温和，下跌强度不高，但正是这种表面现象，反而容易使人放松警惕性，在趋势模糊难判时却很随意地进行交易，但追逐在短线涨跌之间的人很难每一步都踏准节奏。在行情幅度不大的波动中，很多交易者却在这个时候亏损巨大。通常都把30度这种角度的下跌，称为阴跌或盘跌。

图5-2中，A处出现一个30度角的下跌，虽然整体下跌角度相对平缓，但股价的波动却并不平缓，甚至还在途中创出股价新高。这种波动方式对于短线交易者是个考验，喜欢短线追高的人，很有可能会选择在股价创出新高的时候买入。

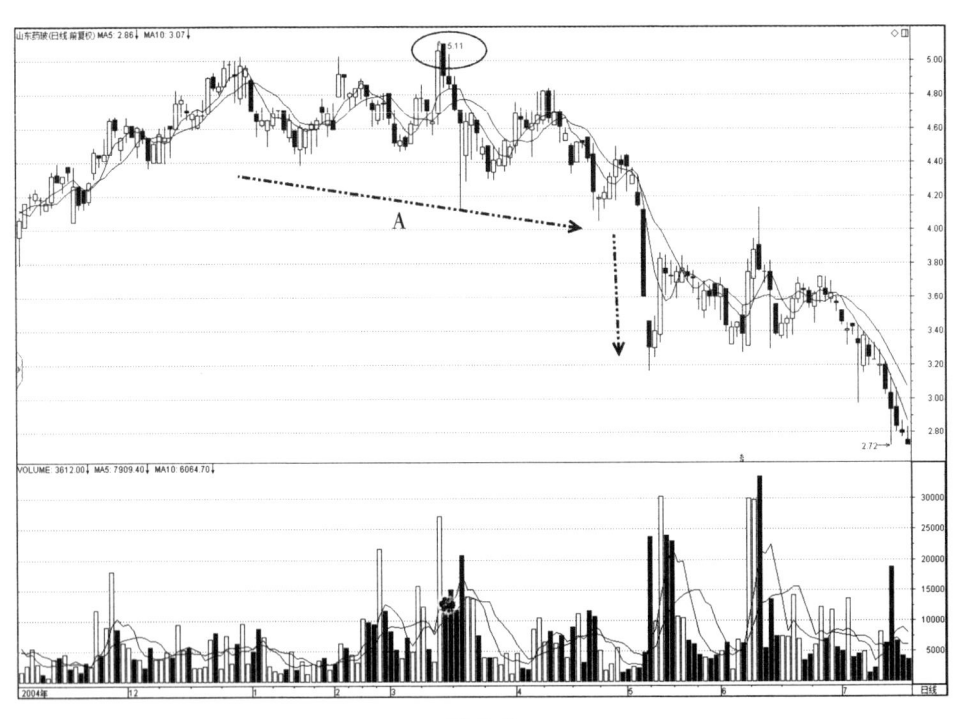

图 5-2

当均线在运行过程中整体处于 30 度角的下跌时，突发的涨升可能是多方试图挽回涨势强度的一个尝试，也有可能是主力资金故意诱多的手段。总之，不论是哪种可能，在没经过技术环境分析和相关技术确认的前提下，首先要明确一点，即在 30 度角下跌持续的情况下，对突发性涨升只追踪观察，减少交易。

三、45 度角匀速下跌

45 度角无论是在向上还是在向下的启动与攻击中，都是一种既具有杀伤力，也具有趋向维持强度的运行角度。

45 度角的不急不缓，让做多者不至于完全失去信心和希望，所以会不断发起反击，而空方也正是利用多方的不断反击，逐步消耗、瓦解做多的动能。45 度角匀速下跌，意味着空方拥有主导地位，盲目逆势做多的行为无异于飞蛾扑火。

正是由于在反击与消耗中所形成的匀速下跌，下跌趋向或趋势本身经过了不断验证、加强的循环过程，所以能够稳定并持续运行。只有当匀速下跌的节奏出现变化（加快或变缓），这种强度较高又极为稳定的下跌过程才会结束。

图 5-3 中，A 处股价和均线以 45 度的角度启动下跌，B 处下跌角度渐渐变缓，之后 C 处出现一波次级反弹行情。C 处的上涨呈 30 度，很明显缺乏扭转趋向所需的上升强度。

一个具有相对较高下跌强度的 45 度刚刚结束，随之而来的反弹只是一个涨升强度相对较低的 30 度。除非 C 处上涨强度出现向上的波动变轨，否则实战中很难让我们相信，这里会成为趋向的拐点。

D 处股价和均线再次以 45 度的角度启动下跌。这就反证了 B 处和 C 处所启动的上攻仅仅是一个下跌途中的休整。当个股处于 45 度下跌过程中时，最佳的选择是做空或空仓观望。

实盘中，一段跌势过后，多方渐渐无力反击，而空方尚未进入加速运行阶段，此时就会出现休整性质的弱性反弹，如图 5-3 中 C 处。以小角度涨升的休整性质的弱性反弹，会让部分市场资金误以为价格正在构筑底部结构，或者认为价格已经跌得够多，不会再继续下跌。总之，只要有反弹出现，市场资金总会找到自己需要买入的理由。

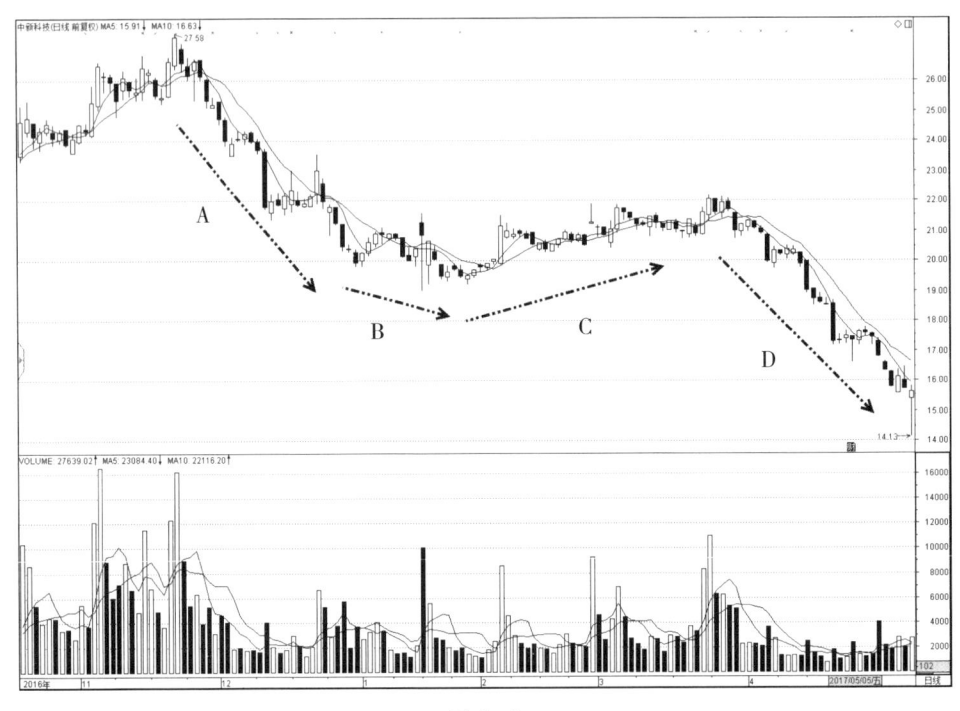

图 5-3

休整性质的弱性反弹，能够吸引一定数量的多方资金进入，这就为空方继续打压提供了条件和动力。股谚中说"多头不死,空头不止"，就是这个道理。多空双方相依而存，此消彼长，任何一方的绝对强势都意味着转折的临近，而延续主导地位最好的方式，就是让对方以弱势抵抗的地位存在，而不是失去反击力量。

四、60 度角急速下跌

与 60 度角急速上攻一样，60 度角急速下跌的持续时间也相对较为短暂，但下跌幅度和强度都非常惊人。

在下跌趋势的初期和后期，60 度急速下跌的幅度越大、速率越急，之后

第五章 下跌行情中的均线应用

迎来的反弹或反转越强烈。但是在下跌趋势的中期阶段，60度急速下跌之后，并不一定都会出现强烈反弹，更大的概率是出现向上30度的弱反弹，而反弹过后的继续下跌更是常规套路。如图5-4所示，A处出现60度急速下跌，之后B处仅仅出现一个30度的弱反弹，股价就再度向下跌落。

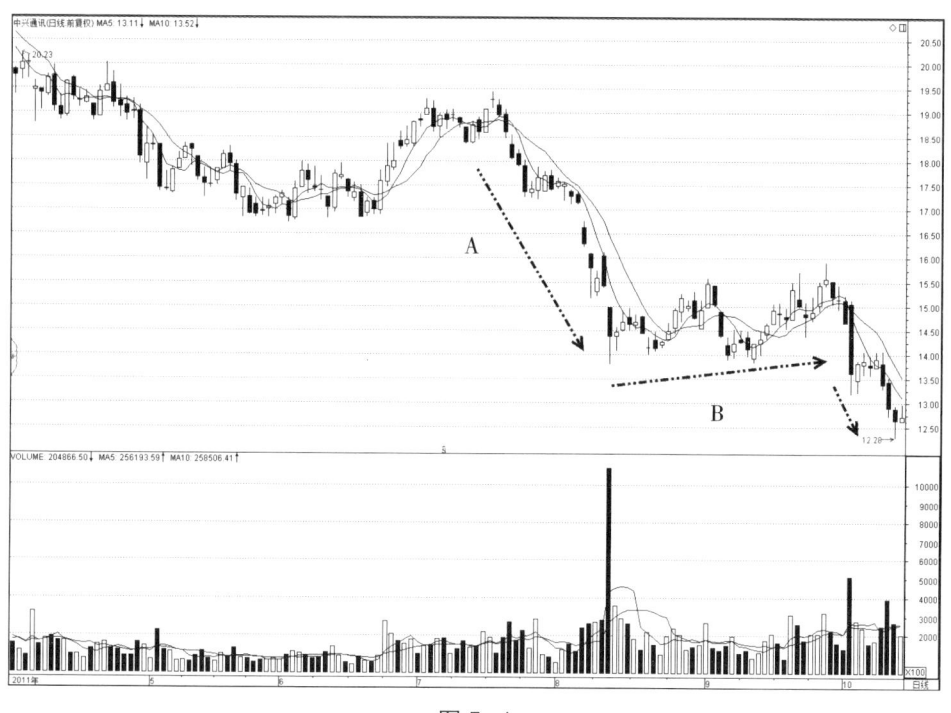

图 5-4

60度角急速下跌的副作用，是带来浓重的恐慌氛围，交易者短时间内因为看不到希望而容易陷入被抛弃、被放弃、束手无策的绝望情绪中。主力资金有时会利用60度角急速下跌来制造恐慌，使交易者在恐慌中匆忙以低价抛出"带血"的筹码，而主力资金则借机吸筹建仓，为之后的强弹或趋向扭转做好准备。

如图5-5所示，A处股价与均线以60度的角度急速下跌，这种陡峭角度的下跌给交易者极大的心理压力，极易带来高度恐慌的情绪蔓延。在这种情景下，市场心理倾向会快速走向极端的宣泄阶段。在市场哀鸿遍野中，B

处股价与均线却以 60 度角展开急速上攻。把筹码抛在低点、仍处于惊恐之中的交易者，多数只能眼睁睁看着涨升行情从身边呼啸而过。

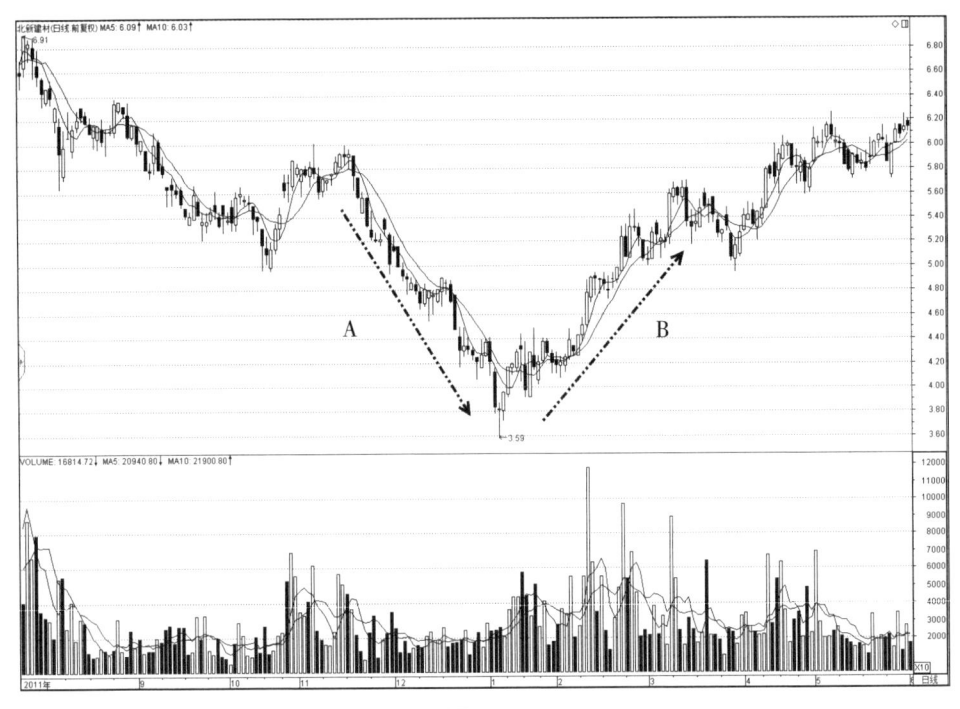

图 5-5

很多人只关注价格涨或跌的结果，而容易忽视上涨或下跌的角度，殊不知这个看上去似乎无关紧要的角度，往往能够告诉我们很多价格背后的真相和秘密。价格和均线不同的运行角度，所反映的是主力资金的意志，分析启动与攻击的角度，其实就是在分析主力资金的思路。

第二节 次级回落调整

一、次级回调的启动

无论上涨趋势如何强势，也必然有级别不等、角度不同的次级回落存在。次级回落就像是汽车的刹车系统，必要的"刹车"虽然会令行驶的速度减慢，却保证了整个行驶过程的安全。

上涨趋势运行过程中，随着价格的持续高涨，获利丰厚的交易者其兑现欲望与日俱增，而场外资金渐渐失去对于价格追逐的热情，当逃逸的资金多于回归的资金时，价格回落也由此开始。如图 5-6 所示，A 处股价与 5 日均线以超 60 度角急速启动上攻，过于陡峭角度的上攻多数不能持久，B 处股价与 5 日均线开始回落，并与 20 日均线发生向下交叉。

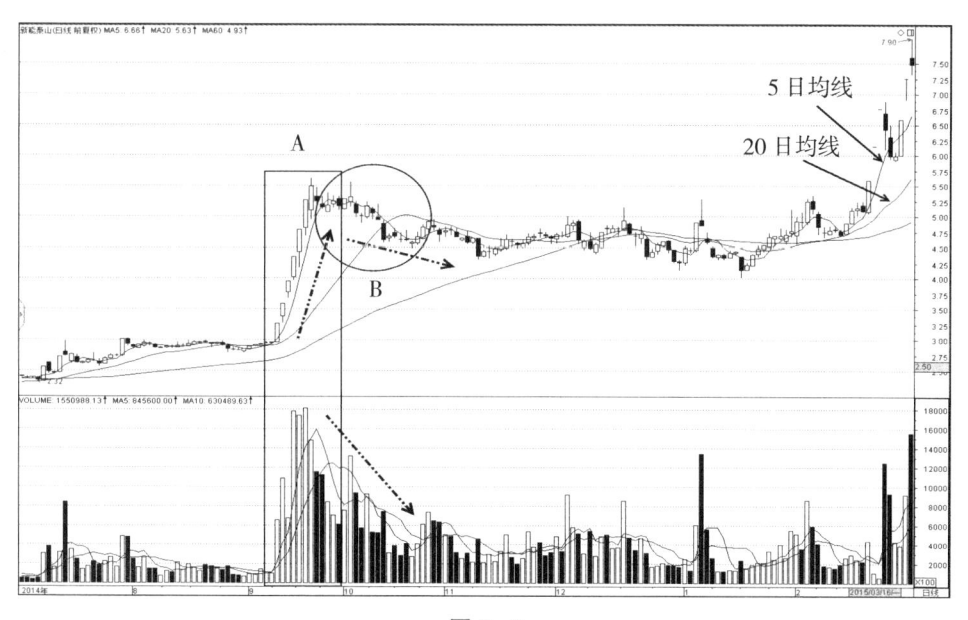

图 5-6

图中 A 处股价急速上攻，如果之后出现的回落调整是一个短调的话，那么 20 日均线通常都是短调的结束点。而如图中那样跌破 20 日均线并出现短期均线间的交叉，那么短调的可能性几乎就不存在了，交易者就应为价格进入次级回调或转势做好相应的准备。

图中 B 处，在两条短期均线向下交叉之前，量能消散形态也是一个重要的警示信号。成交的缩减，无论是否为主力的手法，都不可否认资金攻击力下降的事实，而延宕过久的量能消散形态，对于股价短期攻击强度具有极大的负面影响。实战中，强势个股不会让量能消散形态长时间存在，因为股价一旦冷却下来后，再度汇聚强势必然要耗费资金与精力，并不是想象中那么容易的，除非主力本来就打算进入一个次级回调阶段或结束趋势。

次级回调的启动角度也是多样化的，图 5-6 中是以 30 度角启动，这是一种价格的强势回调，整个回调幅度上表现得相对温和。这种小角度的强势回调往往都具有以时间换空间的特性。

45 度角的次级回调行情，具有一定的持续性且下跌力道往往较为强劲。60 度角的次级回调行情，则具有回调时间短、跌幅大的特点，这种大角度的凶悍回调往往都具有以空间换时间的特性。如图 5-7 所示，A 处股价迅速跌破短中期均线，整个下跌过程并不太长，但会给持仓者以较大的恐慌性。

类似于案例中这种大角度启动次级回调，并不是短中期均线已经失去支撑，而是主力资金故意以急速下跌来打破均线，造成失去支撑、趋势扭转的假象，目的就是引发市场资金的恐慌抛售。

二、次级回调的终结

在上涨趋势运行过程中出现的次级回调，当其完成清理浮筹、消减获利比例、提高市场平均成本、降低自身持仓成本等相关任务后，就会结束回调并回归到上涨趋势中去。

次级回调和次级反弹有很多相似的地方，比如都具有可能会改变运行角度的结构，同一角度运行始终、不具有变化结构的趋向行情很少见。这种反弹结构对于次级反弹的速率或运行时间周期能起到延缓或加速的作用。

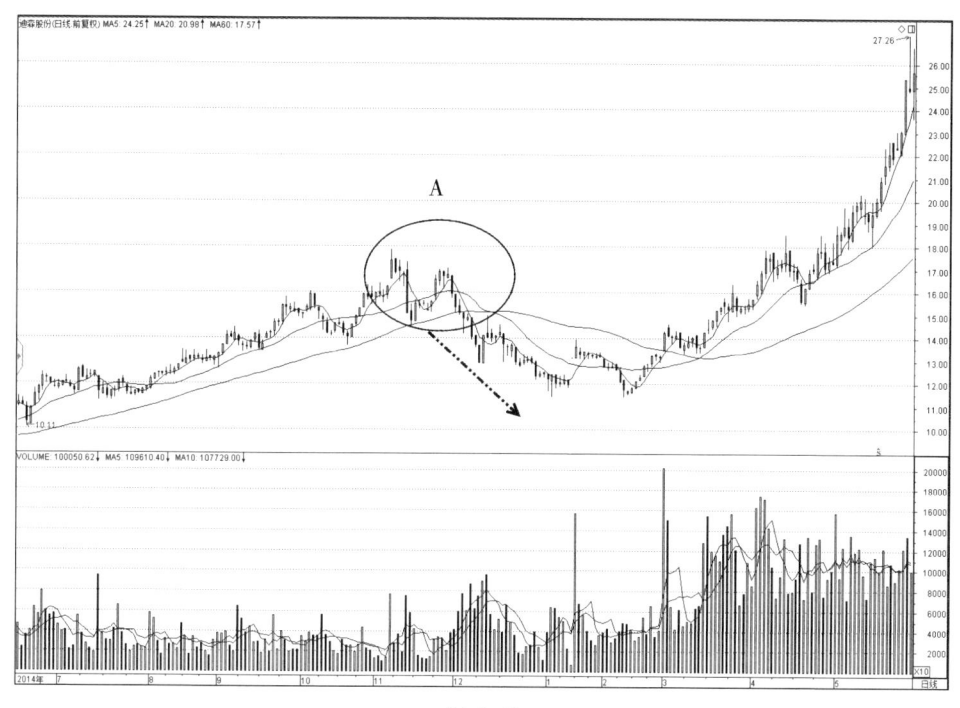

图 5-7

从技术环境分析的角度来说，次级回调出现在上涨趋势的不同阶段，其本身的技术含义和其被市场赋予的意义有较大的差别。比如，在上涨趋势初期出现时，次级回调往往会被市场认为原下跌趋势仍旧没有结束；而在上涨趋势中段出现时，则容易被认为是上涨趋势的拐点；在上涨趋势中后期出现的次级回调，因涨势已经得到大部分人的共识，反而多被视为逢低买入的良机。

如图 5-8 所示，该股扭转下跌趋势，上涨趋势第一波启动加速后，于 A 处展开 45 度角的次级回调。在这个阶段，市场资金大多数并不认同当前的下跌会是一个次级回调行情，因为下跌趋势所带来的惨痛经历仍旧让人杯弓蛇影、心有余悸。持仓者会悲观地认为，当前的下跌是下跌趋势的延续，行情仍未脱离跌势的噩梦。

随着 A 处次级回调过程的展开，人们发现经过相对猛烈下跌后，股价却在重要的长期均线附近止住跌势，并渐渐回升收复上方的短期均线。这个阶段是市场资金最为迷惘的时期,因为不知道趋势将走向何方。

类似于案例中涨势初期出现的次级回调,其本身的技术含义是对趋势突破和扭转后的确认,而并非市场所认为的是下跌趋势的延续。涨势初期出现的次级回调,其往往会结束于已经呈现上行态势的中长期均线附近,如图5-8中的250日均线。

图 5-8

在上涨趋势中期,上涨已经具有一定的幅度,累积了一定数量的获利盘;技术图形上,股价、短期均线与中长期均线之间的距离逐渐过度拉大,乖离率增大。这些不利于行情稳定运行的因素累积到一定程度,就需要一个释放的过程,也是均线修复的过程,而这个过程既可能是一次短期暴跌,也可能是一次时间周期相对较长的次级回调。这是上涨趋势中期出现次级回调本身的技术含义。

如图5-9所示,A处股价冲高后开始一波次级回调。这个回调具有多个

第五章 下跌行情中的均线应用

折返过程，能够让短线交易者在其中来回犯错，一步步挫败持仓的信心，给市场资金涨势已经到了尽头的感觉。这种次级回调的杀伤力，可以说比暴跌更胜一筹。

图 5-9

实战中，对于涨势中期出现的次级回调行情，要有应对股价大幅下跌的充分心理准备，判断回调的结束点，主要还是观测中长期均线系统的支撑力度。在这种级别的回调行情中，股价可能会跌破包括 120 日、250 日均线在内的中长期均线系统，并不都像图 5-9 中那样在 250 日均线附近得到支撑。

跌破均线，并不代表均线一定会失去支撑，只有当支撑转化为压制时，才是真正的破位。当股价在中长期均线系统附近重新获得支撑，也就是回调结束、涨势再启的时候。

在上涨趋势中后期，市场资金已经处于亢奋期，次级回调被视为难得的介入良机。而这个阶段的次级回调，其本身的技术含义多是主力阶段性减仓所带来，市场资金追买而结束，角度多较为陡直，其跌也速、其升也快。

如图 5-10 所示，该股在 A 处以 60 度角展开次级回调，过程不可谓不迅猛。在上涨趋势的中后期，长期均线往往距离股价与短期均线较远，难以起到验证支撑的作用，所以本案例中以 120 日中长期均线为验证支撑线。

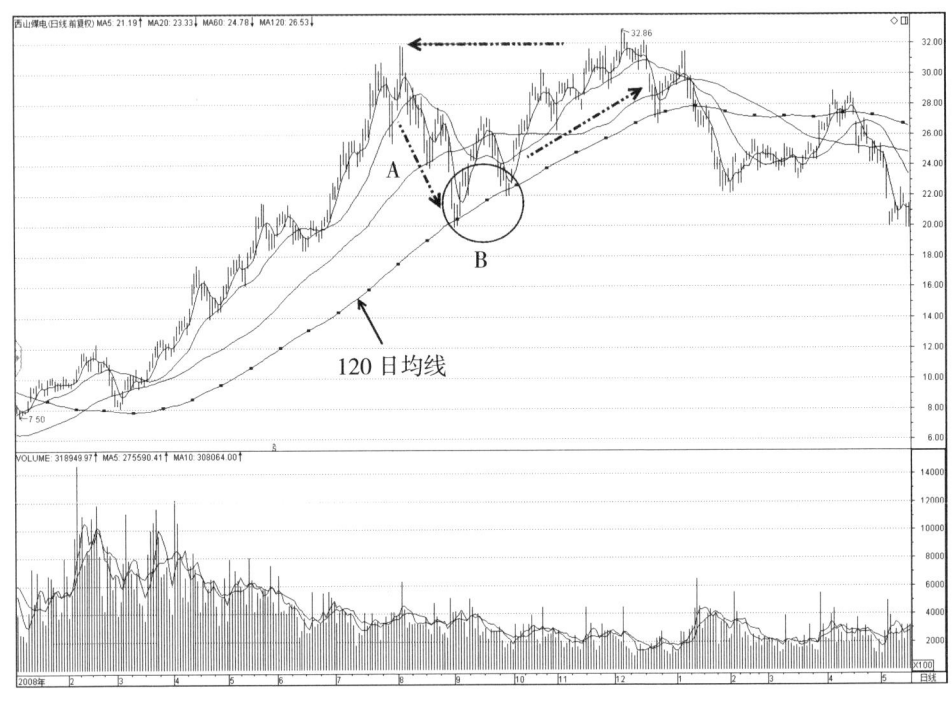

图 5-10

实战中也很少有在长期涨势后期的次级回调中跌至 250 日等长期均线附近的情况，因为过度的暴跌可能会引起市场资金的警觉或引发大规模抛盘，并不利于主力资金下一步的操作和安全撤离。倒是涨势的初、中期，跌破长期均线的情况比较常见。

图中，B 处股价回落至上行的 120 日均线之上，旋即被拉起，次级回调结束。通常来说，涨势后期的次级回调启动高点和趋势的最终高点相差不远。当次级回调结束再启升势后，角度不能维持在 45 度以上，股价难以站稳在次级回调启动高点之上，则有可能临近趋势扭转。

次级回调的角度上，30度角的次级回调是一种以时间换空间的回调形态，整体下跌幅度一般不会太大，但是持续的时间稍长。这种小角度回调多出现在涨势中段，以短中期均线系统来判断其结束点也往往较为容易。45度角和60度角次级回调最为常见，其运行中多数具有折返的动作，对于短线交易者来说，是不太容易对付的回调形式。判断大角度次级回调，应以中长期均线系统为主。

第三节　趋势突破

一、趋势扭转中的均线环境

牛市上涨行情总会有曲终人散的那一刻，而短中期均线系统在趋势即将出现扭转的关口，总会有具有提示作用的分布方式。判断趋势向下扭转，依然采用短期5日、20日均线，中期60日均线，长期250日均线。

各周期均线的作用和判断趋势向下扭转时相近，即5日均线主要测试股价强度和反映运行角度的作用；20日、60日均线用于反映支撑与压制作用；250日均线的主要作用是确认趋势扭转成功与否。

图5-11中，A处均线系统多头排列，各周期均线之间具有厚度保护，股价与短期均线以45度角匀速上行，显示上涨趋势运行良好。之后股价波动加速，以60度急速冲高，过急过快的上涨带来的后果，就是股价以同样的角度回落。

B处，股价止跌后开始回升，但以30度缓速上涨的角度显示出再度上攻的乏力。而这时短期均线与中期均线之间的厚度被封闭，并开始相互缠绕，出现向下方250日均线聚拢的迹象。此时短中期均线的分布，已经发出了上涨趋势岌岌可危的提示。

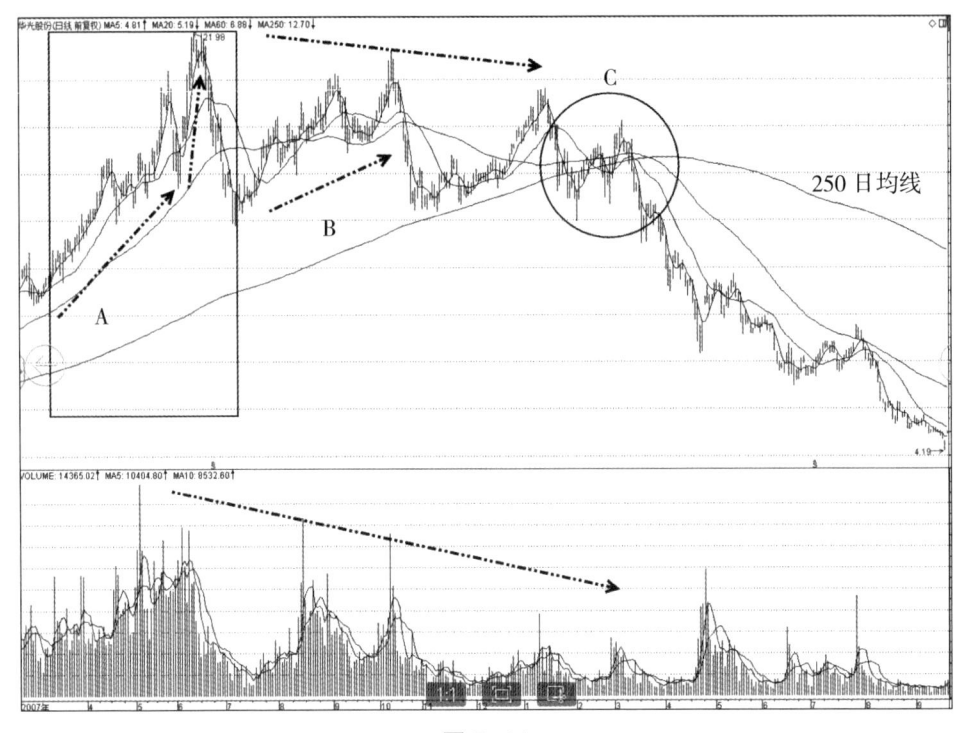

图 5-11

尽管 250 日均线仍旧处于上行态势，但在 C 处发生的多均线聚拢形态，则使上涨趋势最终被扭转已经无可避免。之后多条均线向下发散、空头排列，则是下跌趋势启动和加速的开始。

不但是均线系统，图中的成交量在 A 处冲顶之后也已经形成量能消散形态，股价自 A 处之后出现了高点渐下的形态。这些技术环境中的因素，早在 C 处确认趋势扭转之前就已经发出了倾向于做空的共振提示。

C 处不过是趋势扭转的最终确认点，它只对判断趋势扭转具有意义，并不代表所有的交易者都需要等到这时才去清仓。趋势的判断是战略性的，而不是适用于局部的战术。当短中期均线系统在上涨趋势中后期出现如图中的类似分布时，即便行情暂时仍处于盘整期并未开始大幅下跌，甚至还出现力度不一的反弹，但我们一定要明白危险就在身边。

二、启动加速

上涨趋势终结和被扭转之后，下跌趋势同样面临着是立即进入启动加速，还是振荡盘整后再进入加速的问题。如图 5-12 所示，A 处上涨趋势出现扭转，之后股价虽然大跌，但很快就出现回升，并于 B 处一度收复 250 日均线。B 处是一个技术意义非常丰富，也很具有分析价值的点位。

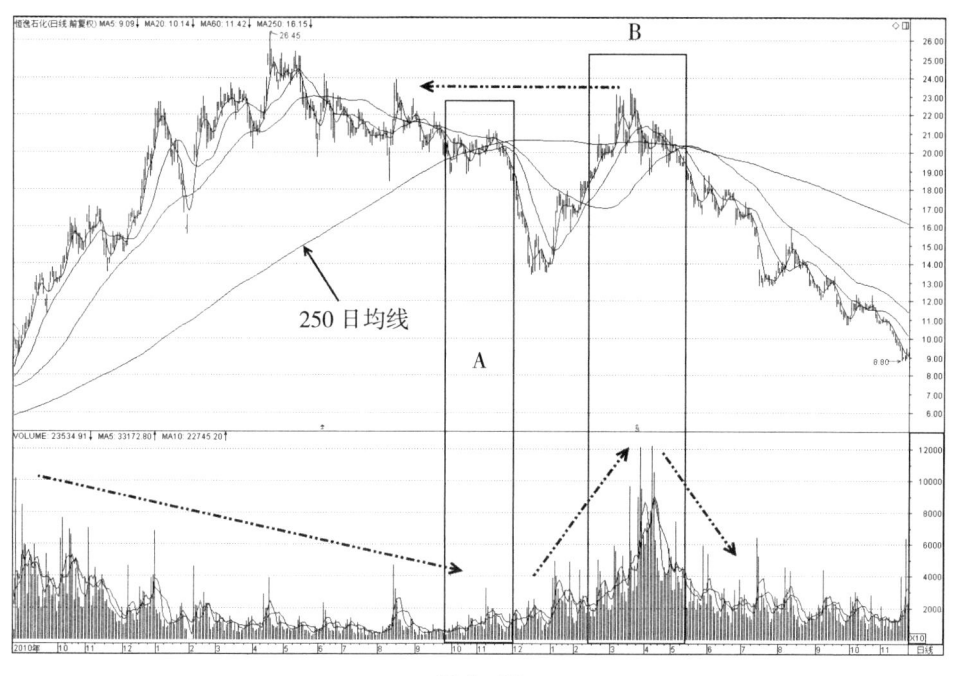

图 5-12

当 A 处趋势扭转后发生急跌时，我们发现成交量的变化并不大。该股前期成交量已经长时间处于量能消散状态，说明在前期涨升过程中主力采取的是逐步降低仓位的策略。

A 处趋势扭转，但主力既没有持续性大幅度杀跌（杀跌就不会有 B 处，而会直接启动加速），也没有护盘（护盘不会出现趋势破位），而是任由股价在这一阶段自由下落，图中可见 A 处后的向下 60 度角急跌。

主力之所以这样做，是因为要营造 B 处的技术环境，目的是让剩下的筹码卖个好价钱。

图中可见，B处涨升过程中的量能配合非常完美，聚量形态下，股价、短期均线以45度角匀速上行，不但收复重要的长期均线250日均线，股价还似有挑战最高点的架势。B处给交易者的感觉是：趋势破位仅是诱空行为，股价新高就在眼前。

但B处有几个细节需要特别关注，没注意到这些细节就很容易被主力忽悠。

（1）250日均线在B处时已经转为下行。

（2）股价并未有效收复最近高点，更不要说最高点了。

（3）短期均线穿越长期均线后并未保持向上的强度，而是很快就呈现下行态势。

（4）量能在股价高点放大后迅速缩减。

这几个细节至少可以让交易者认识到，B处的涨升更像是趋势扭转后的一次大幅振荡或者说反抽，目的就是吸引追高资金以减掉多余的筹码。

可能初学者会有疑问：B处的聚量攻击中，主力不是增加筹码了吗？

有一种手法叫"对倒"，就是自己卖自己买或反之，不用增加仓位，只要炒高个股的热度，自然就会有追高资金帮你把股价抬上去。

这是趋势扭转后并未直接开始启动加速的案例。实战中，主力仓位降到理想程度的个股，则会在趋势扭转后直接进入启动加速阶段，即使存在反抽也会非常短暂，幅度也较为有限，并不都会像案例中的个股那样，具有那么大的幅度和那么长的时间。

下跌趋势中的启动加速和上涨趋势中很相似，同样也会有多次启动加速出现。如图5-13所示，A处和B处股价反弹后，都在60日均线附近结束反弹，然后进入下跌趋势新一波跌势的启动加速阶段。

下跌趋势中的多次启动加速，往往都会出现在重要的技术关口，图5-13中起到验证作用的60日均线一直呈下行态势时，强度不够的反弹多数都会因为受到压制而结束，随后启动加速下跌阶段到来。案例中所提到的60日均线只是一个列举，个股技术环境不同，所受到的压制也有较大差别，应具体情况具体分析。

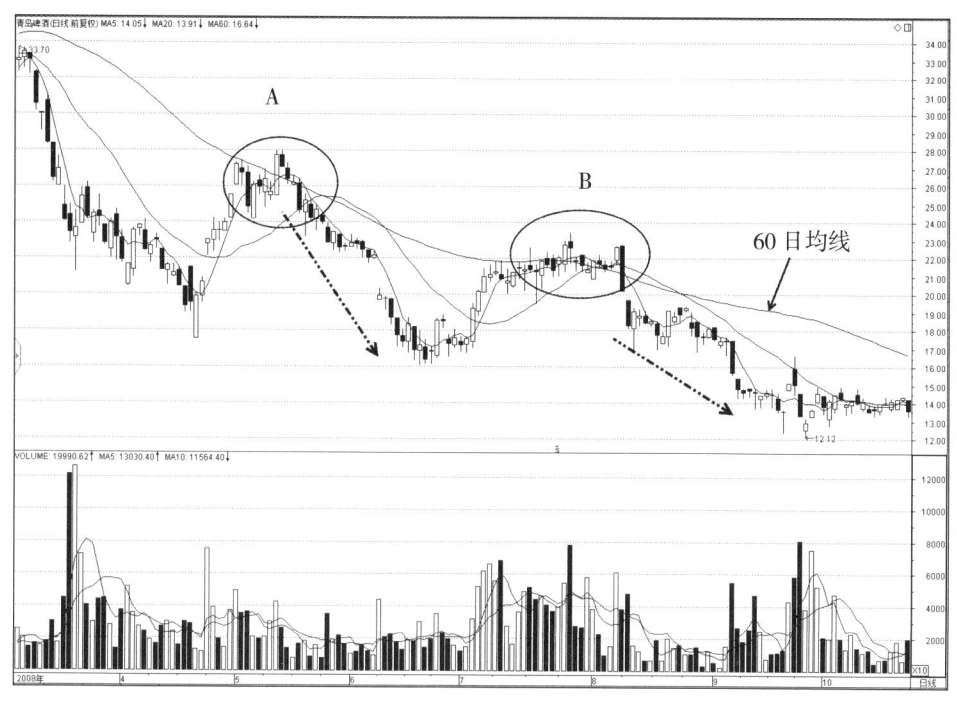

图 5-13

第四节　下跌时间与空间评估

一、次级回调行情的评估

评估次级回调的时间与空间，与评估反弹的方法一样，同样是利用涟漪理论分析均线波动变速形态，可以大致估算出在主要上涨趋势不同阶段出现的次级回调的时间与空间。

在主要上涨趋势不同阶段出现的次级回调，分析和评估其运行时间与空间，要注意分析所处的技术环境。比如，在主要上涨趋势初期出现时，次级回调往往会被认为是原下跌趋势的延续；而在上涨趋势中段出现的次级回调，则容易被认为是上涨趋势的拐点；在上涨趋势中后期出现的次级回调，多被视为逢低买入的良机。

图 5-14 中，从 A 处到 B 处出现一波 60 度角的回调行情，这波次级回调出现在主要上涨趋势的初期阶段。就次级回调行情的时间评估来说，图中次级回调行情是以 60 度角，分为两个波次迅猛展开的，这个角度的回调整体跌幅往往比较大，但是整个调整周期可能会相对较短。

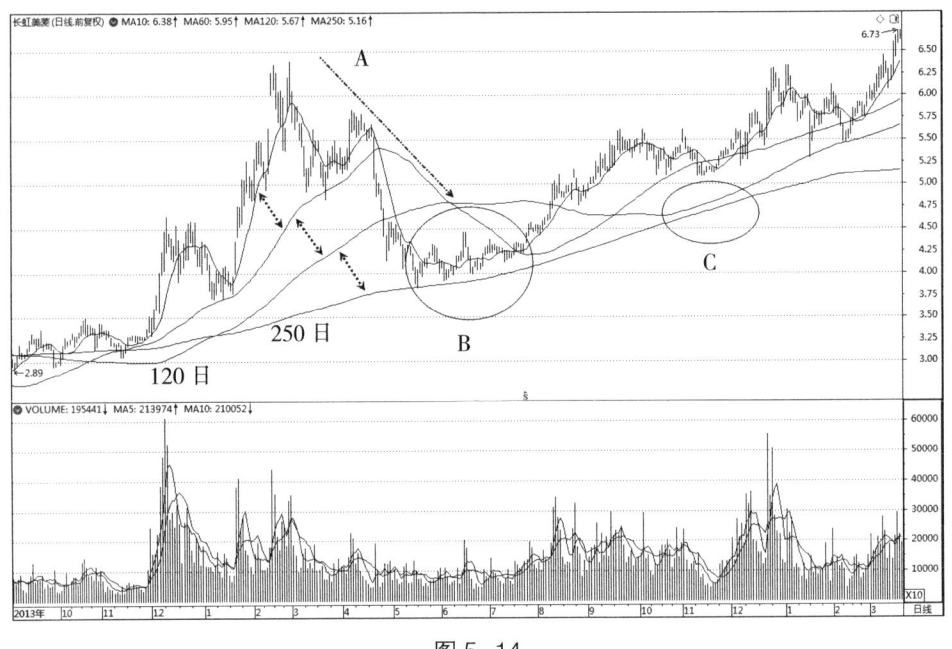

图 5-14

在主要上涨趋势初期阶段出现的大幅下跌，市场普遍会认为当前的下跌可能仍是原来下跌趋势的延续，所以当图中 A 处次级回调行情启动时，市场悲观氛围浓重。

随着次级回调过程的展开，交易者发现下跌虽然猛烈，但是随着成交量逐渐萎缩，股价也渐渐止住明显跌势，与以往下跌趋势中不断阴跌有着细微的差别，同时股价运行重心正悄然上移，如图中 B 处所示。刚刚过去的主要下跌趋势所带来的惨痛经历，仍旧让人杯弓蛇影、心有余悸，这是交易者最为迷惘的时期。

如果仔细分析均线形态，还是能够发现图 5-14 中 A 处下跌的真实性质：图中 A 处之前的上涨过程中，120 日、250 日等中长期均线向上发散、多头排列，这种情形大概率不会在跌势中的次级反弹出现并长时间得以保持，可以初步判断出下跌趋势大概率已被扭转。

上涨行情至 A 处出现次级回调，并非无迹可寻，比如，中长期均线之间的厚度空间逐步被快速拉大，均线系统有修复的需要。A 处之前以 60 度角快速上涨，累积较多的获利盘，A 处同样以 60 度角下跌，非常有利于清洗获利盘，并可以快速打低获利盘的抛售价格。主力资金的这一操作，可以进一步降低护盘成本，增加低价筹码，清除之后拉升过程中的部分抛盘压力。

图中 C 处出现的非交叉相逆形态，进一步佐证了判断上涨趋势稳定展开的技术信号。交易者无论是更早买入还是从 B 处买入，至 C 处时，这个股价振荡中的低点都是再次加仓或者判断上涨趋势稳固的重要技术点。趋势已成，稳定持仓，等待股价主升阶段的到来，就是最好的选择。

二、主要下跌趋势的评估

上涨趋势的末期，在趋势转化过程中，最初阶段的下跌往往会被人们认为只是一波短期回落或次级回调，多数人并不会因此恐慌，更不会清仓或积极转向做空，上涨趋势中所形成的惯性做多思维短期不会被改变。

均线理论在一定程度上可以帮助我们发现和评估主要下跌趋势的启动时间与空间，为调整交易策略提前做好准备。但是必须指出，上涨趋势扭转的时间与空间评估，绝不仅仅依靠某一条均线被跌破。均线关口的破位固然是重要的分析标的，但是确定趋势扭转的必然是技术环境的综合判断，而不是某一孤证。

如图 5-15 所示，A 处股价创出高点的过程中，均线以 60 度角上行，股价与均线形成脱线，这只是一个短线卖出提示信号，并不足以证明上涨趋势可能发生扭转，所以这时需要根据技术环境来做进一步的判断。

该股整个上涨过程中多次出现大幅回落调整，而且调整低点多在 60 日均线上下就会止跌回升，如图中 A 处之前。在实盘操作中，每一只股票的运行各有特点，但是依附某一条均线上行的个股，一旦跌破这条均线，则多数会迎来重大调整，即使不是最终的顶部，也会迎来大级别的回落调整。当 B 处股价跌破 60 日均线却不能及时收复时，交易者就必须警醒，股价将迎来重大回落调整。

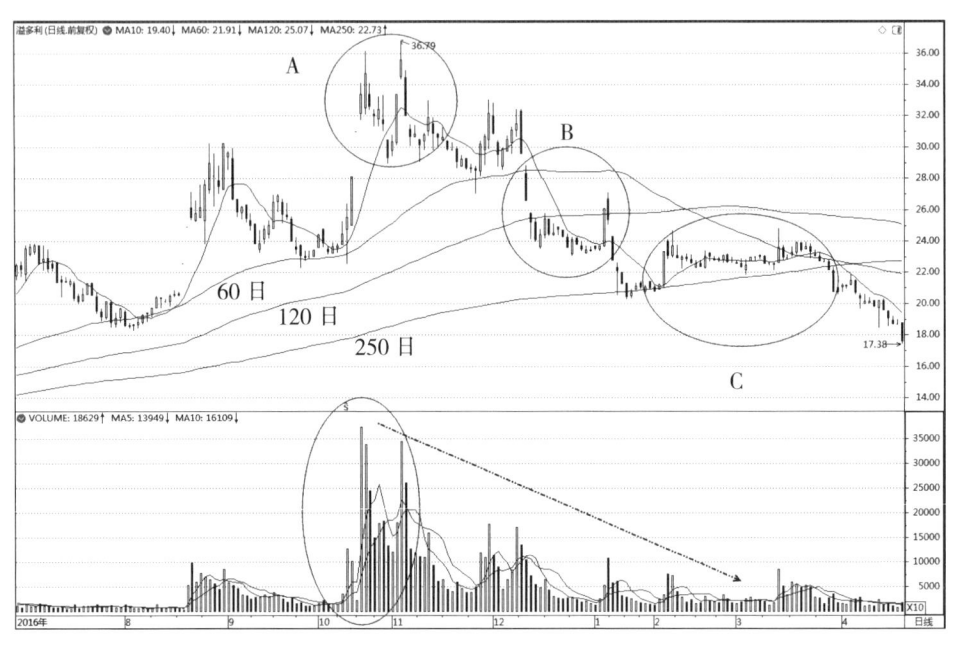

图 5-15

从成交量上分析，A 处首先出现变量形态，已构成短线卖点，这一点和均线提示的短线卖点形成共振，此其一；其二，成交量在之后的运行过程中，呈现逐波下降的量能消散形态，显示出股价已经渐渐失去买入动能。

回到均线分析，再看 B 处，股价跌破 60 日均线后，直落到 120 日均线上下盘整，此时股价的运行重心已经明显偏离原来的上行趋向（为保持图中画面整洁，未绘制重心线），这已经能够提示出上涨趋势的终结。再至 C 处，股价在 250 日均线上下盘整，成交量处于萎缩后的常量形态，显示出行情冷落、乏善可陈的局面，交易者应以回避为主。

上涨趋势扭转为下跌趋势，多数会从技术细节中表现出来，初期并不明显，之后一旦明确了，股价必然已经出现了大幅下跌。交易者评估趋势扭转，就必须学会细节分析，从细枝末节中发现共振等提示信号。

当然，一些突发性的暴跌也会导致趋势生变，但并不常见，例如2015年出现的股灾。在技术分析中，不能把偶然性当成常规现象进行分析，否则分析结论必然要出错。同时，发现趋势生变后，即使已经错过最佳的盈利减仓位置，也要选择在下跌后的反弹过程中降低仓位，绝不要与趋势相对抗。

第六章
均线实盘特殊案例解析

第一节 潜行的均线——主力资金的影响

均线的本质是市场资金平均持仓成本的一种表现形式。以买入持仓为例，理论上，当股价处于均线上方，某一周期内在平均持仓成本附近买入的持仓者是盈利的；当股价处于均线下方，则持仓者是亏损的。实盘中，能够影响到股价波动的主力资金，往往会利用均线与股价的这种关系来打出抛售盘，或者引诱跟风盘。

主力资金对于股价和均线的影响或者说操控，并不是天衣无缝、无迹可寻的，相反，在操控过程中会有大量的痕迹和漏洞，只不过容易被人忽视，或者分析不得法，搞不懂主力资金的真实含义。本节主要讲解主力资金对于均线的影响以及交易者的应对之法。

一、短期与中长期、灵敏性与稳定性

周期越短的均线（短期均线），对股价波动的反应越敏感。短线持仓的交易者在行情盘整期间，往往会在持仓赢亏变换之间频繁接受考验，而一些容易被干扰的交易者则往往因此心神不宁，做出错误的交易决定。

股票市场最显著的特性就是博弈性，主力资金会抓住部分市场资金的弱点，利用自身资金等方面的优势制造骗线，迫使市场资金做出错误的判断和决定，从而达到自己的目的。短期均线就是主力惯用的道具之一。

如图6-1所示，在一波上涨过程中，股价多次跌破短期均线，同时短期均线之间也多次发生死叉，似乎每一次死叉都预示着一波下跌已经无可回避。但是接下来股价并没有继续下跌，反而开始回升并继续运行在上涨趋势中。在这种技术条件下，股价走势和市场大众的预测出现了较大的偏差，这个案例可以充分说明短期均线容易被操控。

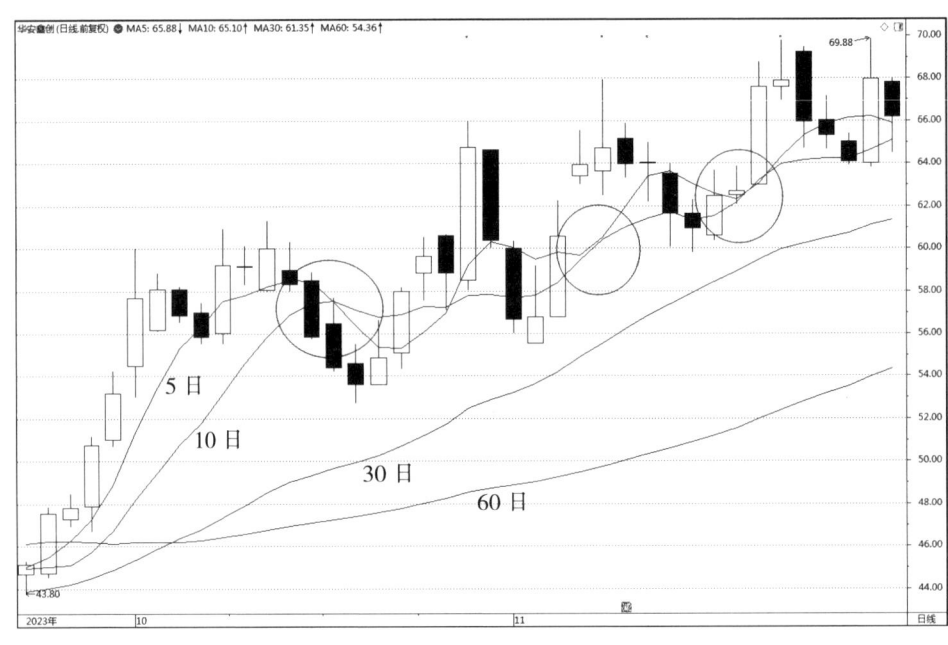

图 6-1

交易者在应用均线理论进行分析判断时，必须明确两点。

其一，短期均线具有灵敏性的特点，这个特点有时也会变为缺点，所以在实盘应用中，要配合中长期均线综合研判，比如图中股价跌破短期均线，短期均线之间发生死叉时，下方的 30 日、60 日均线仍然保持稳定上行的态势，这是中长期均线稳定性的特点所决定的。

短期均线和中长期均线、灵敏性与稳定性，这其中并没有孰优孰劣之别，主要在于"用其之长，避其之短"。比如中长期均线的特点是稳定性，不易被主力资金操控，但同时也必然具有对股价反应相对迟缓的缺陷，短期均线则相反。总体来说，短期均线和中长期均线，可以相互间弥补不足，交易者平衡其灵敏性与稳定性，进行综合研判。

其二，在短期均线的应用上，应当避免将其灵敏性的一面过度使用。灵敏性是短期均线的特点，能够及时反应股价的变化，但正因为这个特点，非常容易落入主力资金的骗线陷阱。所以在实盘中，短期均线不能被当成测试股价压制与支撑的主要指标，比如股价跌破 5 日均线或 10 日均线，不能真正说明股价肯定失去支撑，能够显示出支撑与压制作用的至少应该是20日均线。

短期均线在实盘中的真正作用，是测试股价的涨跌强度，比如股价反弹到5日均线或10日均线附近就显示出乏力迹象，你还能期望股价会走得很强势吗？再如强势上涨的个股必然脱离5日均线，并且不会轻易回到5日均线或10日均线附近，否则就证明已经失去涨升的强势，这才是短期均线的核心用法。

二、看清大局，才能不迷失于细节

主力资金的操作手法，除了"阴谋"还有"阳谋"。

不少交易者可能都有过这种经历：经过分析发现主力已经入驻某股，但是即便明知道主力在干什么，却还是会在股价反复的折返波动中迷失方向，最终做出错误的交易行为。比如交易者忍受不了股价来来回回的折返，而过早卖出持仓股票后，之后股价出现飙升，自己后悔不已。

利用股价折返所带来的恐惧洗出跟风筹码，或者利用折返带来的反弹希望吸引追涨者进场，都属于主力资金"阳谋"的内容。折返是价格常规的波动形式，是多空角力的盘中表现。无论何种角度的上涨、下跌，只要不是封住涨、跌停板，就存在折返。涨势中的折返，也可称为回落调整或回档等；跌势中的折返，也称为反弹等。

如图6-2所示，股价整体呈下跌势头，但跌势持续的过程中包含着幅度大小不等的反弹。这种类型的折返在跌势途中出现时，能够大幅消耗做多动能，它会将参与做多的市场资金尽数套牢。但是主力采用折返的目的不同，其所谓消耗市场做多动能的意义也不一样。

交易者应对股价折返的方法，首先是分析折返和股价强度关系，其次是不可跟随股价运行方向而产生相应的情绪与心理波动。比如涨势中折返时间短、幅度小，说明做多力量处于优势地位，而这种优势地位延续到之后交易日的概率较大，同时也意味着存在的压力相对较轻，股价之后极有可能进入快速拉升阶段。

图 6-2

涨势中折返的时间长,说明股价目前的涨升强度不足,而折返的幅度大,说明股价遭受的打压相对较重。当然,这二者也有可能只是主力资金故意而为,需要根据个股的技术环境具体分析。频繁发生折返,是各方资金逃逸与回归的表现。有人认为目前股价还会继续下跌,也有人认为可以入场抢反弹,市场资金并未达成共识。

无论是涨势中还是跌势中,股价反复发生折返,都会令大部分持仓者颇感难熬。在股价的上下颠簸中,一些持仓者的心态会逐渐发生变化:由最初的信心十足,到渐渐地失去耐心,被烦扰情绪所缠绕。随着折返幅度加大、时间延长、次数增加,这种情绪会进一步演化为恐惧。

之后股价折返中的每一次"小跳水",都仿佛正跳在自己的神经上,几次三番后,持仓者已被累积的恐惧情绪所笼罩,会将之前所有正确的买入理由都忘记,而只相信股价将要展开大幅下跌。

如图 6-3 所示,该股一直处于振荡盘升的过程中。在这个过程中,股价频繁发生向下的折返。现在看这张静态的 K 线图感觉不到有什么特别,似乎股价也就是出现一些幅度不等的回落。但如果你是持仓者,尤其是短线交易者或者仓位比较重,那么这些折返会让你如坐针毡,因为股价每一次的"跳水",都会让你觉得暴跌将要开始。

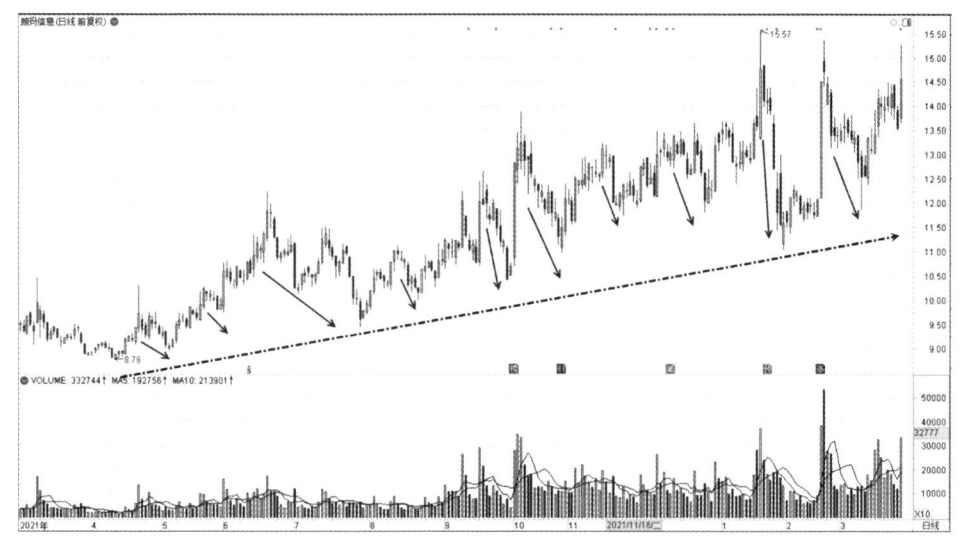

图 6-3

即使部分持仓者熬过了个股的这种折返,也难逃另一种"折磨":持仓的个股一直在做这种似乎原地不动的"磨蹭",而指数或者其他个股却纷纷飙升,一时间交易者会有一种持仓却踏空行情的失落感。

当交易者被恐惧或者失落等不良情绪所困扰,那么随之做出的交易行为,就很难有理想的结果。这也是主力资金常用的"阳谋",即折返带来的心理上的折磨。

主力资金不但会利用恐惧或者失落情绪,有时还会提供"希望",让心如死灰的交易者"复活",只不过主力提供的"希望",往往都会如烟花般一艳而绝。某些个股在长期熊市行情中运行,一段时间的下跌过后,股价会有一种跌不动的情况,原因大多是因为持仓者的绝望情绪存在,不愿意再进行操作了,即"哀莫大于心死"。

解决这个问题其实很简单,心病要用心药医!既然股价下跌让持仓者绝望,那么就用"希望"来治病。实战中会看到,某些个股跌到"跌不动了",

会突如其来出现一根大阳线，或者突然性高开，同时伴以赏心悦目的成交量。

如图 6-4 所示，在 A 处之前，股价经过一段时间的下跌已经渐渐平稳下来，成交量也处于常量态势，盘中有跌不动的现象。A 处突然放量拉出一根大阳线，突破所有均线的压制，似有再起一波涨升行情的样子。但随之而来的是股价就此偃旗息鼓，不但未能出现大幅上涨，反而在之后不久出现大幅下跌。

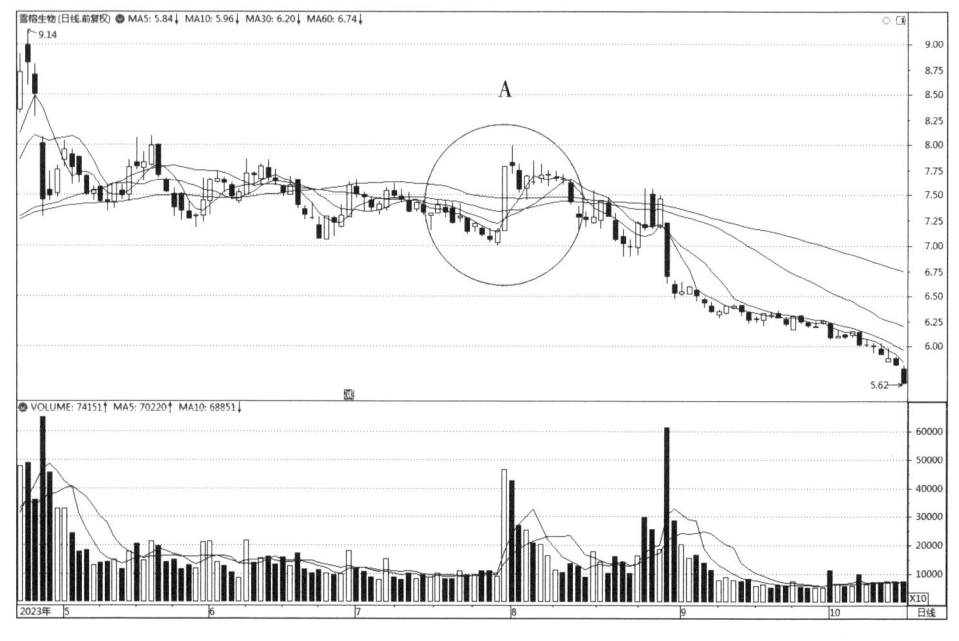

图 6-4

如果一根大阳线能够解决"绝望"的问题，那么主力资金绝不会用两根；如果一个高开就能激活持仓者加码买进，那么高开之后就会突然往下跳。解决"绝望"可以用"希望"，而希望的破灭，无疑是制造恐慌的绝佳原材料。于是我们可以看到，某些原本"跌不动了"的个股，又一次"焕发青春"加入下跌的队伍中。

经过技术分析已经判断出股价正处于折返之中时，我们当然就不必再跟着主力资金的指挥棒转了。

一个技术派的交易者首先要做到的，也是最基础的一点，就是心理不能被行情所控制，不因涨而买入，不因跌而卖出。能将突发情绪程序化，有固定的应对方式；当恐惧和希望这些情绪在交易过程中能被控制，而不是影响到交易决策时，那么你就成为一名专业交易者了。

第二节 乱如茅草的均线——暂停信号

一、乱了就休息，不顺就暂停

在股票交易市场上，似乎每时每刻都有暴利的机会，在股价不停变幻的交易时间里，必须清醒地认识到一点：适合我们的交易机会，其实并不多。每个人的交易风格、理念、习惯多有不同，股价运行在不同阶段，则分别适宜于不同的交易者进行操作。做适合自己做的事，别强求能力以外的机会，那多半不会带来盈利，只会带来风险。

实盘中，交易者最容易犯下的错误，就是误以为自己适宜"全天候"交易，每时每刻都适宜交易，想把所有的机会都抓住，所有大涨的股票都买入。一旦到了这个阶段，所有的机会也都会变为陷阱。学会放弃、学会休息，也是交易的重要组成部分。

如何把握股票的交易时机？其实很简单，当均线顺滑时便是入场操作之际；当均线乱如茅草、崎岖不顺，便是离场休息之时。无论是处于上升还是下跌趋势中的均线，其顺滑程度都会对股价趋势的运行速度带来较大的影响。

当股价在均线的支撑下击浪上行时，均线顺滑则趋势明显，上涨受到的阻力就越小，上升速度越快，多方参与收获财富的热情越高。如图6-5中，当均线顺滑、有序地维持上升趋势时，正是选择介入和持有的时机。当股价在均线的压制下逐波下潜时，均线顺滑则趋势明显，下跌速度就越快，空方短期收益就越大。

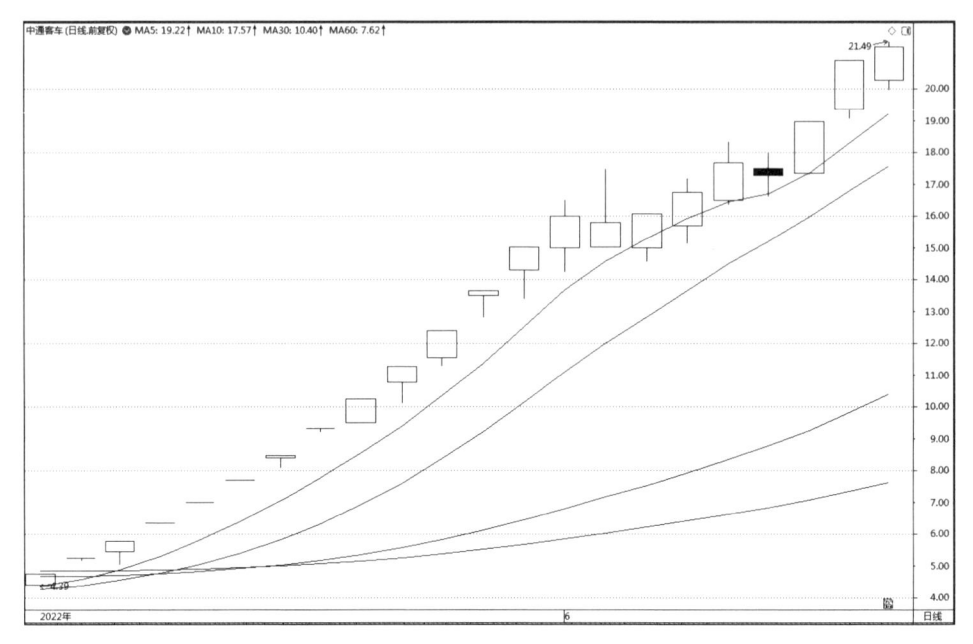

图 6-5

当均线形态乱如茅草、崎岖不顺时，股价则表现为乍起乍落、涨跌皆无规律可言；均线峰谷的杂乱，意味着趋势不明、前途叵测，交易者必然心存忐忑、坐立不安，很多人往往在这个阶段因频繁交易、屡屡失手而遭致巨亏。如图 6-6 所示，均线起伏不定、乱如茅草，而股价的振荡空间却不足以进行短线交易，不如离场暂作休息，等待大波段的交易机会。

二、厚度空间的保护

厚度空间对于股价运行趋势具有保护作用，均线系统中，多条均线之间形成多个厚度空间，也就对价格运行趋向具有多层维护和保护。短期过度增大的厚度空间，则会减弱维护作用，反而可能引发价格的逆向运行。

运用厚度空间理论时，需要注意短期均线和中长期均线之间的关系。由多条均线组成的均线系统中，短期均线之间的厚度空间是否畅通，代表着短期价格的运行情况：保持一定厚度的通畅，说明价格目前属于稳定运行阶段；厚度转为狭窄，则说明价格处于盘整振荡阶段；短期均线紊乱、厚度空间封闭，则短期价格转向。

图 6-6

但是如果这种厚度空间封闭仅存在于短期均线之间，有可能只是股价的短期或者次级调整，需要灵活分析判断。如图 6-7 所示，A 处之前，5 日均线、10 日均线、30 日均线之间出现过厚度空间封闭，都是股价短线调整所造成，但 60 日均线、120 日均线保持了足够的厚度。

至 A 处，60 日均线厚度空间也被封闭，这是股价的一波次级调整，120 日均线保持相应的厚度，为趋势上行提供足够的支撑和保护。这种中短期均线之间厚度空间封闭的情况，在上涨趋势中很常见，大部分就只是一个以消化获利盘和均线修复等为目的的次级良性调整。

A 处之后，随着股价加速，均线系统各级厚度空间增大，一波强度较高的次级回调在 B 处出现。在大级别回调或趋势扭转中，股价会先于短期均线冲击均线厚度空间，以寻求支撑和趋向保护。如图中 B 处，股价击穿 60 日均线后，不做停留继续击穿 120 日均线，随后所有的均线厚度空间都被封闭，和 A 处一样，短期均线乱如茅草。

这个时候盘面岌岌可危，市场上趋势扭转向下的言论必然甚嚣尘上。但是我们必须明白：厚度空间是由均线构成，而不是股价。只要形成厚度空间的均线能够快速回升，并再度拉开空间，那么厚度空间就会对股价产生相应的回归引力。

厚度空间的引力，也是由价格和均线间的背离生成。这也是暴跌、暴涨情况下，即使之后出现趋势扭转，但股价在连续击穿数条均线后，大多会迎来强烈反弹或回落的原因。图 6-7 中 A 处之后，均线之间再度形成厚度空间，证明这里仅是一个强度较高的刺激回落调整。

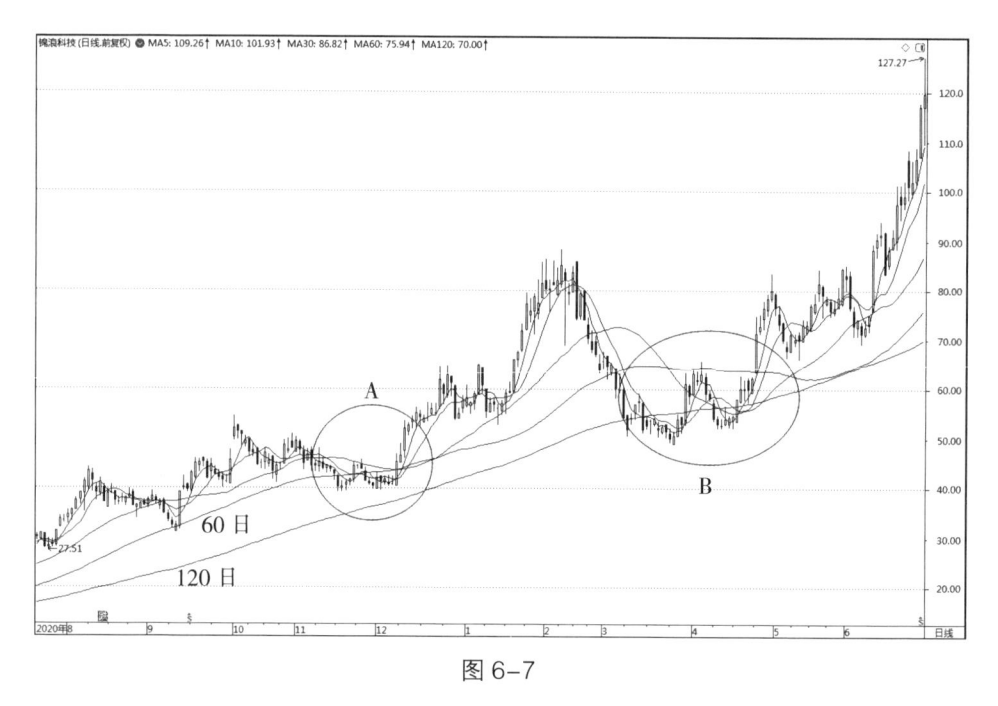

图 6-7

在突遇极端行情的情况下，多层厚度空间的存在会对股价形成引力，暂时脱栏狂奔的股价至少还会有回到"围栏"附近的机会。如图 6-8 所示，A 处股价暴跌，连续击穿多层厚度空间，极端行情下，似乎任何支撑都如纸薄。当市场心理倾向处于情绪宣泄阶段，必然势如洪水猛兽，难以抵挡。

但无论是怎样的狂澜也有平息的时候。价格过度反应后，就会有一个纠偏过程出现，这个过程既是对价格过度反应的修正，也是厚度空间引力在发挥作用。如图 6-8 中 B 处，暴跌之后，股价迅速展开反击，在 120 日均线附近时，短期均线上行乏力。尽管股价穿越 120 日均线，但均线系统的整体颓势已经决定厚度空间引力至此已基本完结。

类似图 6-8 中的案例，B 处时如果短期均线能够持续表现出强度，例如迅速上行重新拉开明显的厚度空间，那么图中出现的可能只是一个巨震形式的次级回调。但是案例中股价的上涨强度已经在 B 处的反弹中消耗殆尽，此时短中长均线已经乱如茅草，再也无力重新拉开厚度空间，也就显示出趋势扭转的大幕已经正式展开。

图 6-8

第三节　天外飞仙的均线——山不动水动

一、变量突袭，减仓为主

股价处于下跌趋势运行过程中时，股价也不会一直处于下跌，而是会出现无数次强度不等的反弹。对于被套牢的持仓者来说，借助其中的强反弹降低仓位或者及时出逃，是相对较理想的交易策略。这时要注意一些中长期均线对于股价反弹的压制，及时确定减仓点位。

如图6-9所示，该股在跌势中于A处突然出现单日变量反弹，交易者如何认定这个反弹并进行相关操作呢？A处反弹时，上方的120日均线保持下行的态势，这是股价长期下跌过程中中长期均线基本的趋向，也显示出股价上方中长期套牢盘与目前股价的价差空间。

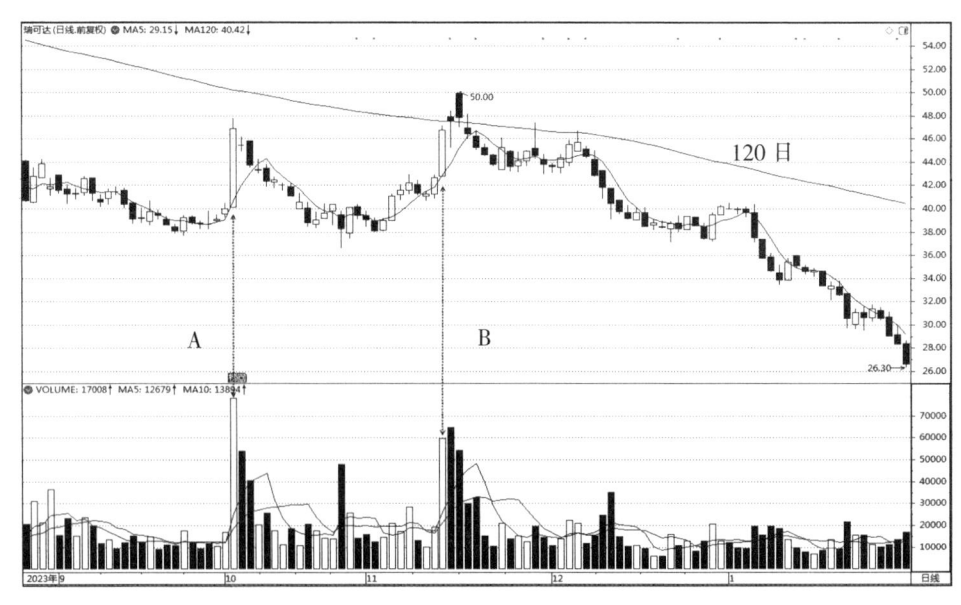

图6-9

当 A 处股价出现突然性暴涨，必然缩小了与上方中长期套牢盘的价差空间，也就使得部分套牢盘看到了解套的希望。也会有一些套牢盘因为大幅减少了亏损程度，而情愿及时套现，小亏出局。这就会给股价继续上涨带来压力。

同时，A 处的成交量达到了变量形态的标准，这是一个不好的信号，因为这个位置上放量并不符合博弈的逻辑关系，或者说不符合主力资金及大资金的操作逻辑。当股价处于下跌趋势中，如果主力资金开始进场收集筹码，必然不会大张旗鼓搞得人尽可知，只会在静默中收集低价筹码，何必拉出这么一根放量大阳线。除非是已经收集不到低位筹码，必须拉出一波再往下打（即前文中讲述的绝望时给你希望），但是案例中的个股明显不是这种情况。

所以，A 处的成交量达到变量只有一种可能，就是主力资金或者被套的大资金为了自救，采取对倒（自买自卖）的手法营造成交活跃、股价大幅涨升的势头，吸引市场资金跟风追涨，自己借机减仓兑现。

图 6-10 就是 A 处当日的分时走势。当日股价上涨放量主要在三个时间段，即早盘、午后开盘和尾盘。除了尾盘外，早盘和午后开盘放量拉升后，股价都处于较长时间的横向振荡中。虽然当日股价涨幅达到 17%，但在分时图中感觉不到股价凌厉的上涨。这就是主力资金以对倒方式拉升时比较常见的一种盘面。因为主力资金并不是想真实地拉升股价，而是借助拉升来达到自己的目的。

可能读者会有疑问：既然图 6-9 中的 A 处是主力资金为了减仓而营造的虚假拉升，那么 B 处股价为什么还会再一次上涨，而且不但突破了 120 日均线，还创出了反弹以来的新高？

这个问题很好解答，先看看 B 处的上涨，同样是以变量大阳线上涨，这一次离 120 日均线更近，B 处同样也是极佳的减仓点，而非介入点。虽然 B 处之后股价突破 120 日均线并创出反弹新高，但回落同样迅速，让追涨买入者很难有从容卖出的机会。为什么会出现 B 处？大概率是主力资金在 A 处减仓并不顺利，或者未能达到相应的减仓幅度，所以才会有 B 处的二次变量大阳线反弹，同样的套路，同样的目的。

图 6-10

当交易者在实盘中发现个股出现类似图中 A 处、B 处的变量大阳线时，即使不选择减仓，也不能盲目跟风追涨。因为当中长期均线如天外飞仙一样横亘在上方并稳定下行时，无论看上去多么强力的反弹，都很难走得太远。

实盘中需要注意中长期均线的运行形态，有些情况下即使出现变量，股价仍会继续上涨。如图 6-11 所示，A 处的阴线和 B 处的阳线分别出现成交量突然暴增的变量形态，但是之后的股价并未如图 6-9 中那样随后就转入下跌，而是都出现了不同幅度的上涨。

将这两个案例进行对比，可以发现图 6-11 的不同：两次变量都发生在突破 120 日均线时，尤其是 A 处股价向上突破 120 日均线时，均线保持着平稳向上的态势。尽管 A 处收出一根阴线，却并未将下方的跳空缺口予以回补，足以佐证股价具有抵抗下方引力的强度，当日的变量主要由部分套牢盘和短线盈利盘兑现构成。

股价经过回落后，B 处的阳线再次出现变量突破 120 日均线，这时均线已经逐渐转为下行。这里的变量有较大部分是主力资金带来的，目的是让跟风追涨资金坚信涨势已经形成。之后股价虽然继续上涨，但是自 B 处之后成交量呈逐渐减少的量能消散形态，与股价形成量背离，显示出主力资金借着股价涨升不断减仓，逐步减少护盘力度，并最终成功出逃。

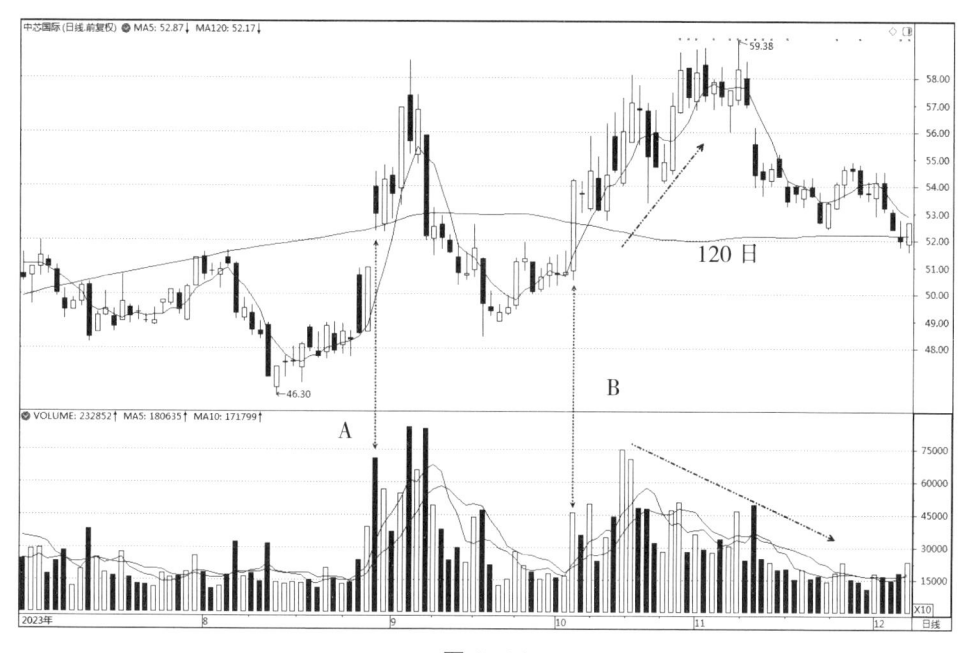

图 6-11

二、阴聚量与止跌点

实盘中不但会遇到上述案例中反弹出现变量的情况，可能也会遇到暴跌中放出变量的情况，尤其是在个股看上去正在筑底，中长期均线聚拢或黏合的情况下，突然出现连续暴跌，导致股价远离均线系统。当这种暴跌运行到尾声阶段时，成交量往往会出现"阴聚量"形态，当这种形态出现时，就不宜再盲目斩仓杀跌。

图 6-12 中，在短期和中长期均线聚拢的情况下，股价突然出现暴跌，A 处出现变量阴线。通常情况下，经过大幅下跌再出现变量阴线形态，多数会迎来强力反弹或者反转，但是案例中股价仅仅出现一个中继性质的横向振

荡，随后就继续下跌。虽然 A 处距离最终下跌低点并不太远，但交易者如果买入的话，还是要承担一段时间的煎熬。

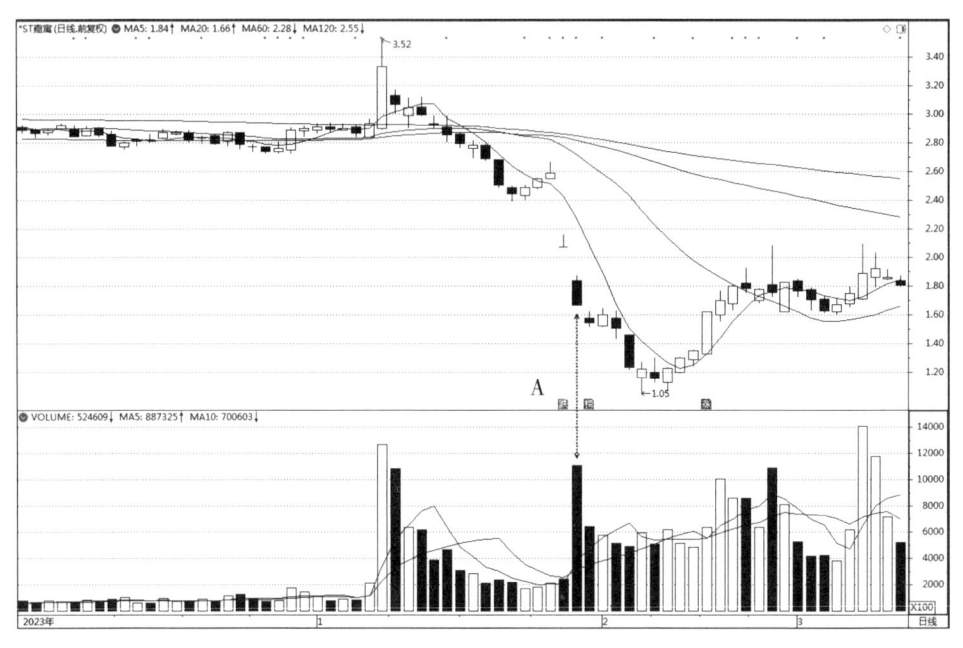

图 6-12

案例中的个股之所以在变量阴线杀跌的情况下依然还能继续大幅下跌，主要原因在于技术环境——当时市场整体处于暴跌，所以个股很难独善其身。在正常情况下可以止跌并转为上涨的技术条件，在市场整体暴跌的技术环境下也会被迫跟跌，所以交易者在进行技术分析时，一定要注意技术环境的影响。

在极端的市场条件下，比如上面案例中提到的市场整体暴跌的技术环境中，如何判断个股股价何时止跌或者适宜的介入点位？那就是等待阴聚量出现。什么是阴聚量？在连续下跌的个股中，越是到跌势尾声，越是可能出现阴线成交量逐渐放大的情况，这就是阴聚量。

阴聚量的出现，说明市场的抛售盘越来越多，股价正处于最黑暗的时刻，也必然离最终低点不会太远。如图 6-13 中 A 处所示，随着股价的不断下跌，阴线成交量由减少到逐渐增大，直至迎来股价反弹。

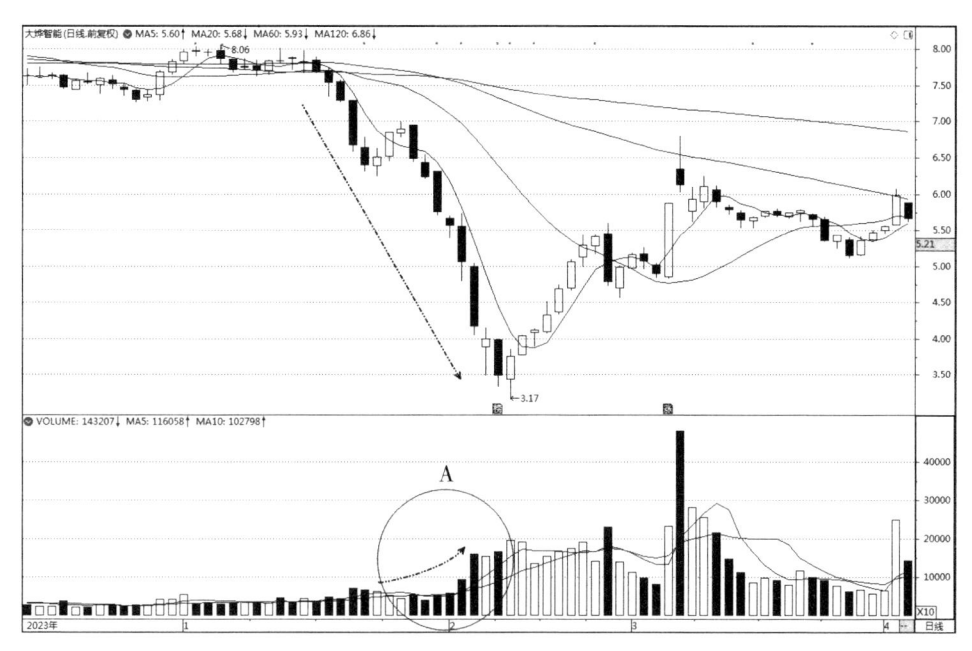

图 6-13

阴聚量是一个重要的观测指标,但并不是所有暴跌的个股都会出现这种形态,图 6-12 的案例就没有阴聚量形态。实盘中的变化极其复杂,形态之间存在着变化和交叉,一些形态互相叠加,对于判断股价运行更加有利。如图 6-14 中,股价在连续下跌过程出现了阴聚量,但在 A 处又出现了变量,最终 A 处成为本波下跌的最低点。

图 6-14 中,阴聚量叠加变量,盘中显示抛售杀跌进入极端严酷阶段,在有着巨大跌幅的前提下,日间盘中极端杀跌,大概率会带来极佳的买点。具体分析该股 A 处的 K 线,变量情况下收出长下影线,量能反向催化明显,就是说如此大的杀跌力度,却未能打出相应的阴线幅度,意味着催化股价反向运行的开始。

那么为什么 A 处之后股价依然下跌,并未直接转化上涨?原因在于两点:其一,市场整体下跌环境依然严峻;其二,股价与短期均线形成压线,仅仅凭借 A 处单日的大幅脱离,似有不足,所以仍需要一个向下的脱线动作。

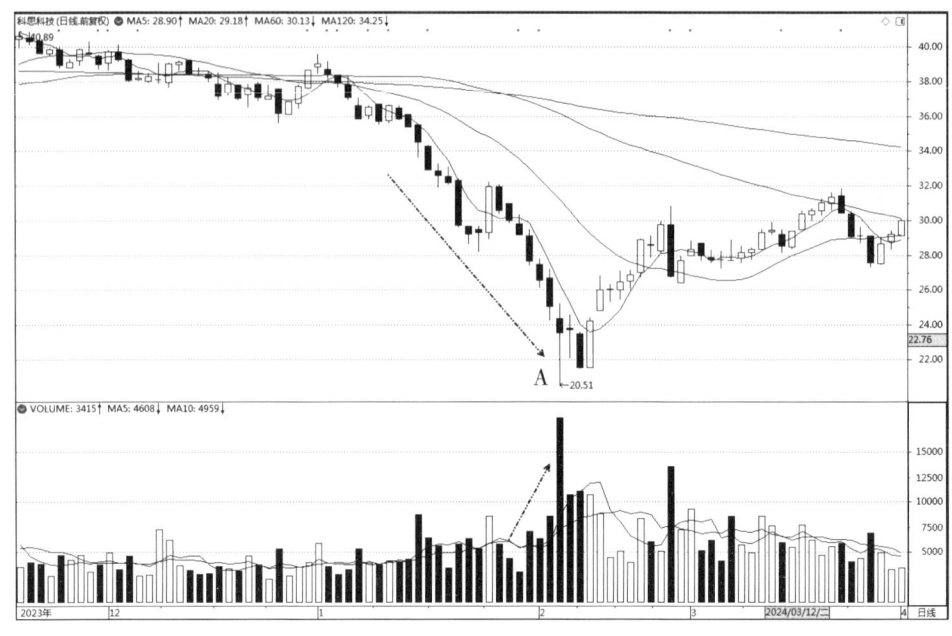

图 6-14

图 6-15 是图 6-14 中 A 处当日的分时走势图。通过这张图，可以直观地看出当日下影线达到 10% 以上，A 处随后几天的回落都在这个下影线的范围内。当股价经过 A 处后再一次回落时，无疑会给持仓者带来沉重的心理打击，这可能成为压垮骆驼的最后一根稻草。从图中 A 处之后的成交量也可以看出，杀跌抛售明显大于 A 处之前。

阴聚量叠加变量形态，要比单纯的阴聚量形态更加可信，还可以通过均线理论、量能催化等理论综合判断。总之，任何形态分析都与盘中的实际走势具有必然的逻辑关系，有一个节点讲不通，都说明是分析思路出现了问题。

三、短线暴跌，不宜跟风杀跌

实盘中，上面案例中提及的市场整体或者个股连续性暴跌并不是一个常见现象，大多数时候，我们所见到的只是个股或大盘的短线急促性下跌。这二者之间无论是整体跌幅，还是恐怖氛围，都不尽相同。

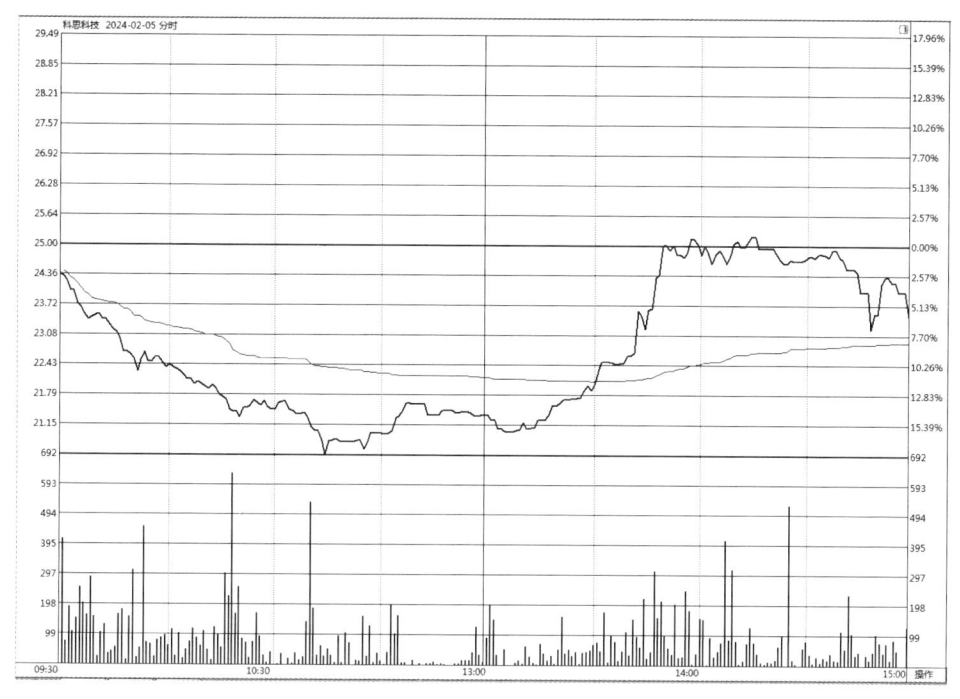

图 6-15

很多人经历过一次市场整体性暴跌之后便如惊弓之鸟，遇到股价下跌就会联想：会不会又是一轮大幅度暴跌，不卖出的话，又要承受一次巨额亏损？选择卖出之后，却发现股价并未深跌，仅仅是一次短线回落后就恢复了上涨。这种"灾难心理"是交易中的大忌，会让交易者错过稳定持仓才能够获取的利润。

如图 6-16 所示，该股在下跌过程中于 A 处成交量突然激增，对于这种盘口情况，交易者如果跟随下跌节奏，股价越跌，心里越恐慌，很有可能会在跌势最猛的时候跟风杀跌。案例中 A 处的杀跌放量，大概率就是跟风杀跌盘造成的。

案例中的个股一直在 5 日均线压制下下跌，形成压线形态，A 处脱离 5 日均线形成跳线。从引力上来说，突然性大幅脱离趋势，很有可能会引发反向引力。所以在实盘中，对于类似的盘口，持仓的交易者即使颇受煎熬，也要忍住不要跟风杀跌。

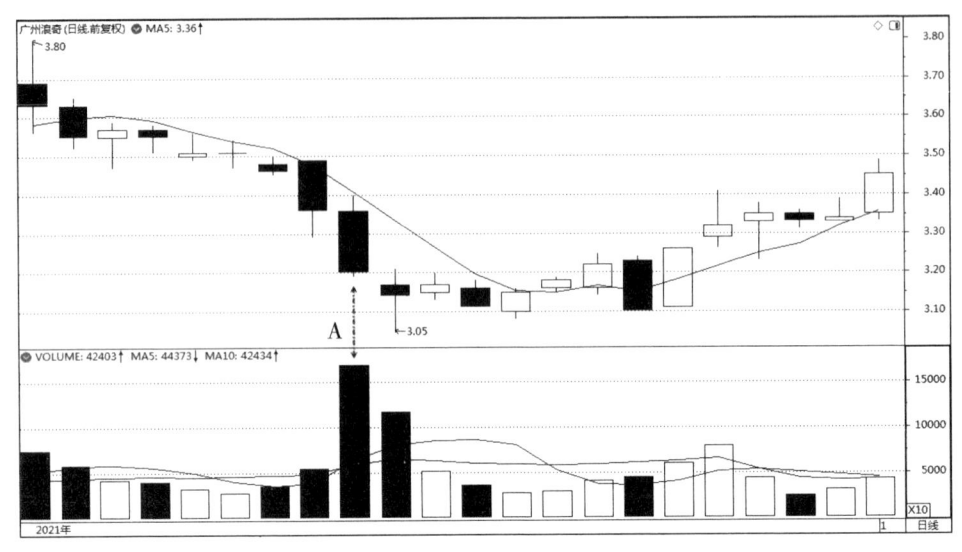

图 6-16

可能有人会说，图中 A 处次日股价依然创出新低，A 处卖出不是正好回避了继续下跌，还可以逢低再买回来吗？其实这个问题的答案很简单：我们是可以选择 A 处卖出，然后次日再买回来，但是面对实盘中波诡云谲的变化，你确认自己可以做到吗？A 处卖出容易做到，但次日买回可不是谁都能做到的，尤其是在恐慌中杀跌的交易者，能如此选择的必然很少。

真正适合大多数散户交易者的策略，是当股价如 A 处那样放量下跌时，如果没能在当日冲高时卖出的话，就要忍受住在最后时刻杀跌。放量时跟风杀跌不是一个好习惯，更不会卖出一个好价格。无论是大跌之后底部低点的变量杀跌，还是个股破位出现的变量杀跌，交易者都不必过于恐慌，更不可因恐慌而行动。

放量杀跌的最后阶段，倒是适量补仓或做 T 的好时机，但交易新手还是少操作，稍纵即逝的时机不是每个人都能够把握住的。跌时放量，最容易引起的是持仓者的恐慌，对于想要减仓的主力资金并不是一个好选择。所以不要在跌势最猛时自己吓唬自己，猜疑主力资金正在疯狂出货什么的。想要减仓的交易者无论如何都要忍过最难熬的杀跌，因为过了这一关，总会有更好的卖出价位等着你。

第四节　卧底的均线——可远观而不可亵玩焉

长期处于振荡盘整状态中的个股，并不一定都是安全的，更不能认为这种形态的个股都是在构筑底部。尤其是近年来，买入这种看上去好像在筑底的个股，但等待下去却是无尽头的折磨，甚至很多个股完成振荡盘整后，会再下一个台阶继续振荡盘整，完全看不到希望在哪里。

对于长时间处于振荡盘整，均线系统逐渐处于聚拢或黏合状态的个股，仍需要根据一些技术指标来进一步遴选，绝不可随意买入。选择均线"卧底"的股票，需要以下两个筛选阶段。

一、脱离苦海

所谓"脱离苦海"，是一种比喻性的说法，是指个股已经走出下跌趋势，而上涨趋势构筑已经完成或接近完成。这类个股介于强势与准强势之间，同时相对涨幅不大，比较有利于交易者短线操作。必须说明，这种选股法只是海选，选出来的个股还需要交易者从技术细节上再行甄别。

对于此类个股的界定，主要采用120日均线和250日均线为界定的基准。如图6-17所示，该股股价一直在120日均线和250日均线的压制下运行，至图中A处，股价成功突破两条长期均线的压制并由此获得支撑。A处的技术形态标志着该股已经"脱离苦海"，符合海选的基本要求。

图6-17中个股的形态相对简单，实战中还有一些个股形态复杂难辨。如图6-18所示，A处方框内，该股股价已经改变整体下跌的趋势，却在120日均线和250日均线上下盘绕，既不能站稳在长期均线系统之上，也并未跌离长期均线系统太远，形态似乎难以认定。

当我们画出一条下跌趋势线后，该股的形态立即变得很明了：A处该股股价之所以在长期均线系统附近不能获得支撑，是因为虽然股价整体看似已经不再呈下跌的态势，但仍旧未能真正脱离下跌趋势的影响。实际上直至B处才真正脱离下跌趋势并获得长期均线系统的支撑，成功"脱离苦海"。

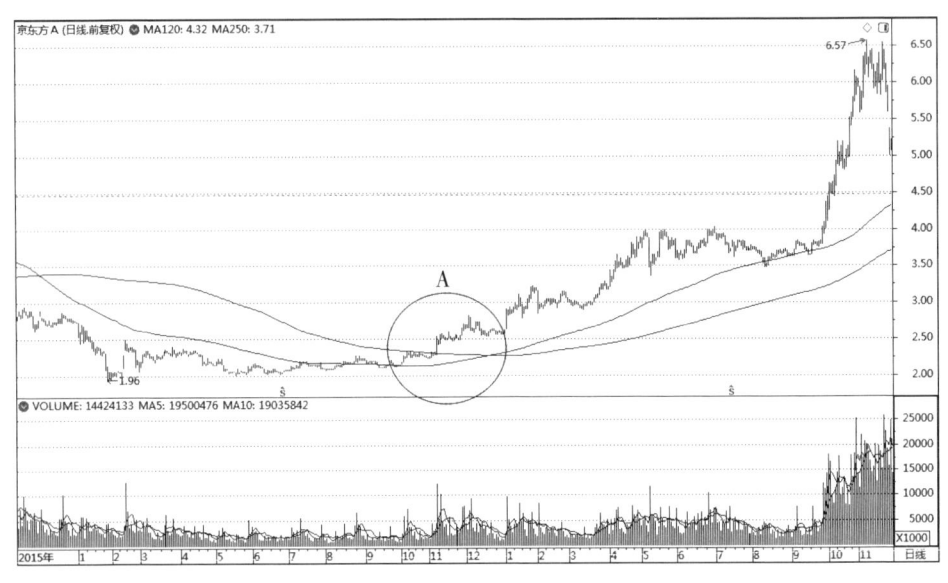

图 6-17

图 6-18

二、个股构筑底部的技术细节

底部构筑周期比底部形态重要得多。主力在底部构筑阶段耗费的时间越长,说明其所做的准备工作越足;从成本的角度来说,主力耗时多,成本则会增加,那么其对股价未来的涨幅和相应的收益要求也必然更高。

谁不想选到大牛股?而选择大牛股从底部构筑周期上进行筛选,无疑是一条极佳的捷径。通常来说,交易者应选择底部构筑过程在两年左右的个股,如果所选个股已从底部启动上涨,那么介入低吸的位置则应选在个股突破相应股价关口或者均线关口之时。

选到了底部构筑周期较为理想的个股后,并不意味着马上就可以进行买入,尤其是尚未脱离底部结构、达到起涨条件的个股。这类股票虽已营造底部的时间较久,但主力选择何时拉升,却是一个不好准确估量的问题。还有些主力会选择反技术方式,故意打破底部结构并做出继续下跌的态势,然后才开始进入脱离成本区的拉升阶段。对于交易者来说,过早介入其中,至少时间成本的损失是不可避免的。

解决上述问题的办法,就在于对底部构筑的技术环境和起涨结构的分析。

1. 底部构筑的技术环境分析

(1)前期跌幅巨大。

一些大型底部往往需要构筑较长时间,在进入底部构筑阶段之前,指数或个股股价还有一个长期大幅的下跌过程,这也是构筑底部的前提条件。

(2)市场人气极度低落。

主要下跌过程结束,进入底部构筑阶段之后,这时市场的悲观氛围和下跌期间并无改观,甚至有过之而无不及。机构普遍看空后市,交易者情绪降至冰点。市场人气极度低迷的时刻,恰恰也是主力构筑底部的最佳时机。

这个阶段管理层的态度悄然发生改变:一些长期困扰股市发展的深层次问题逐渐得到解决;政策面发出积极的声音,一些有利于股票市场发展的政策开始颁布实施。总之,政策面开始转暖。

(3)前期强势股或龙头股开始补跌。

在市场人气低落、希望与失望并存的当口，前期下跌过程中普遍抗跌，并被市场普遍看好的强势股票，此时突然出现纷纷跳水杀跌的情况。与此同时，指数或前期一些阴跌的个股也转为急速下跌，涌现个股集体跌停的场面。

各种各样的技术底、市场底、政策底，以及支撑位和关口，都显得弱不禁风，市场局势似有崩盘之状。这种情形会给市场造成进一步的恐慌，并促使大部分人产生对后市的失望或绝望心理，从而选择尽快清仓离场。

(4)无形的手。

在上述情况逐一发生，尤其是一波急速下跌之后，市场整体（包括指数和个股）形态并没有出现像很多人预计的那样持续不断的大幅下跌，而是呈现一种无方向的横向波动。每逢市场上有利空消息传播，或至技术关口形态显示将要进一步下跌时，却往往转危为安。似有一只无形的手在下面托着市场，在市场普遍存在的浮躁情绪中维持着相对平稳的局面，同时市场的运行重心在悄然中不断抬升。

2. 起涨结构分析（日线层次）

主力在底部构筑的大格局基本完成后，会寻求向上拉升的时机，以尽快脱离成本区，拓展运作空间，这个阶段相应的起涨结构会渐渐浮出水面。

(1)最后一跌。

最后一跌在底部构筑中具有分水岭的独特意义。多数情况下，最后一跌的出现往往预示着行情脱离下跌阶段，即将进入构筑起涨结构阶段。最后一跌发生时，会呈现一些技术特性，而研究这些技术特性既可以起到确认底部最后一跌真实性的作用，也可以为起涨结构奠定分析基础。

如图6-19所示，A处为该股在最后一跌中的股价最低点。A处有一个现象值得交易者特别注意，即最后一跌中的最低点，其当日的成交量往往处于常量的水准，而成交量大幅增加往往都会出现在杀跌过程中（大部分个股都会出现这种情况）。

图 6-19

从交易心理的角度分析，杀跌过程出现成交量大幅增加的情况，是由恐慌情绪引发的抛售行为所致，而这种恐慌性抛售得到宣泄之后，股价和量能都会恢复到正常状态，但股价仍旧会在惯性下跌的引导下创出新低。

在最后一跌结束后，有主力运作的个股会很快回升至一定的高度（通常主力资金实力较强的会升到杀跌前的价位，稍弱的会升至一半的价位），而主力建仓较晚的可能仍会继续考验最后一跌低点的可靠性。

如图 6-20 所示，A 处为最后一跌中出现的最低点，股价弹升后又继续下探，至 B 处接近最低点的价位后才正式开始回升。实战中还有可能出现 B 处打破 A 处低点的情况，这可能是主力资金再度制造恐慌的需要，而交易者只有坚信自己的分析判断，才有可能不被主力资金的诱空陷阱所迷惑。

（2）重心和低点。

最后一跌探明了下跌阶段的最低点，也为起涨结构的构筑砌下了第一块"砖"。接下来股价的止跌回升过程，是验证起涨结构是否能够构筑成功的关键。如图 6-21 所示，A 处是最后一跌和探明最低点的过程，股价回升至 B 处展开振荡盘整后出现一波升势，但是至 C 处再次出现回落，而且回落低

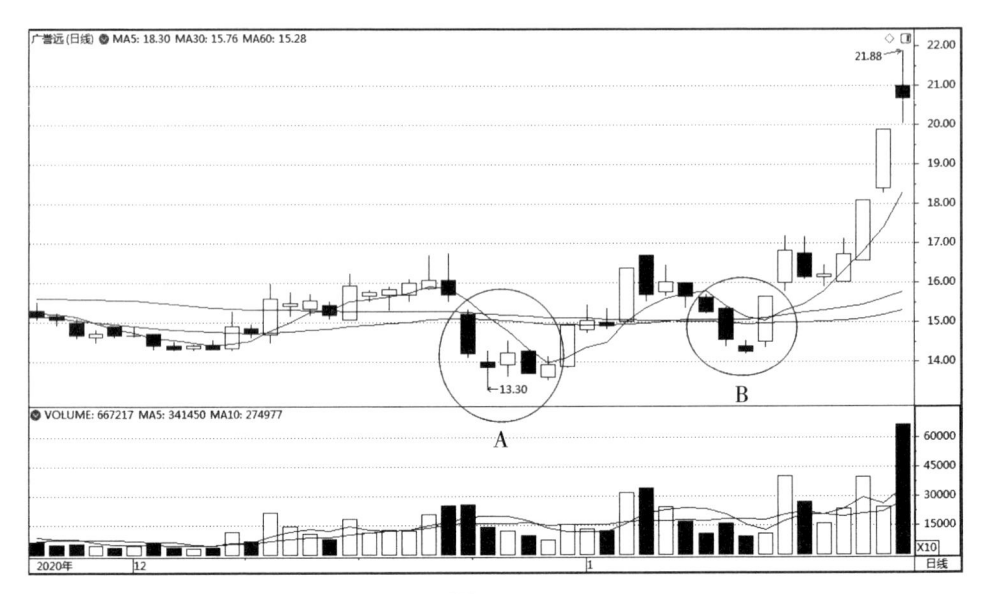

图 6-20

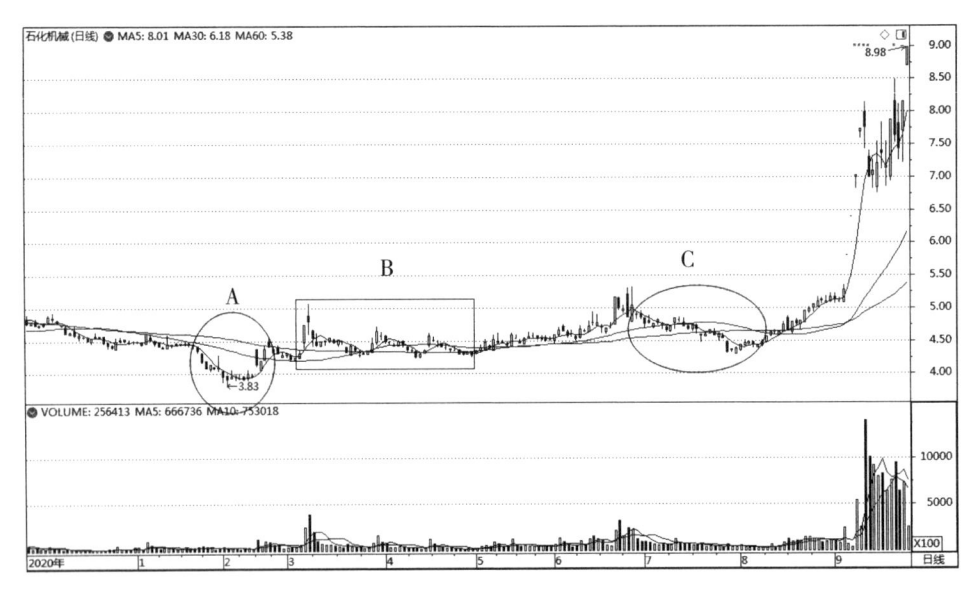

图 6-21

点已经打破 B 处的低点，似有挑战 A 处、创出股价新低的势头，盘面形态岌岌可危。但是仿佛被一只无形的手托着，股价于险地中转危为安，反而就此开始转入迅速上行的态势。

图 6-21 中这种情况在底部构筑阶段可谓司空见惯，只是主力底部折磨术的手法之一，意在使前期残留的持仓者和跟风追涨资金知难而退，放弃手中的筹码。交易者在分析底部结构时，不必过于在意股价最低点是不是被打破，而应注重分析股价重心运行的趋势，这样可剔除一些干扰因素，更易于发现股价运行的真实情况。

（3）量能变化。

底部构筑过程的成交量变化具有一定的共性，即前期下跌过程中逐渐缩量或间歇性放量，经过最后一跌后，成交量开始显现出明显大于下跌过程的特点，但基本呈现为间歇性放量，即上涨放量、下跌缩量。

如图 6-22 所示，A 处完成最后一跌的恐慌杀跌过程后，B 处股价开始回升，成交量也明显大于之前的下跌阶段。但是成交量出现了一个频繁缩放的现象，也就是间歇性放量。

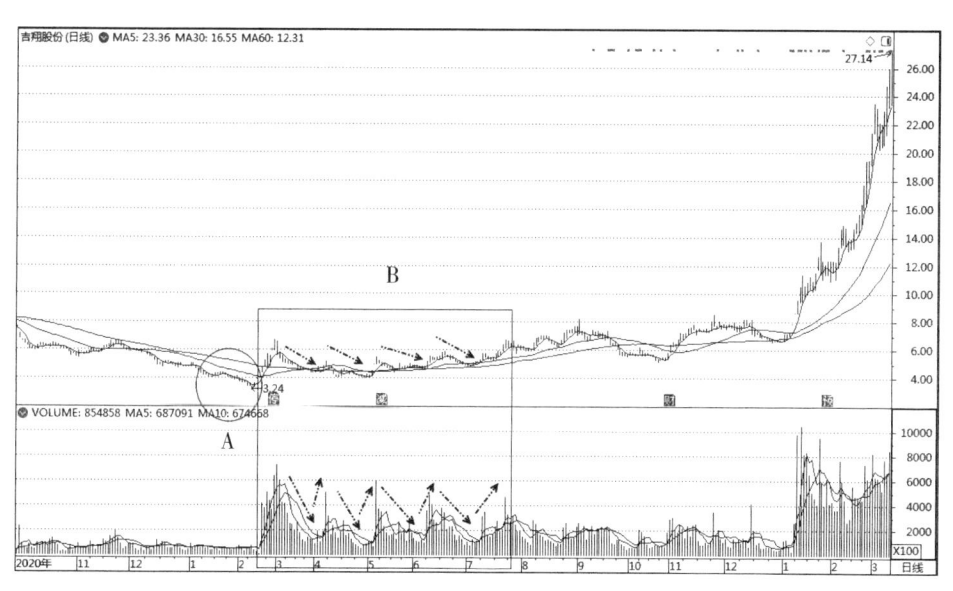

图 6-22

仔细观察 B 处的量价形态可以发现，这个间歇性放量基本表现为上涨时放量、下跌时缩量。之所以出现这种形态，主要是因为间歇性放量后就会出现一个急跌或连跌的过程，虽然跌幅并不大，但对持仓者造成的心理压力并不小，主力就是在逼迫持仓者尽快交出筹码。

当量能变化直接显示出主力运作的痕迹，说明主力建仓吸筹必然已经接近尾声。比如个股构筑底部中，主力资金在建仓前期不会显露出明显的痕迹。当我们发现间歇性放量形态出现时，说明主力已经开始不加掩饰地反复进行"吸筹—砸盘—吸筹……"这一过程的产物，就是间歇性放量。

（4）均线系统多头指向。

当股价经过多次反复振荡，中长期均线系统多头指向出现时，可能意味着日线层次上的起涨结构已经完成。对短线交易者来说，日线层次上的起涨结构构筑完成，意味着股价即将进入一波具有持续性的拉升阶段。

如图 6-23 所示，A 处股价经过数次试探性攻击 120 日均线后，最终成功突破 120 日均线后展开一波升势。就日线层次上的起涨结构而言，成功突破并确认收复 120 日均线具有较为重要的意义，但这个过程有时会非常复杂多变。图中股价直接涨停板向上突破，虽然形式简单明了，但随后 B 处股价急速回落，性质上是对突破 120 日均线进行确认，但形式和过程都会让持仓者非常难熬，也让想要买入的交易者心怀忐忑，不敢轻易下单。

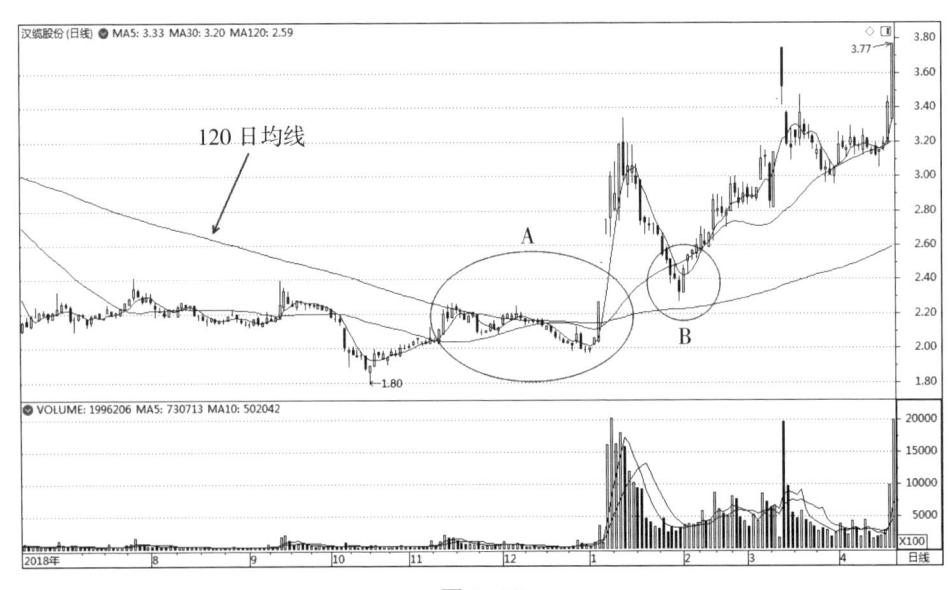

图 6-23

突破均线压制，形成多头排列，是选择个股脱离底部的指标和条件之一，但一定要提前做好应对复杂局面的心理准备，主力资金选择突破均线压制的形式有很多种。如图6-24所示，A处股价第一次突破120日均线，B处股价对120日均线的回抽确认过程非常复杂多变，对于持仓者的考验也极其残酷。股价数次跌穿120日均线，必然会让持仓者误以为这是一个假突破，股价将继续下跌过程。

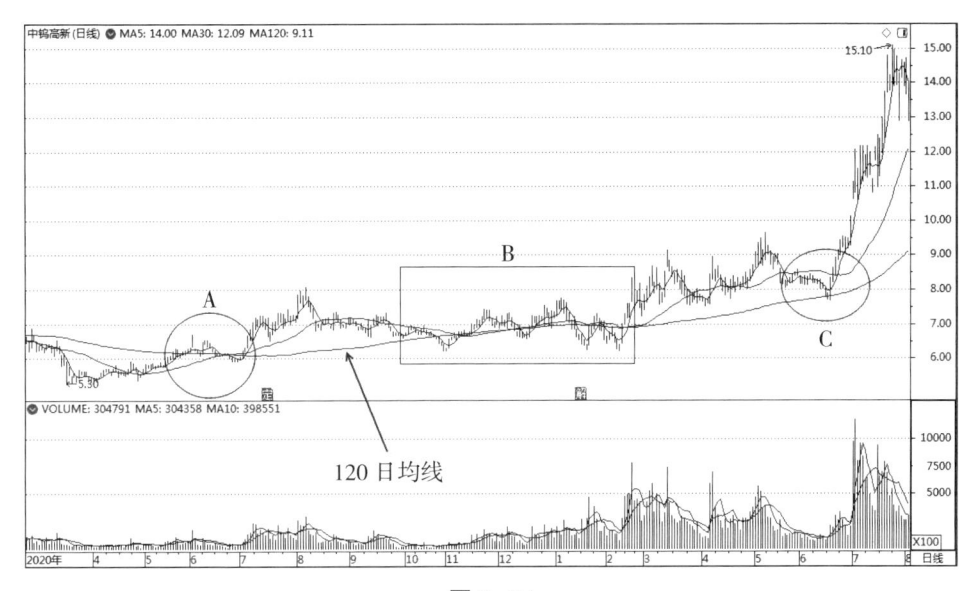

图6-24

经过一段时间的上涨后，股价于C处再一次回落并触及120日均线，虽然性质上仍旧是一个确认120日均线支撑的过程，但对于持仓者的心理打击非常大。此后股价才真正进入上涨过程中。

对120日均线的突破，主力会选择哪种方式，应该和其控盘程度及操盘风格有关。笔者认为，在底部构筑阶段，多次反复振荡是个股夯实底部的表现，对之后的拉升阶段会更有利。

第五节　股价涨跌强度分析——交易还是放弃

股价无论是处于上涨还是下跌过程中，都能体现出其相应的强度。所谓强度，并不仅指大阳线或大阴线，这两种极端的股价表现形式毋庸置疑属于强势形态，但并不必然就代表股价具有多大的强度。比如，某股以巨量成交报收大阳线，但是次日股价不涨反跌，前一交易日的强势已荡然无存。没有持续性的强势上涨或下跌，不能证明价格强度的存在。

股价已经明显表示出极端强势上涨或下跌，强度判断已经失去意义。因为股价的极端表现会吸引资金疯狂追涨，由此诱发持仓筹码的集中兑现，股价强与弱的转化可能就在下一刻。

那么，价格强度究竟是什么？如何识别？

一、当跌而不跌，反转为涨，谓之强

价格强度的本质，是大资金对于价格潜移默化、不露痕迹的影响，这也是尚未显露头角的潜力个股的共同特征。价格强度是交易者选择潜力个股的重要技术标准之一。

实战中，如图 6-25 所示，A 处技术形态岌岌可危，似乎一波大跌即将喷涌而出，交易者往往会选择卖出观望。该股好像徘徊在悬崖的边缘，虽然惊险连连出现，却始终并未出现大跌。这一系列形态都提示出做多交易点已经出现。在大多数人都不看好的情况下，该股却峰回路转地走出一波靓丽的上涨。

当图中个股股价突破 60 日均线，成交量也从量能消散形态转化为变量、聚量形态，预示价格出现重大变化。之后成交保持新常量，而股价再次突破反弹高点，则是强度的延续和增加。

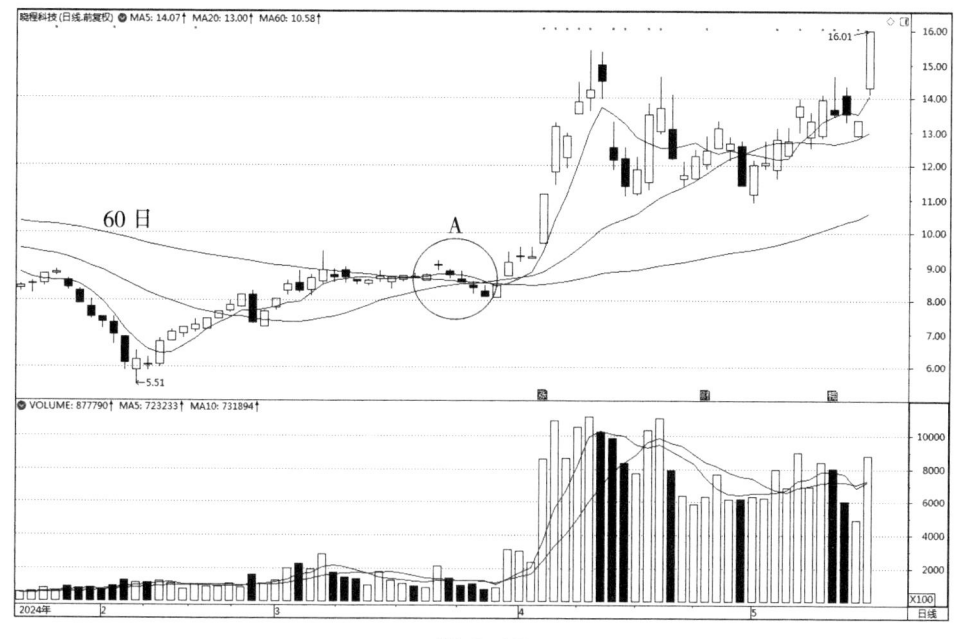

图 6-25

"当跌而不跌"，必须注重技术环境分析，对于经过大幅上涨后的个股，"当跌而不跌"可能并不适用。同时对于"当跌而不跌"，却也并不能反转为涨，抑或是处于下跌途中弱弹的个股，也不适用。

如图 6-26 所示，A 处也出现"当跌而不跌"，随后的弱弹虽然穿越前高，但无论是股价还是量能，都并没有明显超越前高，显示增量资金并不踊跃，可能只是盘中存量资金所为。B 处的情况则更为明显，之后股价反弹也更为弱势。

这种情况下的"当跌而不跌"，并不能显示出股价强度，更多的技术迹象显示，只是下跌途中股价的振荡和折返形态。其实这个案例中短期均线与股价处于盘线态势，上方均线压制表现出股价的弱势，和图 6-25 中均线系统聚拢相比，有着极大的区别。

具有上涨强度的个股，并非不会出现下跌，甚至正是通过其在下跌中的表现，才能够判断出其上涨强度的大小。同样，具有下跌强度的个股，也并不是不会出现反弹，正是分析其在反弹中的表现，才能判断出其下跌强度的大小。

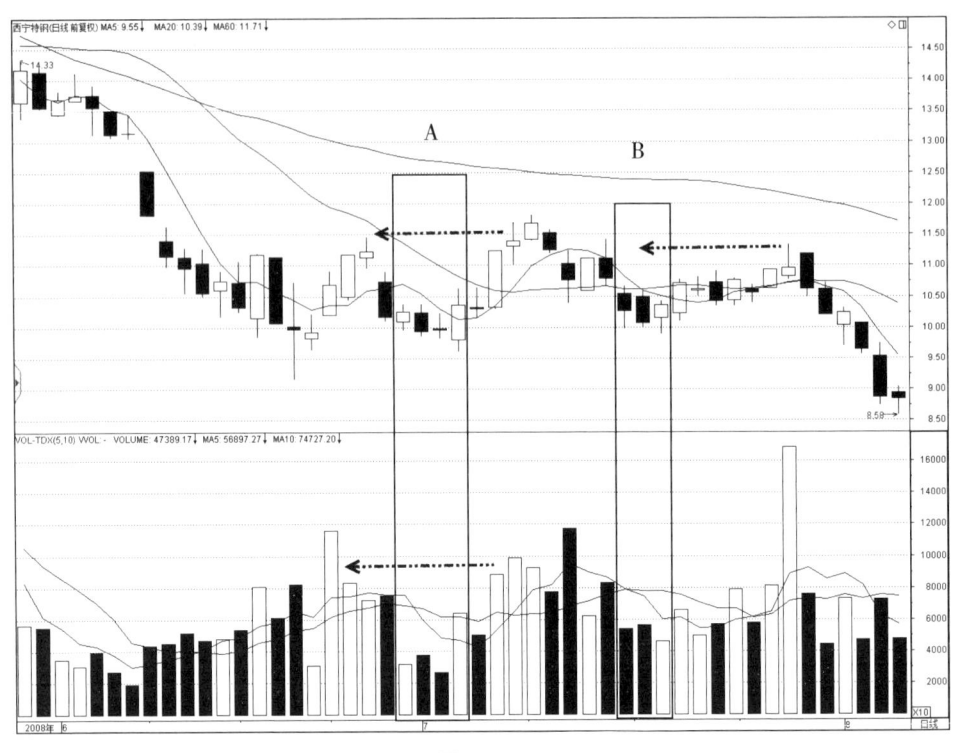

图 6-26

二、看折返辨强度

股价的涨与跌构成了折返。折返是股价的波动形式，是多空角力的表现。涨势中的折返也称为回落调整，跌势中的折返则称为反弹。

无论是 K 线图还是分时图，排除直接涨停或跌停的个股，都存在着折返。通过分析股价的折返，个股上涨或下跌中的强度自然就会浮现出来。在 K 线图上，涨势中的回落调整（折返）时间短、幅度小，说明做多力量处于优势地位，而这种优势地位表现为股价强度，很快就促使股价结束回落，重归上涨。

如图 6-27 中 A 处所示，K 线实体较小，同时整体回落幅度相对温和，持续时间也较短。这种回落调整的量能要呈消散形态，但之前之后涨势阶段的量能要能明显的增量（变量或聚量），同时回落调整期间的量能不能出现变量，否则股价强度分析也会因此出现变数。

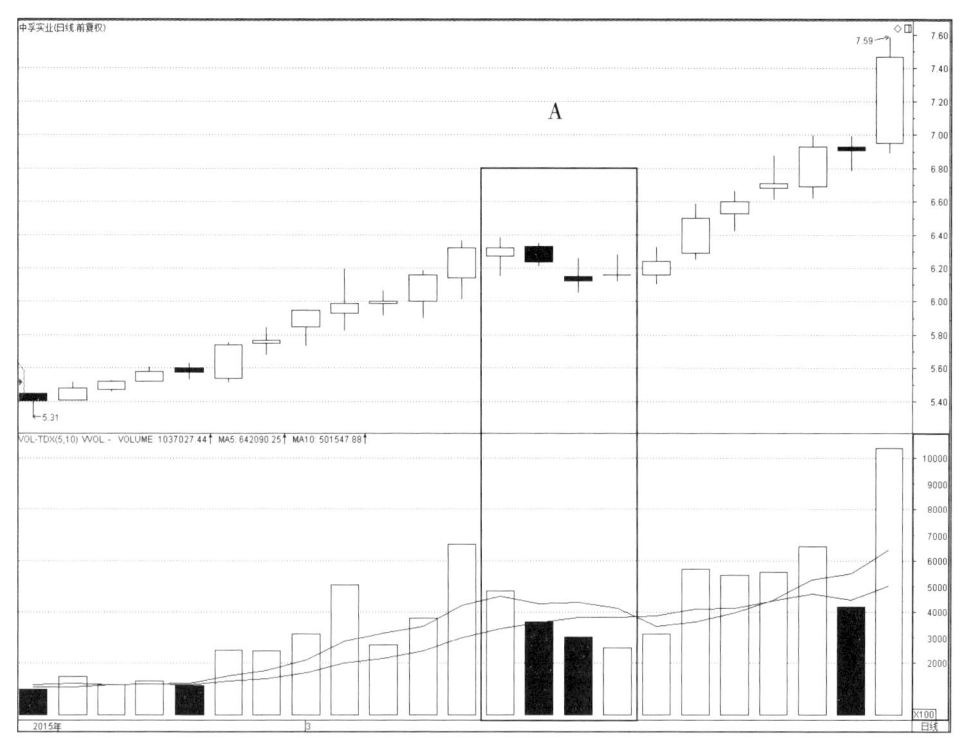

图 6-27

在分时走势图上，现价线在上涨途中折返的持续时间和幅度明显少于上涨的时间和幅度，意味着股价的涨升强度较高，说明做多力量处于优势地位。而这种优势地位延续到之后交易日的概率较大，同时意味着盘口存在的压力相对较轻，股价之后极有可能进入快速拉升阶段。

如图 6-28 所示，该股早盘出现了两次折返，这两次折返的持续时间和幅度，都逊于上涨时间和幅度。在分时走势图上，折返期间的量能要求和 K 线图中一样，量能应缩减而不能出现变量，之前之后的量能要出现明显的增量。

小幅上涨中发生的频繁折返，说明股价正处于确认强度的过程中，结果可能是转入带有强度的上涨，也可能转入弱势盘整或下跌。频繁折返的发生，也是各方资金逃逸与回归的过程。有人认为目前股价还会继续下跌，也有人认为可以入场博反弹，市场资金并未达成共识。在你来我往的博弈中，哪一

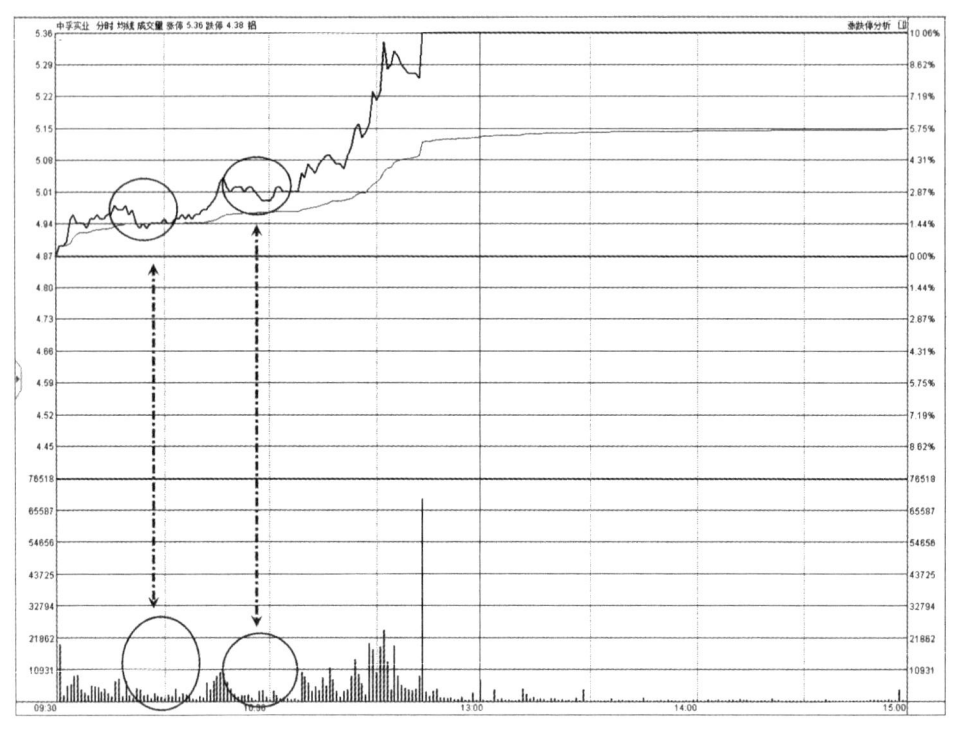

方能够占据优势地位，则是盘中观察的重点。

图 6-28

还需要注意一种现象，即小幅上涨中虽然折返较少，但整体升势明显赢弱，这时的"折返较少"并不是涨升强度较高的含义，而是代表交易清淡。

无论是 K 线图还是分时图，如果股价折返的时间和幅度与上涨的时间和幅度大致相当，说明股价虽然处于涨势中，但继续涨势的强度已经有所减小。这个时候交易者应避免追涨操作，个别品种在操作上可以采取低吸的方式。

如果价格折返的时间和幅度多于上涨的时间和幅度，说明股价目前的涨升强度已经不足，交易者应保持观望。折返的幅度如果较大，说明股价遭受的打压相对较重，应分析股价是否已转为跌势强度。分析股价是否已由上涨强度转为下跌强度，主要也是通过折返或反抽，以及一些技术关口上的压制等来予以判断。

跌势中的折返与涨势中很近似，即折返的时间和幅度明显少于下跌的时

第六章 均线实盘特殊案例解析

间和幅度,意味着股价的下跌强度较高。在下跌强度没有任何改变之前,交易者应避免参与做多交易。当折返的时间和幅度与下跌的时间和幅度大致相当,说明虽然处于跌势中,但继续跌势的强度已经有所减小。但此时仍要保持谨慎,分析股价上涨强度是否会出现。

受到主力操控或资金高度密集的攻击,股价必然会在短时间内显示出涨跌强度上的极端转化,但是当资金不能以密集形式将股价继续推进,而是以变量形态出现时,某一方向上的极端强度可能会在瞬间转化为反向强度的出现。

因资金密集攻击而出现的股价急跌急涨,其强度变化具有不稳定的特性,除非密集的资金能够持续出现,否则这种股价强度并不能成为交易者参与盘中交易的依据。

如图 6-29 所示,该股股价出现一个快速涨升的过程。至 A 处时,股价确认突破相关均线并继续上涨,显示出股价具有较高强度,这个过程中伴以密集成交。B 处股价达到本次涨升最高点,之后股价迅速回落。

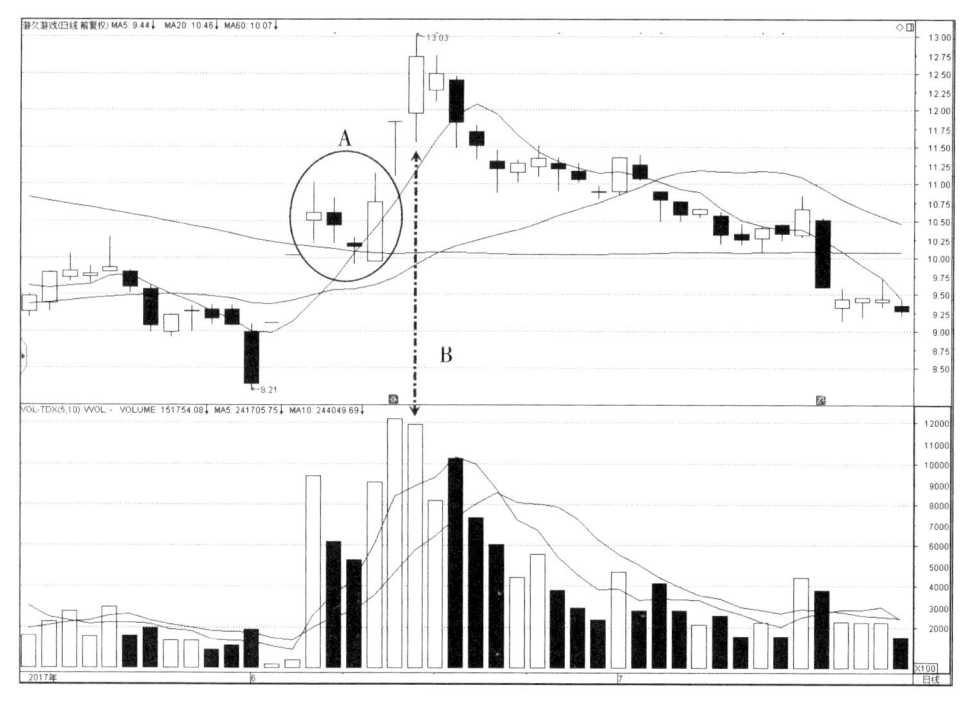

图 6-29

在这个案例中，B 处之后股价上涨强度是如何发生转化的呢？

图中 B 处是股价最高点，这一点股价转折开始，同时也是量能转折的开始，B 处无疑是一个关键的量价分析点，看一下 B 处当日盘中股价的具体表现，如图 6-30 所示，即为 B 处当日的分时走势。

从图 6-30 中可以看到，该股当日股价虽然整体升幅达到 7% 以上，但真正处于涨升的时间并不多，升幅主要由两个短时间内的迅速拉升构成，其余的大部分时间里，股价多处于振荡回落的态势中。这个分时走势可以提示出两个关键点。

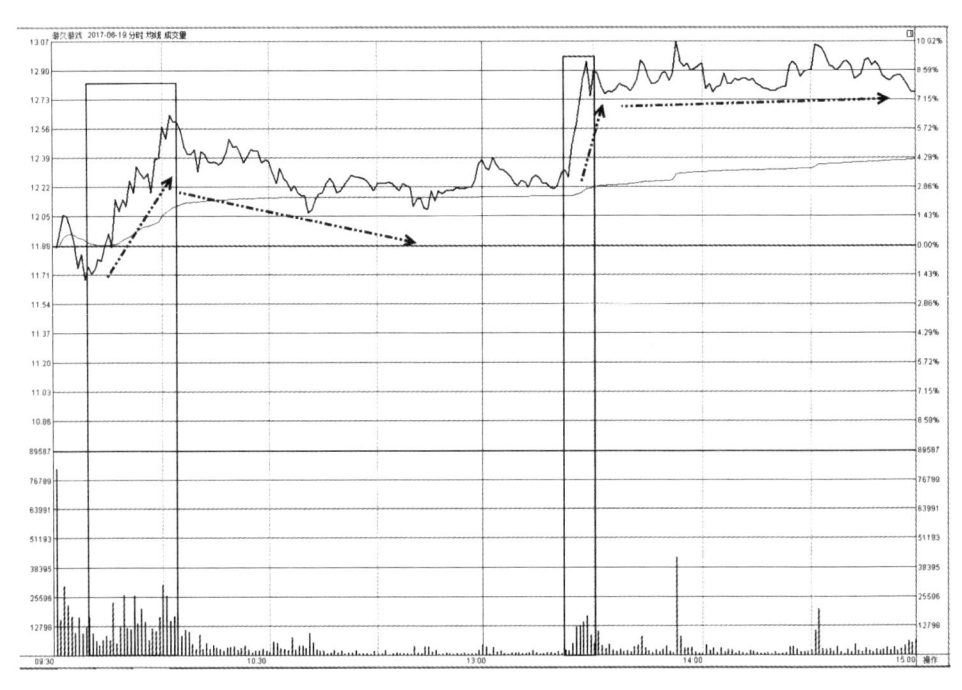

图 6-30

其一，该股上涨的压力并不大，股价强度理应可以继续保持。原因是盘中两次急速拉升的幅度都超过 4% 以上，早盘的急拉甚至超过 6%，但之后的回落相对较缓，量能在回落中并未出现变量等，这就显示上方并无密集的大卖单打压。换个角度理解，如果盘中主力资金想封涨停板的话，难度应该不大。

第六章 均线实盘特殊案例解析

其二，该股涨升压制不大，但是并没有干净利落地封涨停板，而是将全天大部分时间都花费在振荡中，原因何在？

如果说主力资金意在震仓洗盘的话，那么这种幅度平缓、为时较长的折返过程，不但吓不走人，相反还会吸引更多的人加入进来。尤其是午盘过后第二次急拉出现，无疑会吸引很多关注的目光。

强度明显，能大涨而不涨，排除震仓洗盘的可能性，那只能是主力资金在阶段性减仓或出货。从主力资金阶段性减仓或出货的角度来看待这个分时走势，一切都迎刃而解。利用短时间的对倒急拉做高股价，在这个过程中满足跟风追高资金的需求，然后不急不慢地利用拉高的空间来减持筹码。

可以说，案例中拉高之后的两次长时间的折返，就是主力资金减仓所致，也正是主力资金的减仓或出货，才导致该股上涨强度迅速转化为下跌强度。

分析强度变化，还可以通过观察盘口的方式。例如，某股盘中涨到9.6元，之后出现折返，虽然折返幅度和时间都不多，但回升后股价一直不能突破9.6元，或者虽然穿越这个价位，但很快就回落到9.6元之下。这就是上涨强度不足，或是将要转化为反向强度的表现形式之一。

实战中，一些个股还会利用对倒或交易中的时间差来迷惑交易者，造成某股强度较高的假象。例如，利用尾盘最后几分钟迅速拉升股价到9.6元上方，看起来似乎强度依旧在，但下一个交易日股价却会突然低开低走。

三、看支撑与压制辨强度

1. 股价运行重心线

股价运行重心线主要是反映股价的波动情况，股价围绕重心上下波动是趋向运行的常态，如果股价突然打破这种常态，开始脱离这个重心，就说明股价失去了原有的运行规律，进入新的运行规律中，将重新形成另一个运行重心。股价的这种改变，为交易者提供了研判趋向变化的重要依据。股价一直波动，则运行重心必然不会静止不变，而是随着价格的行进方向不断延伸或改变。这种改变在股价运行重心线研判法则中，称为变轨。

股价运行重心线以股价两次相近似波动的中轨为主要参照，其技术原理主要是根据趋向变化领先理论以及波动率的部分内容为基础。

涨势中，以两个幅度相仿且临近的升波中心为基点绘制一条延伸线，即为股价运行重心线。跌势中类同。股价不断变化波动，重心线也随之不断发生变轨。在实战中会发现，重心线发生变轨的节点上，股价与重心线之间会出现支撑与压制的现象。这种支撑与压制关系，对于交易者判断股价运行的倾向性至关重要。

如图 6-31 所示，在这幅图中省去了一些不重要的重心线，是为了尽可能地保持画面清晰，利于讲解分析。图中以两波升势为参照点绘制出重心线 1，这条重心线贯穿整个涨势行情的始终，反映了股价波动的基本情况。图中 A 处，股价冲高回落发生折返振荡，股价折返的低点没有远离重心线 1，也就说明这里的回落是股价的正常波动。

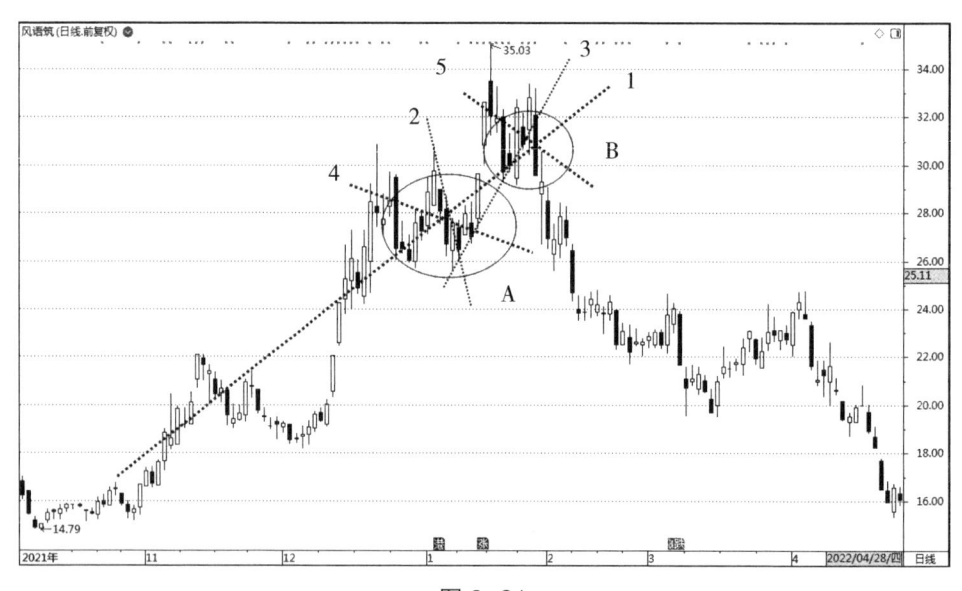

图 6-31

可能有人会有疑问：案例中是可以看到股价最终走势的，如果是实战中 A 处跌破重心线时，如何判断股价不是一个向下的转折？实战中，交易者可以再以特殊绘制法绘制重心线 2，来标示股价这波快速下跌。特殊绘制法是用于绘制股价急速上涨或下跌等极端变化的，其灵敏度较好，但稳定性不如普通绘制法。

相对于向上运行的重心线 1 来说，重心线 2 是一个向下的变轨，这个变轨是有可能带来股价向下转折的。实战中不要回避任何可能性，除非技术分析结论能够将之排除。图中可以看到，股价很快止跌反弹，这时可以再绘制重心线 3。重心线 3 相对重心线 2 则是一个向上的变轨，重心线 3 非常关键，因为股价由此向上，显示出这里存在着一定的支撑。

A 处股价的波动到这里已经有两个下跌波，可以再绘制一条下行的重心线 4，这条重心线的作用主要是观测重心线 3 的支撑是否真实有效。毕竟特殊绘制法下的重心线，有时候会缺乏稳定性。

图中 A 处可以看到，重心线 4 和重心线 3 相交处，股价出现阴线，但是次日就开始大幅向上突破重心线 1。股价弱势时看支撑，而这里的走势已经能够证明股价向上涨升的强度。也就是说，重心线 3 的支撑，在股价上穿重心线 4、回落时跌不穿重心线 3 时，就可以初步认定，而不必等到次日大阳线的出现。次日大阳线收复了重心线 1，不是告诉我们下方有没有支撑，而是告诉我们股价涨升存在强度。

股价多数时候以重心线为核心波动，当出现偏上或偏下运行时，意味着涨势中强度不断增加或跌势中强度不断增加。在整个 A 处的回落调整中，股价其实向下的幅度很小，而且很快就回升到重心线 1 上方，预示出股价运行的倾向性。

B 处是股价见顶回落的位置，以两个跌波绘制出重心线 5，这条线和重心线 4 有很多相似之处，但股价的表现迥异。这个点位股价已经跌破重心线 1，根本不可能绘制出向上变轨的重心线，只能以特殊法绘制向下的重心线，这也是股价加速下跌的表现，同时也预示着股价下跌强度不断增加。

股价运行是动态的，并不会一直围绕静态的重心线运行。如图 6-32 所示，股价围绕重心线进行相对平衡的波动必然只能存在一段时间，其余时间内股价或偏上波动，或偏下波动。

股价偏上运行时，重心线对股价形成的支撑越是明显，说明股价涨升强

偏上波动

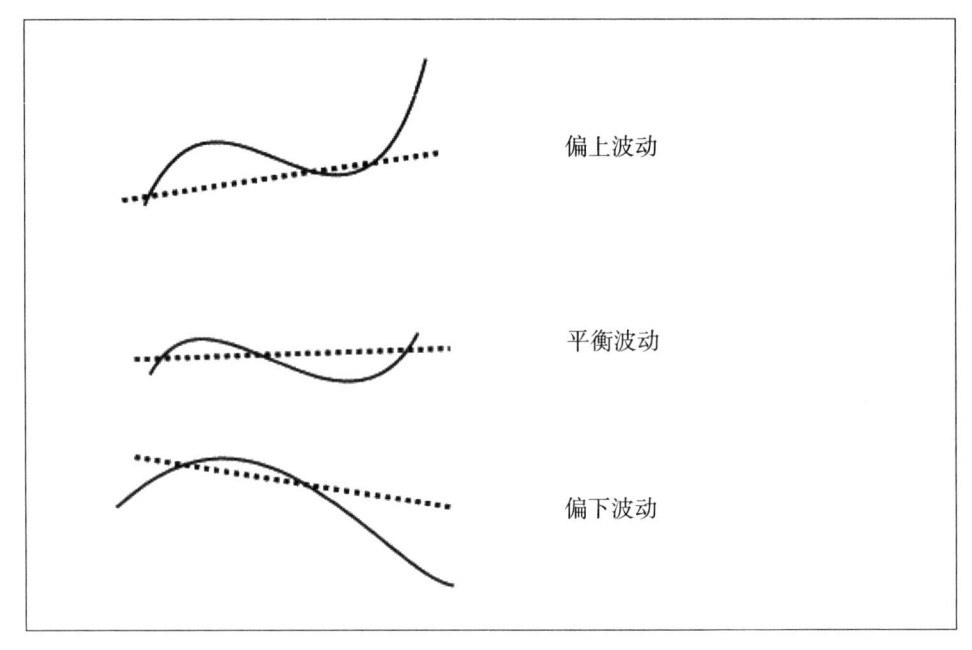

平衡波动

偏下波动

图 6-32

度越大。比如跌破重心线后再回升，跌至重心线回升，未跌到重心线就回升，这三种情形都能说明重心线的支撑，但最后一种所反映的股价涨升强度最高。

有支撑就会存在压制。支撑与压制是相互转化、相互依存的。当股价在重心线偏下位置波动时，重心线所反映的是压制的存在与否。股价偏下运行时，重心线对股价形成的压制较明显，大致也分三种情况：涨破重心线后再回落，涨至重心线回落，未涨到重心线就回落，这三种情形都能说明重心线的压制，但最后一种所反映的股价下跌强度最高。

如图 6-33 所示，该股下跌途中形成重心线，A 处股价的一波反弹中，一度向上穿越重心线，但略经盘整后很快就继续回落，A 处就是重心线对股价的压制。显示股价到了 A 处就面临重重压力，很难继续向上拓展波动空间。既然股价难以向上拓展波动，就只能维持横向振荡或者继续向下波动。

将 A 处的反弹绘制一条向上的特殊重心线，股价很快就跌穿这条线，说明这条重心线不具有支撑，没有支撑也就难以体现涨升强度。同时，在重心线上遭遇明显压制时股价转跌，说明下跌强度已经逐渐显现。

图 6-33

股价经过一波急跌后，B 处再次出现反弹，图中绘制了一下一上两条变轨的特殊重心线，股价在向上的重心线上显示出一定的支撑，但是这个支撑由特殊重心线提供，所以具有一定的不稳定性。果不其然，股价涨到下行的普通重心线下方处就踟蹰不前，随即跌破特殊重心线，显示出股价下跌已经具有较大的强度。虽然这一刻股价尚未开始大跌，但交易者应该提前做出决策。

2. 趋势线

趋势线是指根据价格的波动，连接其两个重要的低点或高点，画出一条顺应价格运行方向的直线。趋势线是分析价格趋势及其变化的最有效的工具之一，正确地绘出上升趋势线和下降趋势线，有助于对行情变化和趋势拐点的出现提前做出预判。绘制趋势线应尽可能正确地反映价格的运行趋势，方能起到对未来行情发展的提示作用。

简单地从形态表象上说，当股价于趋势线之上运行，理论上可认为价格得到趋势的支撑。当然，这是一种形态上或理论上的描述方式，它涵盖了大部分的支撑外在形态，但并不是全部。

（1）趋势的支撑。

股价运行方向与趋势方向一致向上，即同向运行时，支撑稳定存在，见图 6-34 中 1 号图例。趋势向上，而股价由下向上运行时，支撑产生于股价突破趋势线并继续上行时，见图中 2 号图例，这种情况所反映的是趋势对于股价产生的向上引力作用。趋势向上，股价下跌至趋势线附近转为上涨，这是较为典型的一种测试支撑的方式，见图中 3 号图例。

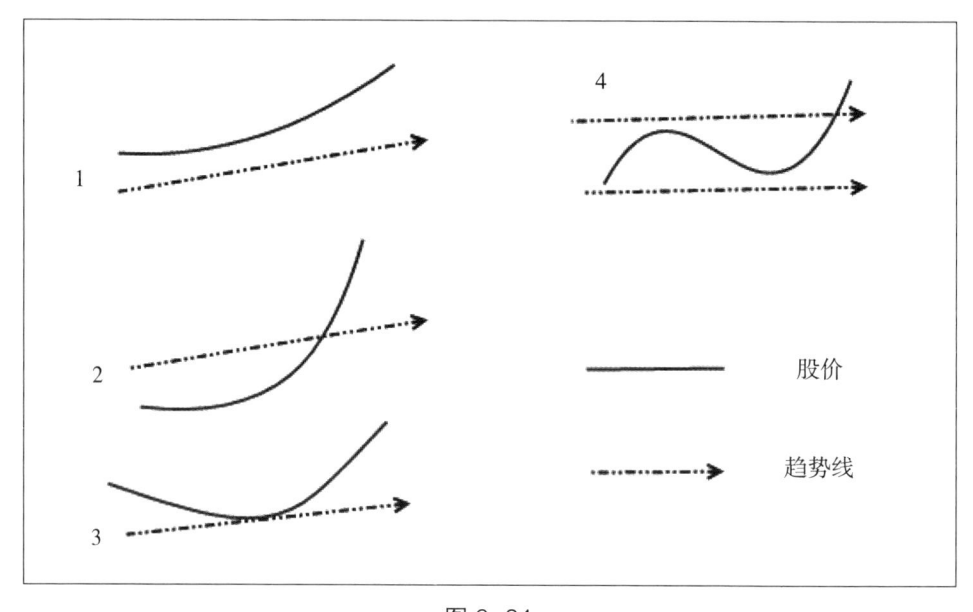

图 6-34

上涨趋势运行过程中，股价会出现无数次幅度不等的回落，真正能够对趋势带来逆转性影响的非常少，多数都会在趋势线上下止跌回升。如图 6-35 所示，该股从底部起涨后形成上涨趋势线，至 A 处股价回落到上涨趋势线之上便止跌回升。这也是趋势线具有支撑的一种表现方式。

与重心线支撑反映股价强度的情况一样，跌破趋势线后再回升，跌至趋势线回升，未跌到趋势线就回升，这三种情形所反映的股价涨升强度是逐次增强的。为什么会这样呢？原因主要是主力的控盘程度和个股形态所处的技术环境决定的。

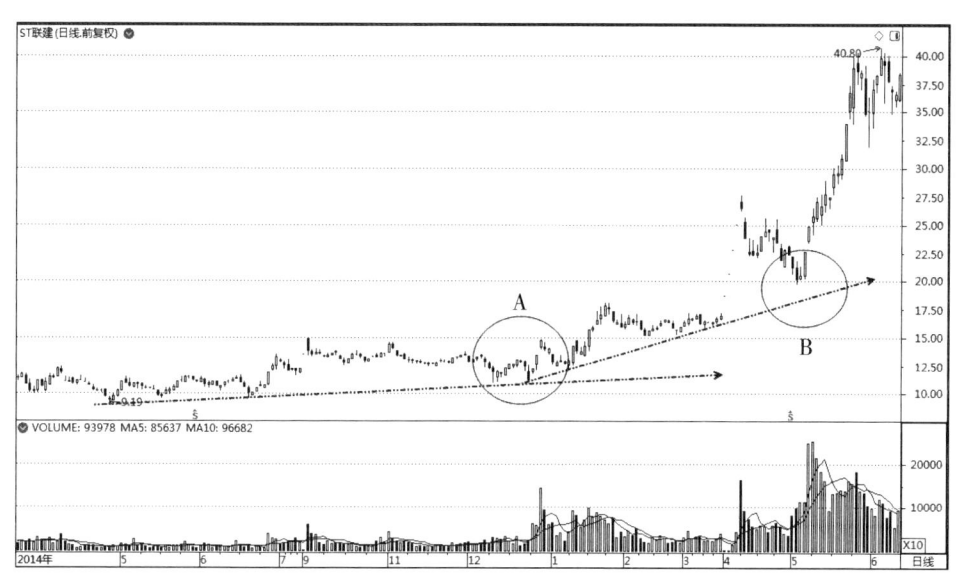

图 6-35

一般来说，处于底部构筑阶段、洗盘阶段或主力控盘较弱的个股，容易出现跌破趋势线再回升；而处于拉升阶段或主力控盘程度较高的个股，多会出现后两种回落趋势线的情况。如图 6-35 中的 B 处，股价回落并未触及趋势线就止跌回升，随即展开了主升浪。到了 B 处这个阶段，主力资金不会轻易让出低价筹码，所以回落也会较为节制，也就由此显示出股价的涨升强度来了。

上涨趋势中的支撑与股价强度相对容易辨别，横盘振荡的箱形就不是那么容易了。

趋势为箱形横向振荡，股价于箱体内折返振荡，通常认为箱体的下边线具有支撑，但支撑的真正确认，需要股价向上脱离箱体，见图 6-34 中 4 号图例。

大多数人会认为一个箱形横向小幅度的波动是安全的，而没有明显的向上或向下的方向，反而给予市场充分发挥想象的空间。市场资金多数并不愿意深究实际走势和自身的主观愿望是否一致，而只需要有一个可供想象的空间和看上去暂时安全的环境，至于后市出错怎么办，市场资金往往会将这个问题推向自己并不能坚决执行的止损。

有时候主力资金会借用市场资金普遍具有的这种心理，来完成自己的任务，并尽可能烘托出市场资金希望见到的技术环境。图 6-36 中，A 处股价处于箱形盘整波动的状态中。现在来看这张静态的图形，当然满眼都是不利于做多的技术因素，但是身处动态行情进行中时，可能不少交易者的看法会大不相同。

图 6-36

A 处股价不时会有中阳甚至大阳线出现，即使股价跌破下边线也会很快回收，A 处动态即时行情乍一看似乎下边线支撑力度还蛮强，不少市场资金会选择在这里进场做多，因为 A 处横向盘整波动能够满足买入就涨的期望，同时股价在一定空间内的波动，也能给予市场资金可以摸着边际的安全感。

并不是所有的市场资金都预料不到后市可能会下跌，但他们会认为自己能够在下跌时及时减掉仓位。箱形盘整波动中的支撑就是这样形成的，市场心理会跟随股价的跳动来自设支撑或压制，而这种支撑或压制反过来会给其带来更大的迷惑性。

箱形盘整波动中的支撑，其实处于并不确定的状态，尤其是股价高位振荡盘整。其一方面取决于主力资金的选择，另一方面则要看市场资金是后续乏力，还是汇聚成洪流。即使处在一个真正的底部构筑阶段，在振荡中股价反复地捶底，横向运行中的支撑位不会是一个点，而是一个区域。

支撑的出现，并不意味着股价接下来就会飙升，支撑告诉我们的，有时候其实是在某一价位上持仓者的惜售。持仓者的惜售会令价格"跌不动"，但只有买入量的大幅增加，才能决定股价的涨升强度。

（2）趋势的压制。

当股价于趋势线之下运行，股价整体运行方向与趋势运行方向一致，即使波动中有反弹出现，在未能有效突破趋势线之前，皆可认为二者同向运行，趋势压制稳定存在。

在股价开始下跌或下跌过程中，会出现多次不同级别的确认压制存在的过程。股价攻击压制位，攻而不破再度下跌，或者突破之后不涨反跌，就确认了压制的存在。不同时间周期的压制，对于股价具有不同级别上的技术含义。

压制的出现，并不意味着价格接下来就一定会大跌。压制的存在，说明在某一价位上会引发持仓者抛售，但这种抛售行为并不一定都具有持续性。遇到压制，价格可能会出现回落、滞涨甚至是突破。

趋势向下而股价向上运行时，压制产生于股价扭转向下时。股价与趋势同时横向运行，股价脱离横盘向下运行时，说明股价下跌强度开始爆发。如图6-37所示，该股下跌中形成第一条下跌趋势线，之后股价在趋势线下运行，说明趋势对于股价的压制稳定存在。

图中A处，股价向上突破趋势线1，但是股价并未能由此展开有强度的上涨，反而在前期高点附近出现折返后回落，逐渐构筑出一个箱形横盘振荡的形态。之后股价又一次反弹，仍旧止步于箱体上边线，显示上方压制沉重。至图中B处时，股价一度触及下边线，但并未继续下跌而是弱势反弹。在这种技术环境下，股价如果不能出现强力反弹，那么大概率会像案例中那样跌破箱体下边线并展开急速下跌。

支撑与压制总是处于转化之中，支撑可在一定条件下转化为压制，压制也可转化为支撑。支撑与压制的互为转化具有多种形式,其一是直接转化,即由压制状态直接转化为支撑状态,或反之;其二是转化具有一个有效性测试区域。

图 6-37

无论哪一种转化,都会在技术上形成突破。突破是一个双向的概念,既包括向上的突破,也包括向下的突破。突破的判定标准,传统理论认为要具备 3% 以上的空间和 3 个交易日。从实战和不同突破级别的角度来看,突破成功与否的判定标准应该是:价格从被压制态势发生突破之后,必须具备之后的运行受到支撑这个条件;而价格从得到支撑态势发生突破之后,必须具备之后的运行受到压制这个条件。

其实突破成功与否的判定标准,也就是支撑或压制的确认过程,只不过支撑和压制的确认会在运行过程中多次出现,而突破只是在二者发生转化时,需要通过确认过程来鉴定。

第六节 交易的护城河——警戒线设定

一、股价警戒线

1. 均线与警戒线

均线理论中的警戒线设定其实有很多,比如前文讲过短线交易中最常用的5日、10日均线强度的警戒线。一旦股价跌破短期均线,显示出上涨强度下降时,交易者就必须及时做出选择。

再如回线不回价形态,是指在上涨趋势中出现一波回落调整后,价格从60日均线上得到支撑启动上涨,价格的下一次重要调整低点可能就在60日均线附近。回线不回价同样是警戒线指标,能够为我们提供一次较理想的短线介入机会。

还有前面章节中讲过20日均线的"回家"形态,即以20日均线为目标,股价的基本折返时长法则:在下跌过程中,股价从跌破20日均线,到反弹回到20日均线的极限时长为50个交易日左右,平均时长是30个交易日左右,跌速较快的个股在20个交易日左右。

关于均线警戒线的设定,无外乎就是卖出法则和买入法则,而本书是以均线理论为主要讲解对象,这里就不再一一复述。

2. 趋势与警戒线

趋势与股价短期波动不一定同向,这个技术点在顺水行舟和逆水行舟形态里讲过,但无论股价如何波动,终究还是要回归到趋势中来,这一点就是设定警戒线的重要支点。

如图6-38所示,该股处于下跌趋势中,A处股价发生反弹,但是随着反弹的结束,股价仍旧回归到原有的下跌趋势中。股价的次级折返走势、短期反弹等波动结束后，回归下跌趋势的形式较为多样，案例中是较为简单明了的一种形式。

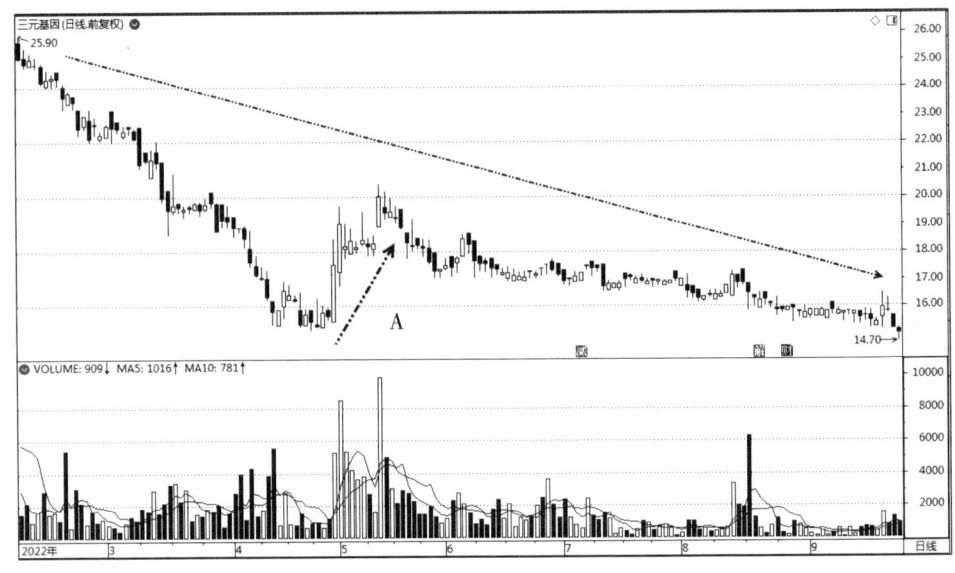

图 6-38

股价经过反弹后，回归到原有下跌趋势，可能会对原趋势的下跌角度、速率产生影响。比如案例中股价经过 A 处反弹后转入下跌，下跌的角度与速率明显与 A 处之前大有改观，绘制趋势线上会出现变轨。这种改变可综合技术环境分析进行研判，发生在长期下跌趋势后期，又有资金潜伏进场的个股，后市可能进一步引发趋势的反转。

股价在上涨趋势运行过程中出现的回落调整也是一样，多数还是会回归到涨势中来。如图 6-39 所示，该股处于上涨趋势中，A 处股价出现回落，但很快就回归到原来的上涨趋势中。

趋势就像一列风驰电掣的火车，即使想让它停下来，也需要一个过程，而这个过程足够我们判断趋势的改变。除此之外，股价在趋势运行轨迹上出现的级别不等的回落调整，都会被引力所束缚，继而回归到趋势中来。在确认趋势的基础上，可以将警戒线设定在趋势线附近，当股价反弹或者回落达到趋势线上下时，警戒设定被触发，也就到了我们开始行动的时候。

图 6-39

3. 跳空缺口与警戒线

跳空缺口是指相邻两根 K 线之间出现没有交易的空白空间。这个空白空间，在引力交易中具有非常重要的分析研判作用。以引力交易理论为基础，缺口可以将警戒线设定在缺口附近。

跳空缺口是一种强烈的趋向信号：向上跳空缺口表示价格具有强烈的上涨趋向；向下跳空缺口表示价格具有强烈的下跌趋向。跳空缺口所引发的趋向，在部分个股中会转化为趋势，而多数则仅是短期的趋向选择。

当个股从底部或横盘区域开始向上突破时，有时会出现向上跳空缺口。部分极端强势的个股会以超 45 度角急升，迅速摆脱缺口的引力，短期内缺口引力似乎失去应有的作用。如图 6-40 中 A 处所示，股价迅速上涨，留下多个向上跳空缺口，但是股价很快就冲高回落，B 处股价以同样迅速的下跌，将所有向上跳空缺口全部回补。

股价摆脱向上跳空缺口引力，大部分采取急涨暴涨的形式，当连续出现向上跳空缺口，或者股价在摆脱某一缺口引力时，成交量激增达到变量形态时，交易者就应该明白卖出警戒已经被触发，高度注意选择时机卖出。

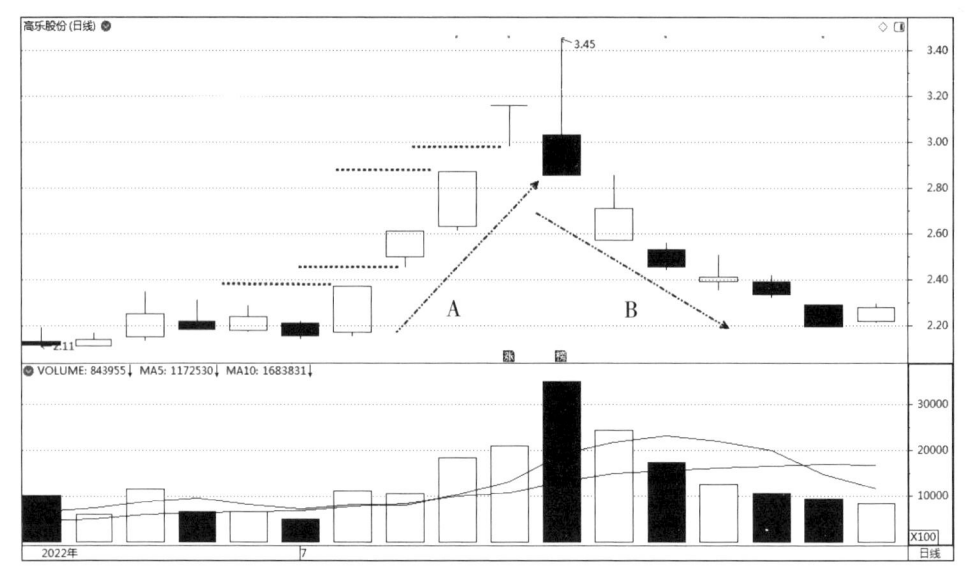

图 6-40

实战中，股价出现的缺口并不一定都会被回补，或者需要较长时间之后才会被回补。出现缺口时，股价都有一个试图摆脱引力的较量过程，而这个过程也是我们分析和研判股价真实运行方向的过程。

如图 6-41 所示，A 处出现向下跳空缺口，B 处股价横向振荡，明显无力回补缺口，这里就是股价摆脱缺口引力的过程，说明短时间内股价抵抗住了缺口引力，很难向上回补缺口，继续下跌的可能性极大，卖出警戒已经被触发。

如图 6-42 所示，A 处出现向上跳空缺口，B 处股价出现横向振荡，同样显示出无力回补缺口的迹象，这里就是股价摆脱缺口引力的过程，说明股价抵抗住了缺口引力，短时间内不会回补缺口，继续上涨的可能性较大，买入或持仓警戒已经被触发。

跳空缺口的引力，至少在 A 股市场是明显存在的，也因此能够提供较多的买入或卖出机会。

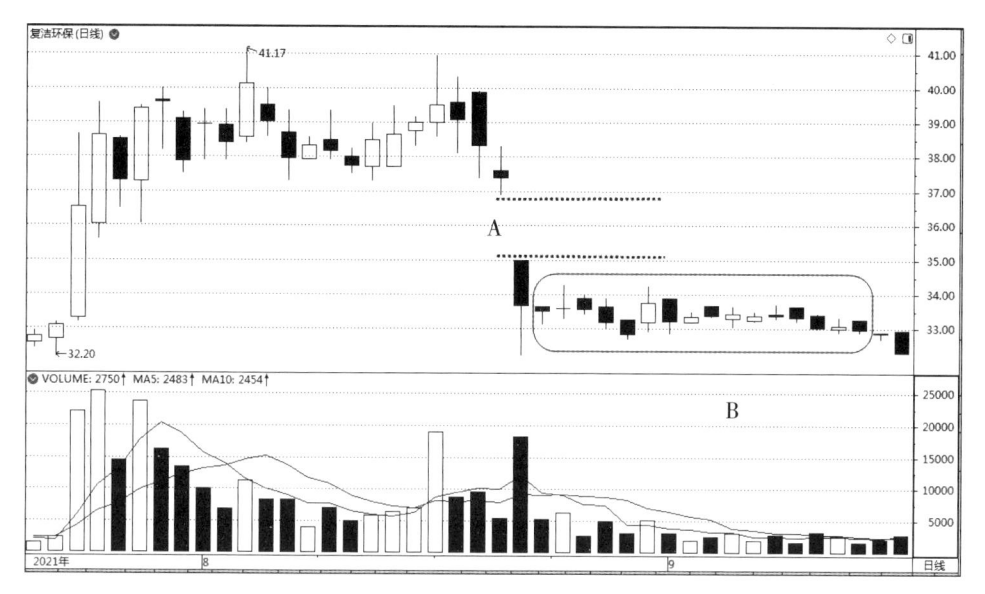

图 6-41

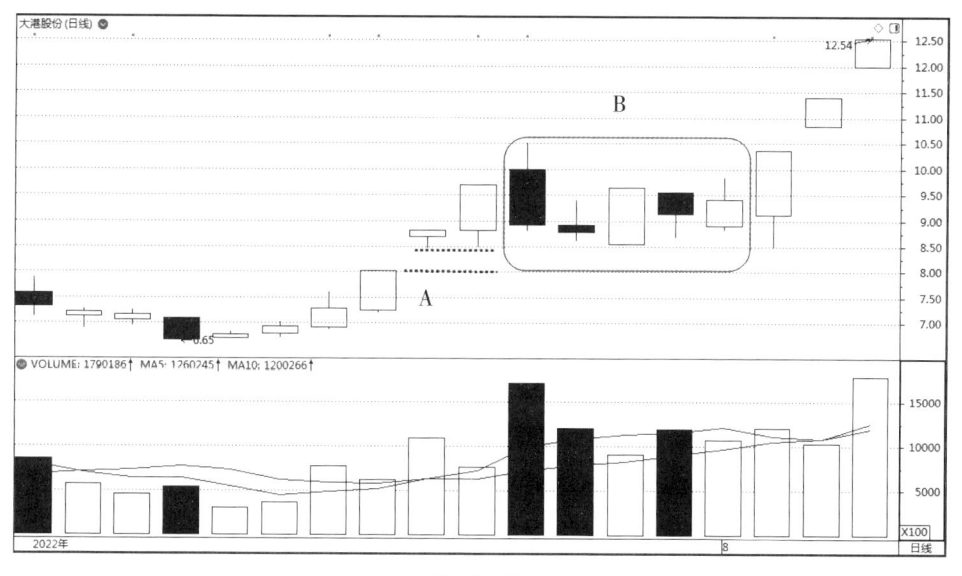

图 6-42

4. 成交量与警戒线

（1）量能形态与催化的警戒。

成交量的警戒线，主要体现在变量、量能消散等形态分析以及换手率的变化上。如图 6-43 所示，A 处股价一字线涨停，成交量非常小，从供求关系上来说，愿意卖出者少，愿意高价买入者多，所以股价涨停。这种情况下，股价必然会继续上涨。

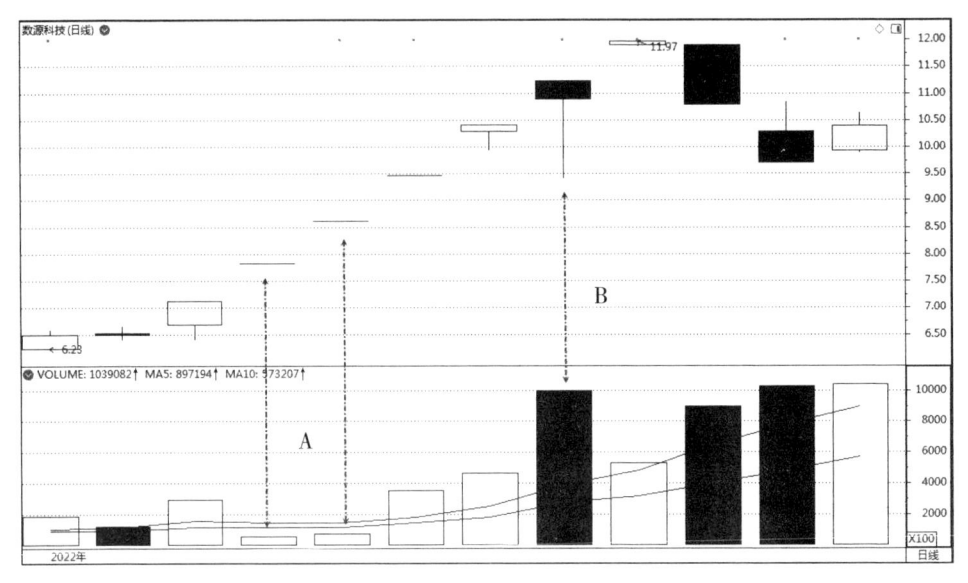

图 6-43

至 B 处，成交量迅速激增（变量），股价却未能封住涨停板，说明这一时刻卖出者多于买入者，而后回收的长下影线，则说明部分买入资金的回归。但是股价并未能继续涨停，对比之前的强势上涨，此时多方已明显露出疲态。

量价配合的变化，昭示出引力的存在，而引力多以量能催化与反向催化的形式显示出来。

趋势或趋向运行中，量能的突变（突然增大或减小）往往预示着股价可能面临重大变化，这种引发或催化股价发生改变的量能，即为催化量。同向催化股价上涨或下跌，即为量能催化形态，而引发股价发生方向转折的，则为反向催化形态。

比如图 6-43 中 B 处成交量激增的情况，并未能使股价继续涨停，反而不如之前成交量较小时股价能够保持强势涨停，这就是量能反向催化形态。虽然 B 处之后的交易日股价依然上涨，但是距离股价转折已经近在咫尺。

实战中，成交量与引力是一种辅助判断关系，需要结合其他技术形态进行判断。例如图 6-43 中连续出现向上跳空缺口，至 B 处股价放量调整，是一种试图摆脱引力的形态，实盘时能不能成功摆脱下方缺口的引力，我们并不知道。但结合量能催化形态进行分析，当反向催化形态出现时，至少能让我们明白，股价已经到了高危时刻。

可能有人会说，如果在 B 处卖出持仓的筹码，那岂不是错过了之后一个交易日的大涨？一个成熟的技术派交易者不会一味追求在最高点卖出，只会在需要卖出时果断出手。

（2）换手率变化的警戒。

主力控盘的个股，大部分时候成交量表现得很"低迷"，但成交低迷的个股，并不都是主力控盘。

第一种成交低迷的个股，是指缺少大资金关注，也就是通常所说的没有主力资金介入的个股。无主力关照的个股，多是上市公司存在这样那样的问题，其股价随波逐流，谁也不知到哪儿是一站，缺乏关注的必要。

第二种成交低迷的个股是大盘股，这种股成交低迷其实是一种假象，是相对其大股本而言。换手率大部分时候不会太高，这也是大盘股的一种常态。大概没有资金想要去控盘一家流通股本超百亿元的个股。

主力高度控盘个股，K 线图上有明显的特征：股价形成上涨趋势，密集成交区的最大放量点，换手率往往也只有个位数，一般不会超过 5%。

个股之所以会出现大成交量，原因大致有以下几点。

其一，资金实力一般，只能以对倒的手法拉升股价。边拉边打，不断通过上涨（下跌）的股价折返来降低成本。这种类型个股的典型走势，就是折返非常频繁，坐电梯是常事。

其二，主力控盘程度不足。大成交量出现后，多数会开始回落调整，通常回落幅度都会较深，这样才能满足主力逐步增加控盘程度的目的。

其三，资金对赌，即击鼓传花游戏，也就是游资间传递炒作，一旦游资被套或者顺利逃生，那么随着成交量的快速萎缩，股价必然暴跌。这个类型很特别，巨大成交量下，涨会涨得你不敢相信，跌会跌得你怀疑人生。

交易者在实战中遇到这些个股时，有一个初步的筛选方法，这个方法对于八成以上的个股都有借鉴意义，对于短线交易者有重要的参考作用。但上市未满半年的次新股，不适用这个方法。

①个股换手率超过5%~10%，需要开始警惕。部分前期成交低迷的个股，出现这个换手率甚至就等于短线减仓信号。

②换手率超过15%，高度警惕。半数以上个股达到这个换手率，即使不立即连续大跌，至少也要开始大幅振荡。

③换手率一旦超过20%，随时准备卖出。

④如果上述某个级别的换手率处于该股历史最高值区域（或最近一年高值区域），那么股价大概率会在当日或接下来几日见高回落。

⑤当个股第一次触及换手率的高危区域，如果股价并未就此见顶，短暂调整后再次放大量上涨，当高危区域的换手率再次或多次出现，则顶部大概率已经形成。

⑥一根高换手的变量，足以将股价钉在高位数月甚至是数年。天上一日，地上一年。有时讲的不是神话，是股票交易。

如图6-44所示，是某股票股价上涨中换手率不断攀升的情况。至A处时，股价冲高回落，换手率高达50.41%。A处股价高点发生在2017年，高悬半空数年。套在高处者，早已不胜寒。

⑦个股卖出方面，即使没达到上述换手率卖出标准，也要注意变量形态。变量的出现，虽然在换手率上并未进入风险区，但突兀的变量还是会引发多数个股进入调整。

⑧关注新股及次新股拉升阶段的换手率。

观察分析新股的换手率，迥异于老股。新股主要是经过超跌探底过程后再度起涨的新股，这部分新股处于拉升阶段时，卖点多由换手率所显示，其他技术指标很难提示出卖点的存在，或者不够精准。

换手率超过10%只是启动必需的成交量。

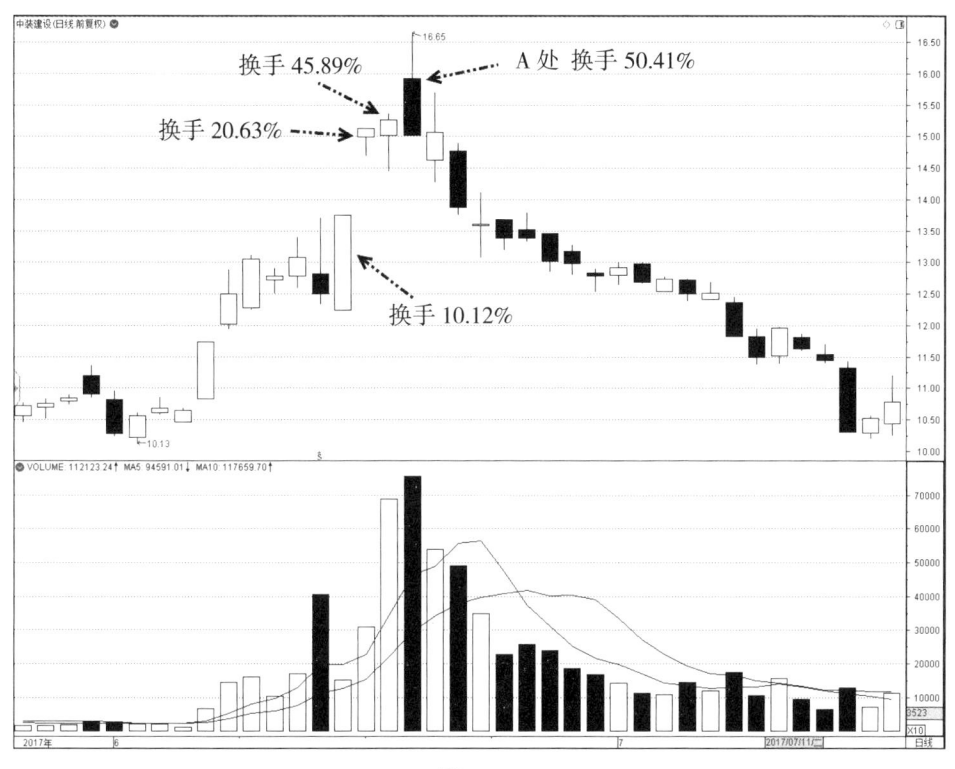

图 6-44

达到 20% 换手率时，小部分个股会有调整，但强势涨升的个股不会有太大影响。

达到 30% 换手率时，就进入换手风险区，但并不意味着股价必然下跌。

达到 40% 换手率时，进入换手高风险区，多数个股会出现阶段性高点，并在之后会有明显的回落过程。这个换手率也是大部分新股发出的卖点信号。

达到 50%～70% 换手率时，几乎就是必然下跌的换手值，这时要做的就是放弃幻想，及时卖出。当然，实际操作中也有超过 70% 换手率后依然上涨的个股，但存在的概率极小。实战中，实在没必要为了一个小概率去冒大风险。

二、仓位与资金的警戒线

仓位与资金的管理，是交易者在实际操作中必然要有的风险控制手段。

建立自己的风险控制手段，也就设定了一条警戒线，无论是对交易心理还是对交易本身，都是一件有百益无一害的事。

仓位和资金的管理，不同风格的交易者对此也有不尽相同的选择。实战中可根据自己的操作特点，选择适合自己的仓位和资金控制规则。比如稳健型的交易者，对次级趋势的反弹行情，就应以小仓位参与；而激进型的交易者可大仓位参与，但应设置止损位保护。

仓位和资金的管理，具体来说包含两个方面，即仓位资金比例控制和交易风险控制。

1. 仓位资金比例控制

仓位资金比例控制，是指交易者所持有的仓位以及每笔交易资金所占总资金的比例，以及借款和融资额所占总资金的比例等。

对于多数交易者来说，在自己的总资金中最好不要有借款或融资而来的资金，即使是经验丰富且有资金与仓位管理能力的交易者，借款或融资所占总资金的比重，也应根据行情发展的不同阶段，控制一定的比例和使用尺度，防范因意外情况而导致的爆仓。

对融资资金的使用，应采取易于变现和高周转率为原则。如果交易者在资金与仓位上缺乏必要的控制，很有可能牛市还在继续上涨，而你早已爆仓出局。在普遍开通融资融券的现在，主力也会适应新形势的变化，故意加大盘中振荡和阶段性洗盘的力度，行情的变化节奏和以往截然不同。融资，尤其是满仓超配融资，是很容易被主力资金洗掉的。

以前主力洗盘，用各种花样百出的骗线、骗量来洗，折腾散户出局，但是现在是两融的时代，主力已经改变策略，让你明明知道是洗盘的情况下，也会强行洗掉你，因为你等不到主力拉升的那一天就爆仓了。就算不是超配融资，满仓融资的话，也经不住主力波段性的洗盘，除非有更多的后续资金去追加保证金。

交易者在每一笔交易中所投入资金的比例，应根据市场情况、行情阶段和交易品种的不同而有所变化。一个成熟的交易者应该习惯限制自己每次的交易金额，毕竟股票交易的风险性就在于无法百分之百准确地预知结果，所以为了未来还能继续交易，任何时候都不能以全部身家去赌。以风险投资著称于世的大鳄索罗斯（George Soros）曾说："承担风险无可指责，但同时记住千万不能孤注一掷。"

（1）牛市初期仓位资金比例控制。

这时候个股的表现并不一致，有的已经走出明显上涨趋势，有的仍旧延续下跌态势，还有的正处于反复折返盘整的状态中。牛市初期，虽然股票有价格上的优势，但股价的振荡极为频繁，暴跌时有发生，心态不好的交易者，追涨杀跌反而容易出现亏损。

有一定技术基础的交易者，此时会回避短线交易，专做波段交易或中长线。选取基本面上质地优良、营收稳定，技术面上经历过大跌，目前还在低价位上的个股。买入应选在股价回落过程中，如无必要切记不要追涨。

首次建仓可投入总资金的50%（如资金量较大，也可投入20%~30%），这样仓位和资金处于平衡状态，即使股价继续深跌，心态也不会受到太大影响。如股价继续下跌，每跌10%则投入部分剩余资金补仓，直至仓位达到八成。正常情况下，股价都会在这个阶段开始转势上行。

倘若真遇到极端情况，保留两成的资金，守住仓位。直至股价转势上行，并突破重要阻力位时，才考虑投入剩余资金满仓。也有很多交易者一直保留两成资金，主要用于短线交易，避免因手痒而妄动大仓，或者用于防止其他意外情况。

（2）牛市中期仓位资金比例控制。

在这个阶段，上涨趋势已经非常明确，买入时机的把握上，还是应选在股价回落或者振荡的过程中。仓位上，首次买入以30%~50%为宜，尽量不要一次满仓。

虽说在牛市行情的背景下，满仓从技术上并无太大问题，但交易者很难保证心态不出现问题。一旦遭遇股价回调，忍耐不住恐惧的人可能会在股价大跌中减仓。而牛市行情中的短期回调，多数都会在集中杀跌出现后转势向上恢复上涨行情。因此，在这个阶段买入股票后，一旦被套不必过于恐慌，要把被套看成盈利的一个过程。

仓位上，可以借机在低位补仓，达到六至八成甚或是满仓后，静观其变。有技术能力的交易者可以寻求做盘中的T+0。不太容易控制住手痒的交易者，也可留下两成的资金，尝试做短线交易。对于大仓位，则尽量保持稳定，这样至少能保证一轮牛市结束时，获取不低于平均水准的收益。

（3）牛市后期仓位资金比例控制。

行情来到牛市后期，市场已经极端火爆，股票人气爆棚，似乎人人都是股神。这个阶段，别说是新手，就是浸淫股市多年的老手，也很难做到全身而退。牛市后期需要警惕和害怕的不是股价下跌，而是怎样留住好不容易获取的利润，也就是常说的止盈。在牛市中赚到的钱，只是纸上富贵，只有懂得收获，才不会化为乌有。

当身边的人几乎都在炒股，都赚取了不菲的利润时，如果涨势开始明显处于横向盘整时，不妨先减掉五成仓位。这个决定非常难下，一旦做出决定，这部分已经兑换的资金，就绝不要再次投入股市。随着行情发展，大盘或个股趋势会慢慢显示出颓势。当大盘跌破一些重要的技术关口而无力收复时，则再次减仓或清仓观望。

（4）熊市初期仓位资金比例控制。

到了这个阶段，市场上时常会出现跳水的个股或连续暴跌的板块，但大部分人仍心存幻想，不愿意相信牛市已经结束。通常来说，感觉敏锐的交易者可以体会到牛熊转换已经到来，而对于仍旧持仓的人来说，最需要做的就是抛弃幻想，大幅降低仓位或者清仓。

（5）熊市中期仓位资金比例控制。

熊市中期阶段时，大盘已经出现过较大幅度的下跌，之前不愿相信牛市结束的交易者，也已经不得不承认熊市已至。这个阶段，大盘或者超跌的个股较容易出现强劲的反弹。

熊市初、中期的反弹涨势快捷，但跌势更加猛烈，非常难以把握。持仓者最佳的选择，就是利用反弹减仓、清仓甚至是割肉出局，切记不可再度增大仓位。其实这一点说起来容易，做到很难。

即使是有经验的交易者，甚至是之前躲过了牛熊转折的大顶部，在这时却会参与到反弹当中去，最后反而是重仓被套。熊市中期最重要的事——能够拒绝强反弹的诱惑。

（6）熊市后期仓位资金比例控制。

如果在这个阶段还有仓位，那么很可能已经深度套牢，交易者只能利用做T或被动等待等解套方法。对于经历过牛市、熊市大部分阶段的新手来说，此时已经逐步成熟，对于风险的理解必然很深刻，已经告别了新手阶段，步入成熟交易者的阶段。成熟交易者身上最明显的标志，就是懂得在熊市中后期保持空仓或轻仓。

空仓是一种智慧，也是交易的一种方式，是交易者必须学会的一种调适手段。很多交易者不愿意空仓，理由就是怕踏空行情，总是手里没股，心里就慌，极端害怕行情突如其来把他一个人抛下。

如果说在牛市行情里害怕踏空行情还存在一定的道理，那么在熊市下跌行情中，为什么也存在害怕踏空的心理障碍呢？只因这些交易者具有浓厚的牛市情结，即使经过熊市下跌的无情蹂躏，心中挥之不去的却仍旧是"行情会在某时突然出现上涨"的幻想，其对踏空的恐惧远远大于对套牢的恐惧。往往最不能忍受的是自己刚刚出局，上升行情便呼啸而来。交易者缺乏理性的分析和判断能力，是造成这种错误投资心理的关键因素。

对于中小交易者来说，其实根本不存在所谓的踏空行情。如果面对的是趋势性的上升行情，则其中肯定会有足够多的回档机会留给交易者介入，而大多数中小交易者几分钟内就可以做到满仓。如果只是一波反弹行情，不参与就是稳健型交易者最佳的选择。

2. 交易风险控制

有些交易者每个交易日都会买或卖，哪怕手中持有的股票正在上涨，仍然不能抑制将其卖出后再换股买入的冲动。这样的交易者在熊市行情中，资金很快就被消灭。在熊市中，仍旧耐不住手痒而频繁操作，那么唯有巨亏的惨痛教训，才会让他止住手。

也许有人会拿量化交易等高频交易模式来反驳，且不说 A 股实行 T+1 制度，并不适合一般的中小交易者做高频交易，即使是国外一些专业做高频交易的团队，一旦遭遇突变行情，也必须承受重大损失，高频交易并不是一桩稳赚不输的好生意。

谁都有财富快速增值的愿望，正是这个愿望促使很多人进入股市后，便一心只想着做短线、赚快钱。但"欲速则不达"的至理名言，对于大多数人都有效。即使有人偶尔打破这个真理，神奇地让财富快速增值，却很难让这种神奇再现。善于归纳总结的人会发现，财富快速增值的神奇表现，往往只是运气在起主要作用，所以很难持续保持或复制再现。

某些股票突然出现连续暴涨，如果交易者想参与其间分一杯羹，就必须明白一件事：高换手率下的股价暴涨，多是由大资金主导，这必然是一场击鼓传花的游戏。如果参与其中，就必须要接受股价随时都可能向下崩塌。

如图 6-45 所示，在十余个交易日里，该股股价上涨近 70%，成交换手率达到 336%。图中 A 处之后，股价突然迅速下跌，套住了追高买入的人。其实参与这类个股的交易者都知道自己在赌，但都认为自己不会接最后一棒。

举这个案例，不是让交易者回避所有快速上涨的个股，而是想告诉交易者，不要以赌博的心态参与到炒作中去。至少在自己尚不具备相应的技术能力之前，不要跟风追高。股市上有句俗语"神仙打架，凡人回避"，意思是在大资金相互博弈的过程中，没有技术和资金实力的小股民，应尽量采取回避和观望的态度。

交易风险控制主要包括以下几个方面内容，即止损、止盈、补仓或加仓。

（1）止损。

有一个交易谚语：不怕错，最怕拖。股票交易一旦出现错误，应当及时处理，不能犹豫、拖延，否则随着风险的进一步扩大，将导致无法收拾的后果。

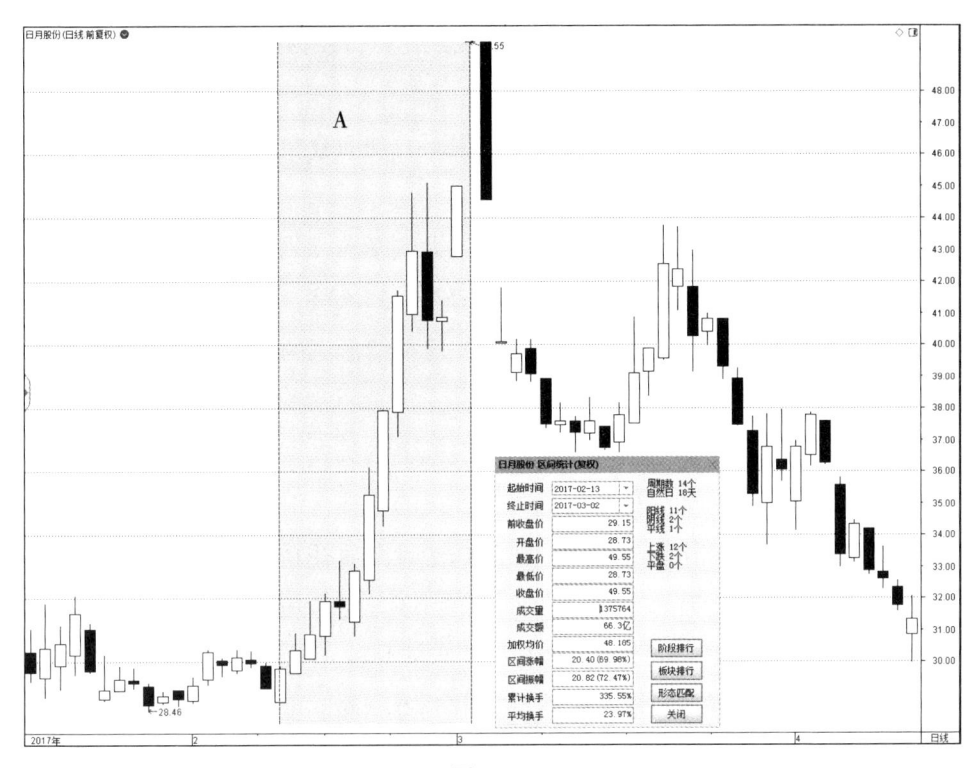

图 6-45

投资界有一个"鳄鱼原则",是以鳄鱼吞噬猎物的方式作比喻,猎物越挣扎,鳄鱼的收获就越多。如果鳄鱼咬住你的脚,你唯一的选择就是断掉一只脚以求逃命。当在股票交易中出现趋势性的判断错误,较理性的做法就是马上止损,无论你亏了多少。在趋势性转折带来的下跌行情中,止损是唯一的选择。这个时候应该明白,赔钱和赚钱都是交易的组成部分。

(2)止盈。

止盈是一种懂得收获的智慧。

当行情连续暴涨时,交易者应该考虑的不是如何赚得更多,而是如何保证收获到真金白银,不让到手的利润变成纸上富贵。这就是止盈。

很多人都在牛市中赚过钱,但往往都是纸上富贵,还未来得及收获,便随着行情的下跌化为乌有。止盈是交易者逐步收获成功、保住胜利果实的有效手段。贪婪和恐惧都会使人发疯,而不能以正常的心态和心智应对出现的变化。做到止盈，从交易心理的角度来说，比执行止损困难得多。

（3）加仓与补仓。

加仓是指在原有仓位已经盈利的前提下，加大仓位配置，以期获取更大的盈利。

加仓的前提是行情或股价并未出现过大幅暴涨，仍旧处于上涨的初始阶段。在实际操作中，很多人只看到盈利却看不到风险，往往习惯在连续暴涨后加仓，希望增加盈利，但多数情况下，这种情形下的加仓很难得到期望中的结果。

补仓是指原有仓位发生亏损后，一次或多次买入，以求降低持仓成本，弥补亏损，获取盈利。如果行情是趋势性变化的急跌途中，补仓就会越套越深。当然，不能完全否定补仓的作用，在急跌多日之后补仓，反弹减仓，逐步摊低成本，也是一个不错的方法。当然，必须区分急跌是技术性的，还是基本面出现质变，技术性急跌才是符合补仓要求的品种。

补仓或加仓还有一种形式，就是盘中T+0交易。交易者持有某只股票，当这只股票盘中冲高时卖出，回落时买回；或者盘中急跌时买入，反弹时卖出，当日完成买入或卖出的交易，即为T+0交易。

T+0交易需要交易者具有敏锐的盘感和迅速的分析判断能力，否则的话，不但无法获取超短线差价，还有可能导致越亏越多，或者仓位越套越重。

资金与仓位管理是交易者取得成功的关键因素之一。股市搏杀中，既会有得到，也会有失去，其中的关键点在于：得到时懂得及时收获，失去时及时认输出局。

三、心理警戒线

前面讲了很多技术面上的警戒线设定，不管这些警戒线设定得有多完美，都难以保证交易者必然盈利，不会亏损，因为真正掌控交易的，是交易者自身。交易心理一旦崩溃，所有的技术全部成为垃圾。

楚汉相争，楚霸王项羽最后时刻自刎乌江，言称无颜见江东父老。而老对手刘邦，曾经几度输得匹马单枪，却从来都有脸东山再起，最终赢下了大汉帝国数百年基业。项羽之输，其实就是输在心理崩溃上。交易者做股票，要学刘邦的坚忍，不要学项羽的易碎。

1. 不要跟风

实战中，一些突发性的大盘暴跌，会给交易者的心理带来极大的冲击，承受能力稍差的人，可能很快就处于心理崩溃之中，这时候最想做的事情，就是不计后果地马上抛空所有仓位，以回避风险。殊不知，这种跟风式杀跌才是最大的风险行为。

如图 6-46 所示，A 处是沪市发生的一波快速下跌，在跌势的最后阶段，可以看到成交量呈聚量形态，说明随着越来越多的人跟风杀跌，抛售行为不断增加。既然有人抛售，就必然有人承接，否则不会有成交量的存在，何况是越来越增加的成交量。那么，承接买入的人不害怕被套亏损吗？看到 B 处快速的上涨，也许我们能找到答案。

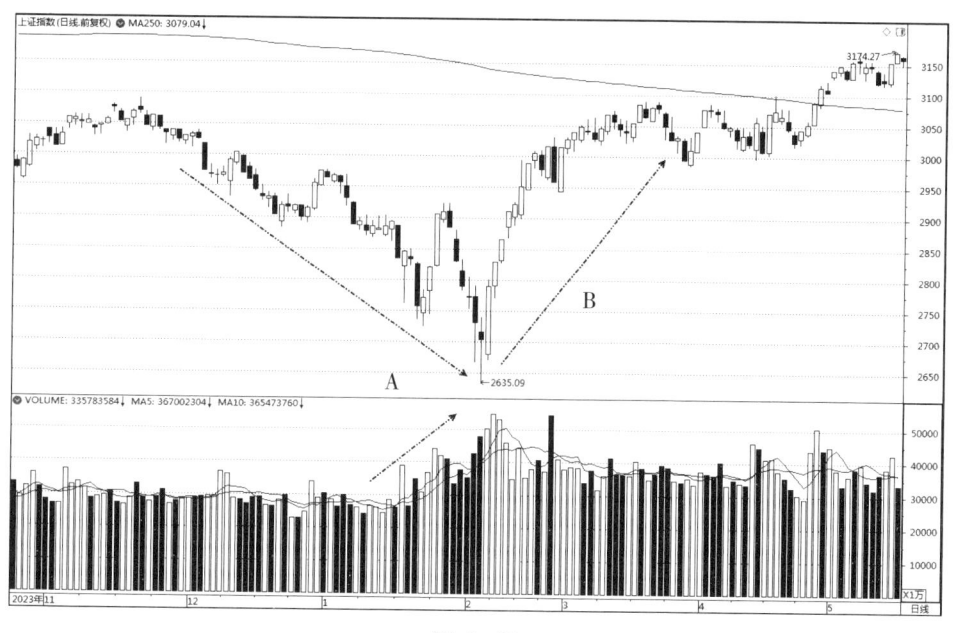

图 6-46

可能有人已经猜到是大资金。大资金或者说主力资金利用市场资金的恐慌和崩溃来渔利，并不是什么新鲜事，也不是必然有多高明。潮汐涨跌，人弃我取，本就是投资之道。

大资金还是小资金，有时候不是以资金量来划分的，而是以操作行为界定的。大盘极速暴跌之下，你未能在最佳时间卖出，不必过于焦虑，因为必然有大资金同样也未能卖出。所以，即使是将要面临一轮大熊市，其下跌初期过于凶悍的下跌，都必然引来强烈反弹。

不要跟风杀跌，因为在暴跌时你卖不到一个好价位。有资金的话，可以加点仓，没有的话，不如等一等，尤其是在图中 A 处的最后阶段，成交量开始呈现聚量形态时。等一等，至少能让你少亏很多钱。

实盘中，在主力资金的操纵下，交易者容易产生忧虑或恐惧心理。短期内甚至是在当日分时走势中，主力引导交易者心理产生（一次或多次）转折，使其预期落空并转化为对于后势极度悲观的看法。交易者如果沉浸在主力故布的疑阵中难以醒悟，那么接下来所做出的交易行为，必然正中主力下怀。

例如，某股在分时走势上出现放量拉升然后回落的走势，在技术环境下这是主力的诱多行为，但在建仓阶段，一些建仓资金也会借用类似的手法，使得分时走势上显示冲高回落的走势，甚至在之后的几个交易日连续出现回落。追买者判断冲高回落为主力的诱多行为后，必然会产生懊悔、忧虑等心理波动，部分人在这种情况下可能就会做出错误的交易行为。

实战中类似的情况还有很多，都能够对交易者的心理产生不利影响和恐慌性暗示。例如，平时成交相对稀疏、冷清的个股，突然在卖盘上出现少见的大卖单，更为意外的是，突然冒出来连续的中小买单，将大卖单很快扫掉。

对于这种盘口走势，至少表面的意义是主力资金开始有所行动了。但是接下来，大卖单被迅速扫掉后，股价仅仅小幅度冲高，便就此开始持续回落。追买者被套且不说，持仓者的心理也会由此发生多次转折：从最初的平静持仓，到大卖单被扫掉时的满怀希望，再到目前对于主力诱多的悲观判断，无疑会加重持仓者对于后市的担忧和悲观情绪的蔓延、加深。

建仓资金想要的就是这种效果，在接下来的几个交易日，只要保持股价回落趋向，很多心理承受力已经接近极限的交易者，很快就会因崩溃而选择卖出。心理转折与暗示行为并不仅限于建仓期间，在洗盘或出货期间，有些主力同样会采用。

以表面上的诱多行为，实施诱空之实，反复为之，必乱其心。

图6-47中，该股一波跌势后，A处反弹高点一度回补部分向下跳空缺口。图6-48即为A处K线当日的分时走势，图中可见，当日早盘的前一小时，该股放量拉升走势良好，但之后却折返向下，并一直维持至收盘。

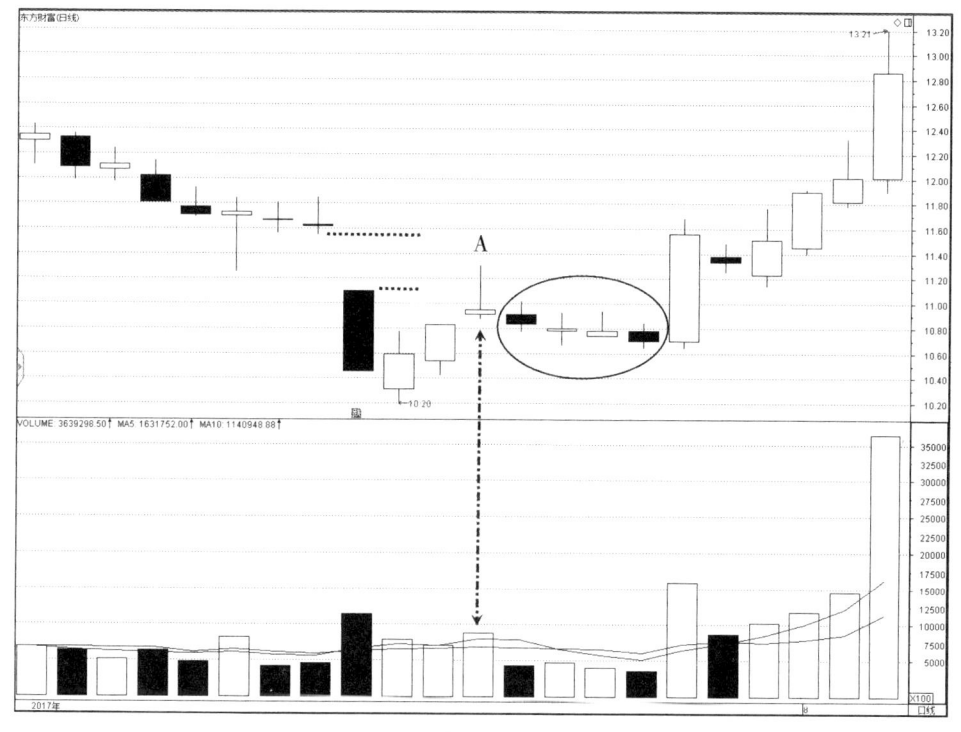

图6-47

在这个案例中，图中A处最先给予交易者的是回补缺口、强势上涨的预期，但随着股价的折返向下，这种预期一点点被消减，而忧虑股价下跌等不良情绪开始蔓延、放大。

即使A处当日走势未能使持仓者心理发生转折，也必然会留给其强烈的心理暗示，即股价可能转跌。A处之后，该股股价连续四个交易日处于小幅回落的态势，其K线都带有上影线或下影线，显示盘中分时走势并不平坦，

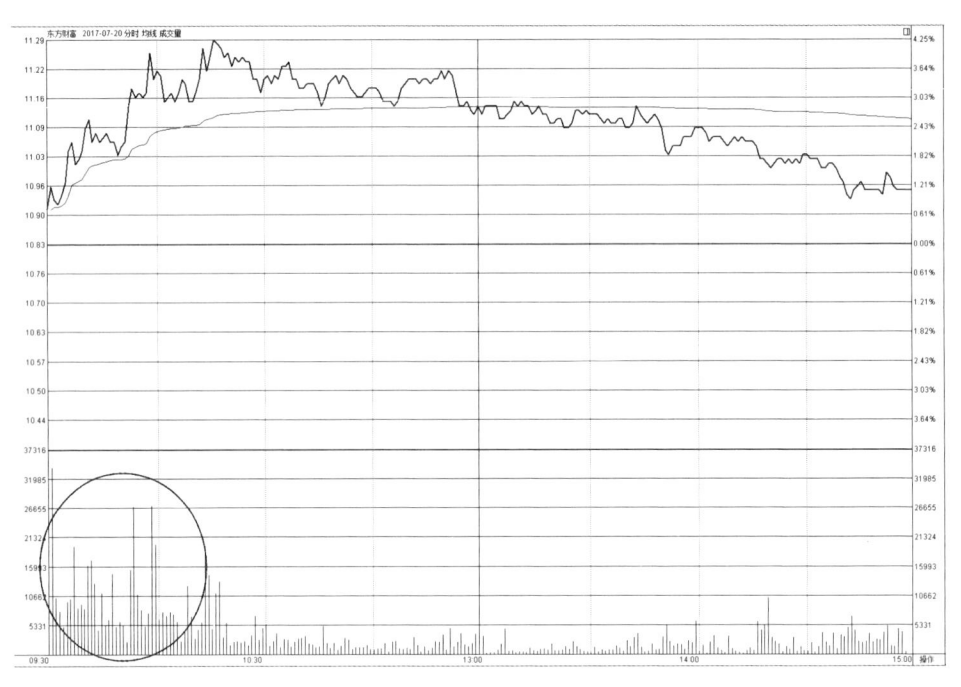

图 6-48

这是主力反复多次引导交易者心理发生转折所需要的变化。经过类似强化训练后，心态不稳定的持仓者多数会自动交出筹码。

交易者的应对措施：首先是从技术环境上分析判断出主力所处的阶段，这就找到了分析主力行为的根脚；其次是摒弃跟着股价涨跌进行相应交易的思维和应对模式，否则你永远也看不懂主力想干什么。

当陷于恐怖局面难以看清未来时，不妨回过头看看走过来的路是否正确，重温当初买入的理由是否改变。如果一切如初，那么抚平将要崩溃的心理，是我们急需做的事，而不是跟随主力所讲的恐怖故事走向终点。这就是我们的警戒线。

2. 纪律与计划

纪律是自由的第一条件。没有纪律约束下的所谓自由，其实就是放纵，而肆意妄为的放纵带来的，只能是破坏和毁灭，自由又从何谈起？

在股票交易中，交易者的一切操作行为如果没有纪律的约束，而是仅凭个人好恶或别人的建议来决定，那么炒股将会变成极其危险的游戏。在有些人的眼里，往往并不信任操作纪律，认为操作纪律是对自己的一种羁绊，却并不明白正是这些"羁绊"，在行情发生意外情况时能够保护自己的资金不受较大侵害。

在股市中，所有人都会出错，关键在于不重复犯同样的错误以及一些低级错误，而做到这一点看似简单，却是大多数交易者亏损的主要症结所在。个中原因在于，当行情如火如荼时，最容易忘记曾经有过的伤痛，把风险抛在脑后，眼里看到的只有暴利，而能帮助交易者克服这一心理弱点的，就是制定操作纪律。

一些交易者漠视操作纪律的原因，还在于某些偶然性的机会里，不守纪律的人获取了暴利，而守纪律的人却坐失良机，其实这种现象本身就是股票市场上的诸多诱惑之一，也是人性弱点的体现，即只看到"成功和暴富"，却看不到或不愿意看到"失败和制裁"。

以纪律的形式来规避不必要的错误，无疑能使交易者迅速撤除股市上诸多杂波的干扰，能够更为清晰地感受到和捕捉到市场运行的主动脉。成功者的操作纪律是在股票市场上经历过多次成功和失败后，对经验和教训的高度总结，是由无数金钱和血泪凝成的。借鉴成功者的操作纪律和用心体会自己的得失成败，是交易者建立自己操作纪律体系的最佳手段。

操作纪律的建立和执行，可以落实在一份股票投资计划中。通常来说，这份计划应该具有以下内容。

（1）资金控制。包括投入的总资金额度和资金的使用步骤以及预备资金的留置额度等。

（2）交易目标、时机、周期以及收益预期。在交易计划中，对为什么买入某个目标个股应有一个充分的说明。在之后的持股过程中，因股价波动发生疑虑时，回过头来看看，当初买入的理由是否有变，非常有助于交易者耐心持仓。

同时，对买入和卖出时机、价格应确定一个大致的范围以及整个交易周期的长短和次数。同时预期收益要比较合理，不能太高，否则会影响心态，本来的盈利也会变为亏损。预期收益的具体额度要根据市场情况而定。

（3）纠偏手段。交易计划要清晰明确，同时要根据市场变化情况，确定非常规的纠偏、纠错手段，预防意外情况发生时手足无措。

赢家不一定是通晓整个市场秘密的人，却一定是一个了解自己、能够掌控自己心灵的高手。交易者并不需要打败整个市场，能够战胜自己的弱点，则在股票市场将无往而不利。

3. 别用主观愿望去交易

美国投资大师吉姆·罗杰斯（James Rogers）曾告诫投资者：别用自己希望的去交易。这句话的意思是说，交易者在决定买入或卖出时，不能把内心的希望作为交易的理由和依据，比如，我觉得这只股票会涨或者会跌等。

有些人在熊市中买入一些横向盘整的个股，内心期望这些个股会在不久之后向上突破，给自己带来丰厚的利润。然而，这类个股盘整结束后，多会选择向下运行。交易者的愿望和幻想中的利润，被现实击得粉碎，唯一真实存在的就是资金的亏没。

交易者的任务在于解读盘面的潜藏含义，在这个过程中绝不能让主观希望掺杂其中，否则分析和判断结论必然和真实情况存在较大的出入。比如，某股突然连续出现较大买单，持仓的交易者如果从主观愿望的角度来理解，必然是该股即将快速飙升；而空仓交易者的理解可能是这是主力的诱多，后市肯定下跌。这就是典型的用主观愿望来分析和看待盘面的变化，全然不考虑技术面上的客观情况和其他因素的影响。

如果交易者仅从主观愿望的角度来分析和研判盘面的变化，那可能永远也搞不懂股票应该怎么交易。